우리가 동물의 꿈을 볼 수 있다면

동물의 기억, 상상력, 의식에 대한 인문학적 시선

WHEN ANIMALS DREAM

우리가 동물의 꿈을 볼 수 있다면

데이비드 M. 페냐구즈만 지음 | 김지원 옮김

위즈덤하우스

차례

2장 | 동물의 꿈과 의식

3장 | 상상력의 동물학

4장 | 동물 의식의 가치

에필로그 | 동물은 주체이고 세상의 건설자다

| 일러두기

- 외래어 인명과 지명은 국립국어원 표준국어대사전의 외래어 표기법 및 용례를 따랐다. 단 표기가 불분명한 일부는 실제 발음을 따라 썼다.
- 본문에서 언급된 도서 중 국내에 번역 출간된 것은 한국어판 제목을, 그 외의 경우는 가제와 원제를 병기했다.
- 원서에서 기울임체로 강조한 단어는 고딕체로 표기했다.
- 생물의 라틴어 학명을 병기할 경우, 기울임체로 표기했다.

프롤로그

잠이라는 참호 속에서

내 꿈속에서 조그만 달칵 소리가 들린다.
밤이 그 은빛 수도꼭지에서 등으로 톡 떨어진다.
새벽 4시. 나는 일어난다. 생각한다.
- 앤 카슨[1]

하이디의 꿈

PBS의 프로그램 〈네이처〉의 38시즌 1화 '문어: 접촉하다'[2]는 시청자들에게 "우리가 외계인을 만나는 것과 가장 가까운 경험"이라고 묘사되는 문어의 내밀한 삶으로의 희귀한 여행을 보여주겠다고 약속한다. 한 시간짜리 다큐멘터리의 주인공은 알래스카 퍼시픽대학교의 생물학자이자 내레이터인 데이비드 실David Scheel과 함께 사는 암컷 낮문어*Octopus cyanea* 하이디다. 대부분의 포획 문어들과 다르게 하이디는 수족관이나 실험실 대신 앵커리지에 있는 실의 집에서 산다. 룸메이트, 반려동물, 연구 조수를 매혹적으로 섞어놓은 존재다.

'문어: 접촉하다'는 문어를 기원전 355년에 그리스의 철학자 아리스토텔레스가 묘사한 것 같은 "멍청한 생물"이 아니라 독특한 성격을 갖고 있고, 같은 종의 다른 개체들을 알아보며, 복잡한 문제를 푸는 영리하고 천성적으로 호기심 많은 존재로 풀어간다. 처음부터 끝까지 문어는 관찰당하고 있을 때를 알고, 더 중요하게도 그에 반응해 기꺼이 상대를 관찰하는 의식적 행위자로서 나온다.

"녀석들을 볼 때면 당신은 문어들이 마주 본다고 느낄 겁니다. 그건 상상이 아니에요. 녀석들은 정말로 마주 보고 있습니다."

다큐멘터리가 끝날 무렵 탱크 안에서 잠자는 하이디를 보여주며 실이 말한다.

"어젯밤 저는 전에 한 번도 촬영되지 않았던 새로운 것을 보게 되었습니다."

그 후에 나오는 것은 놀라운 1분짜리 영상이다. 평화롭게 쉬고 있던 하이디의 피부가 갑자기 밝아지면서 인상적인 다양한 색깔의 무늬가 연달아 나타났다. 이전의 무늬들보다 훨씬 매혹적이었다. 실이 말한 '새로운 것'은 문어의 꿈이었는지도 모른다.

이어서 그는 눈을 사로잡는 하이디의 무늬를 시청자들에게 설명하고, 이렇게 말한다.

"몸의 변화를 이야기하는 게 꿈의 내용을 이야기하는 것과 거의 똑같을지도 모르겠군요."

장면 1

하이디는 매끄럽고 단일한 순백색에서 오렌지 색깔의 반점이 있는 번쩍이는 노란색으로 바뀐다.

하이디는 잠을 자는 동안 연이어 세 가지의 서로 다른 색채 패턴을 보여주었다. 아마도 먹이를 사냥해서 먹는 꿈을 꾸었기 때문일 것이다.

"하이디는 자면서 게를 보고 색깔이 약간 바뀌기 시작합니다."

장면 2

하이디는 인상적인 노란색과 주황색에서 진한 보라색으로 바뀐다. 보라색이 아주 진해서 순간적으로 어디서 하이디의 몸이 끝나고 검푸른 배경이 시작되는지 구분할 수 없을 정도다.

"문어는 바닥에서 몸을 뗄 때 이렇게 합니다."
대체로 성공적으로 먹이를 잡은 후라고 실은 설명한다.

장면 3
곧 하이디는 밝은 회색과 노란색으로 변화한다. 하지만 이번에 색깔들은 문어의 피부가 수축되어 생긴 돌기의 부산물인 올록볼록하고 무질서한 형체 위로 교차된 십자 형태를 이루었다.
"이건 위장입니다. 하이디가 게를 잡아서 거기 앉아 먹을 건데, 누구도 자신을 알아채기를 바라지 않기 때문인 거죠."

그리고 카메라는 실에게로 돌아오고, 그는 눈에 띄게 기뻐하며 말한다.

"정말로 흥미진진하군요. … 하이디가 꿈을 꾼다면, 저게 바로 꿈이에요."

하이디는 하룻밤 사이에 유명해졌다. 며칠 사이에 수천 명의 사람이 소셜미디어에서 하이디가 꿈을 꾸는 동영상을 공유하고, 주요 언론기관들은 서둘러 그 이야기를 기사로 냈다. 시청자들은 매혹되는 동시에 어리벙벙해졌다. 하이디가 자면서 보여주는 모습은 아름답고 살아 있는 만화경이었다. 하지만 그게 어떤 의미일까? 이렇게 색깔과 질감이 달라질 때 하이디 자신은 어떤 생각이나 감정을 느끼고 있을까? 엘리자베스 프레스턴Elizabeth Preston이 《뉴욕 타임스》에 쓴 것처럼, '문어는 사람과 전혀 다르다. 그러니까 하이디가 뭘 하고 있는지에 관해서 누가 정말로 정확하게 말할 수 있을까?'

그리고 그보다 더 큰 문제가 있다. 비인간 동물들은 잘 때, 시인 앤 카슨Anne Carson의 말을 인용하자면 "밤이 은빛 수도꼭지에서 떨어질 때" 머릿속에서 어떤 일이 일어날까? 그들도 셰익스피어가 "게으른 뇌의 자식들"이라고 묘사한 인간의 꿈처럼 밤마다 마음을 뚫고 들어오는 영상들을 볼까? 아니면 의식적 경험이 뿌리내리지 못하는 정신적 공동空洞 속으로 그저 떨어져 내리는 걸까? 문어뿐 아니라 앵무새, 도마뱀, 코끼리, 부엉이, 얼룩말, 물고기, 마모셋원숭이, 개 등등 다른 동물들도 정말로 꿈을 꿀 수 있을까? 만약 그렇다면 이것은 이 동물들이 누구고 이 세상에서 어떻게 사는지에 관해서 우리에게 무엇을 말해줄까? 만약 아니라면 이것은 꿈이 우리와 다른 동물들을 가르는 '인지적 루비콘강'이라는 뜻일까? 인간은 철학자 조지 산타야나George Santayana가 믿었던 것처럼 "꿈꾸는 동물"일까?[3]

이 책은 그런 질문에 관한 내용이다.

동물의 내면

인간이 존재할지도 모르는 다른 동물의 꿈의 세계[4]에 수천 년 동안 매료되어 있기는 했지만, 동물의 꿈을 주제로 한 최초의 현대 과학 논문은 2020년이 되어서야 나왔다. 생물학자 폴 맨저Paul Manger와 제롬 시걸Jerome Siegel은 《비교신경과학 저널Journal of Comparative Neurology》에 실린 〈모든 포유류는 꿈을 꾸는가?Do All Mammals Dream?〉라는 논문에서 인간만이 잠을 자면서 연속된 꿈을 꾼다는 사실에 의문을 표했다. 그들은 사회학자 유진 할턴

Eugene Halton이 "내적 우상에 대한 정신의 야간 의식"[5]이라고 묘사한 신기한 정신 작용인 꿈이 포유류 생명체의 보편적인 특성으로, 새끼가 어미의 젖을 먹는 다른 모든 종과 공유하는 것이 아닐까 생각했다. 1장에서 다시 보겠지만, 이 포유류 중심 가설은 동물의 꿈 연구 분야에서 매우 이례적인 것이다. 이 논문은 과학 저널에서 '꿈'과 '꿈꾸기'라는 단어를 호모 사피엔스 외의 동물에 명백하게 연관시킨 유일한 출간논문이다.[6]

하지만 좀 더 정확히 말하면 이것이 자는 동안 동물의 정신과 신체 내에서 무슨 일이 일어나는지를 알려주는 유일한 출간논문은 아니다. 오히려 그 반대다. 지난 한 세기 동안 많은 생물학자, 심리학자, 신경과학자가 동물의 수면이라는 암호를 해독하고 우리에게 거대한 수면-각성의 간극을 아우르는 동물 경험의 중요한 것들에 관해 더 큰 그림을 보여주는 중대한 진전을 이루었다. 그러나 이들은 역사적으로 자신들이 찾은 것에 '꿈'이라는 단어를 사용하는 것을 피해왔다. 대신에 '몽환행위'[7] 또는 '정신의 반복'[8]처럼 동물의 수면 역학(수면을 통제하는 생물학적 과정, 그로 유발되는 생리적 변화, 그것이 일으키는 신경화학적 변화 등)에 관해 길게 이야기할 수 있는 좀 더 현상학적으로 양면적인 단어를 쓰곤 했다. 연구한 동물들이 실제로 수면 주기의 어느 시점에 주관적인 경험을 했는지에 대한 판단을 뒤로 미룬 채 말이다. 그들 특유의 불가지론 때문에 이 용어들은 동물이 꿈을 꿀 가능성이 제기하는 철학적으로 아주 흥미로운 질문들, 특히 의식, 의도성, 주관성에 관한 질문들을 지워버렸다.

이 책에서 나는 현대의 동물 수면 연구를 바탕으로 과학자들이 잠자는 동물의 '몽환행위' 또는 '정신의 반복'이라고 언급하는 활동이 설령 아주 잠깐이라도 동물들이 자신들의 현실로 체험하는, 내적으로 생성된 일련의 꿈의 결과임을 보여주려 한다. 이 현상학적 해석을 거부하려면 두 가지 상반된 믿음을 한꺼번에 받아들여야 한다. 첫째, 많은 동물이 잠을 잘 때 인간에게 꿈의 지표로 널리 받아들여지는 운동 및 신경 활동 패턴을 똑같이 보인다는 점이다. 둘째, 동물들의 내부는 이렇게 바삐 움직이고 있어도, 이 동물들은 어떤 것도 인지하거나 느끼거나 생각하지 않는다는 것이다. 동물들이 잠이 드는 순간, 동물들의 정신이 마술처럼 허공으로 사라진다고 믿어야 한다. 히프노스의 왕국에 들어서자마자 그들의 아래에 거대한 심연이 나타나 그들을 통째로 집어삼키는 것처럼 말이다. 이런 입장이 꼭 비논리적인 것은 아니라 해도 실증 데이터를 자세히 살펴보면 이는 성립하지 않는다는 것을 알 수 있다. 과학자들이 동물의 꿈에 관해 이야기하는 것을 마뜩잖게 여겨도(그러니까, 과학적 비하라는 이유 때문에) 그들의 발견은 정확히 그 방향을 가리킨다.

내가 우려하는 것은 문제 많은 이중잣대[9]를 저버려야 한다는 사실만은 아니다. 동물의 꿈에 관해 이야기하는 것을 꺼리는 태도가 동물에 대한 우리의 끔찍한 행동을 합리화하는 더 큰 문화적 편견을 키워준다는 것이 문제다. 동물 의식에 관한 중요한 논문에서 인지동물행동학의 아버지 도널드 그리핀Donald Griffin은 이 편견을 '멘토포비아mentophobia', 다시 말해 "동물을 나름의 정신을 가진 생물로 보는 것에 대한 두려움"이라고 불렀다.[10] 이 두려움 때문에 우리는 동물을 소비할 음식, 착취할 노동력, 이용할 자원, 키우고 해부할 생물종으로만 보고, 그 나름대로 살고, 느끼고, 생각하는 생물로는 여기지 않았다. 그리핀은 멘토포비아가 사회생활의 모든 부분에 영향을 미치지만, 특히 과학계에 대단히 강한 압박을 가하고 있다는 것을 알아챘다. 자신이 연구하는 동물들이 복잡한 정신 상태를 가졌다는 충분한 증거가 있는 경우에도 과학자들이 그것을 적용하는 걸 노골적으로 거부해야 한다는 압박이다. 멘토포비아 때문에 우리 대부분은 계속해서 동물들을, 철학자 노먼 맬컴Norman Malcolm의 악명 높은 말을 빌리자면, "생각 없는 짐승"으로 본다. 이는 동물들이 먹고, 자고, 죽는 생물이지만 세상과 의미 있는 인지적·감정적·존재적 결합을 결코 이루지 못한다는 뜻이다.[11] 동물들을 이 범주 안에 가두고 나면 그들의 운명은 결정되어버린다. 생각 없는 짐승으로부터 바랄 수 있는 것은 거의 없다.

그중 하나가 꿈을 꾸는 능력이다.[12]

하지만 알래스카에서 가장 유명한 두족류 동물을 보면 인간의 현실과 비인간의 현실이라는 두 개의 주관적 현실이 충돌하는 걸 보는 것과 아주 비슷한 느낌이다. 마치 하이디의 화려한 변화가 모든 인간 관찰자들에게 태곳적부터 금지되어 왔던 매혹적이지만 알 수 없는 세계, 다른 동물의 내면 세상을 우리의 인간적인 감각의 인지 범위 내로 끌어온 것만 같다. 동물이 꿈을 꾼다는 현상학의 원인을 어쩌면 설명할 수 있을지 모른다. 하이디의 행동을 보는 동안 우리가 알아볼 수 있는 동시에 낯선 또 다른 주관적 현실과 마주한 기분이 든다면, 이는 하이디의 표면에서 율동적으로 움직이는 색깔 띠가 꿈을 시사하기 때문이다. 꿈이라는 것은 우리의 세계 옆에 수없이 많은 다른 세계가 존재한다는 부인할 수 없는 징표다. 완전히 '다른' 비인간의 세계, 수수께끼 같고, 낯설고, 숨겨진 동물의 세계 말이다.

인간의 자취가 전혀 없는 세계.

비인간 중심의 세계.

통합 접근법

동물도 꿈을 꾼다고 하면 고유한 인간의 특성을 동물에 투영해 동물을 인격화하는 것이라고 걱정하는 전문가들도 있다. 그들의 시각으로 보면 동물 연구자들은 과학철학자 피터 윈치Peter Winch가 행동의 "외적 묘사"라고 부른 것만을 고수하고, 동물의 내면에 관한 생각은 정반대편에 있는 그들의 동료, 즉 철학자들에게 넘겨야 한다.[13] 이 지적 노동 분야를 변호하기 위해서 그들은 논쟁 자리를 제안한다. 때로는 '모건 준칙'을 적용하기도 한다. 이것은 동물의 행동에 관해서는 가능한 한 가장 간단한 설명을 골라야 한다는 법칙이다.[14] 가끔 그들은 우리에게 동물의 1인칭적 경험에 직접 접촉할 방법이 없으므로 동물한테 내적 삶이 있다고 말할 수는 없다고 주장하는 철학의 '다른 마음의 문제'를 들먹인다.[15] 아니면 언어 문제를 내세운다. 공통된 언어가 없기 때문에 우리가 다른 동물이 꾸는 꿈의 본질, 구조, 질은 고사하고 언제, 어떻게, 왜 꿈을 꾸는지, 심지어는 정말 꿈을 꾸는지에 관해 실증적으로 의미 있는 주장을 내놓을 수 없다는 것이다. 어쨌든 꿈이라는 것은 우리가 오로지 주관적 구두 보고만을 바탕으로 그 존재를 추측할 수

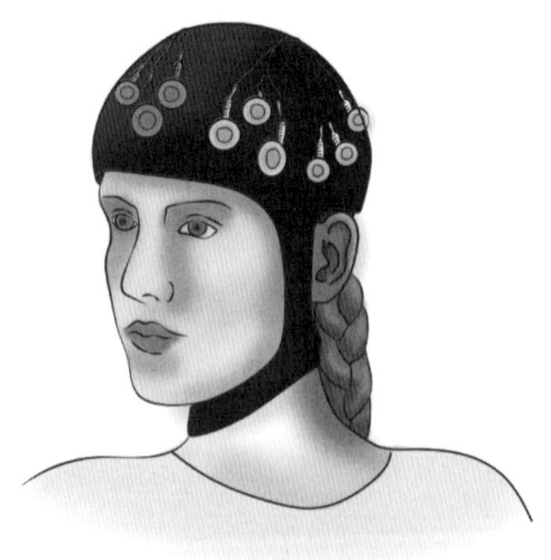

언어 보고가 꿈 과학에서 귀중한 도구로 남아 있긴 하지만, 많은 현대의 꿈 연구는 꿈을 꾸는 것과 관련된 신경 회로를 분리하기 위해서 뇌전도(EEG), 기능적 자기공명영상법(fMRI), 양전자 방사단층촬영법(PET)에 의지한다. 이 그림에서 여자는 연구를 준비하기 위해서 EEG 헤드셋을 썼다.

있는 관측 불가능한 정신 작용이 아니겠는가? 그리고 동물은 그 구두 보고를 할 수가 없다.

이 관점은 꿈에 대한 과학적 연구가 꿈 보고의 편집, 분석, 해석에만 의존하고 있다는 오만함을 바탕으로 한다. 물론 꿈 과학자들은 우리가 '오프라인(수면 상태)'이 될 때 우리의 정신과 몸에서 무슨 일이 일어나는지에 관해 꿈을 꾼 사람들의 구두 보고에서 많은 것을 배웠고, 계속 배우고 있다. 하지만 1980년대 이래로 꿈 연구 대부분은 언어 보고를 분석하는 것으로 이루어지지 않는다. 꿈 체험의 신경적·행동적 연관점, 말하자면 꿈을 꾼다는 주관적 체험에 대응하는 뇌 활동 및 신체 행동에 대한 조사를 기반으로 한다. 현대 인간의 꿈 연구에 관한 간단한 조사를 통해서 꿈 연구는 전문가들이 인간의 꿈 현상학에서 신경적 특징(예를 들어, PGO파)[16]과 행동표지(예를 들어, 급속안구운동인 REM)를 찾는 데 집중하는 넓고 복합적이고 빠르게 발전하는 분야라는 사실이 밝혀졌다.[17]

다른 동물과 대화하지 못하는 우리의 무능력 때문에 동물의 꿈 경험에 관해 알 수 있는 것이 확실히 제한적이긴 하지만, 그들의 꿈꾸는 능력에 관해 경험적으로 알게 된 의미 있는 주장을 하거나, 심지어 동물의 의식, 감정, 윤리에 관해 진행 중인 학술적 논쟁을 위해서 이 능력이 미칠 수 있는 영향을 숙고하는 것은 막지 못한다.[18] 실제로 이 책에서 나는 이런 여러 가지 주장을 전개하기 위해 **통합 기법**integrative method을 사용한다. 이 방법을 간단히 설명하면 다음과 같다.

1. 다른 동물에서 꿈 경험을 가리키는 사실을 찾기 위해 동물의 잠에 관한 경험적 자료들을 살펴본다.
2. 현상학, 의식철학, 동물의 인식철학 같은 분야에서 개념적 도구와 자원을 결합한 철학적 렌즈를 통해 이 발견을 해석한다.

이 방법을 사용해서 나는 경험적 데이터를 진지하게 받아들이는 한편, 이 데이터가 무엇을 의미하는지 핵심적인 철학적 질문들을 던져볼 것이다. 곧 보게 되겠지만, 그 의미는 누구나 알아낼 수 있다.[19]

이 책의 구조와 목표

일상생활에서 동물과 소통하는 사람들, 예를 들어 동물애호가, 농부, 수의사, 동물활동가 등은 자신들에게는 당연한 사실, 즉 우리가 다른 많은 생물과 꿈꾸는 능력을 공유한다는 것에 관해 누군가가 책을 쓴다는 사실이 우스울지도 모른다. 하지만 이런 믿음을 갖는 것과 과학적 증거를 들어 그것을 옹호하는 것은 다른 문제다. 그리고 그 철학적 암시를 파헤치는 것은 또 다른 문제다. 지금부터 나는 이 세 가지를 모두 할 것이다.[20]

1장 '동물의 꿈에 관한 과학'에서 나는 동물이 수면주기의 핵심 단계에서 '현실 시뮬레이션'을 한다는 증거를 보여주는 동물의 꿈 연구를 살펴볼 것이다. 특정한 방법론이나 개념적 한계를 고려한다 해도, 지구상에서 인간만이 꿈을 꾸는 게 아니라는 결론을 뒷받침하는 증거들은 무수히 많다.

2장 '동물의 꿈과 의식'에서는 1장에서 제시한 증거들의 철학적 중요성을 다룰 것이다. 여기서는 세 종류의 자의식을 구분하는 의식의 'SAM' 모형을 사용할 것이다. S는 주관성(현상적인 경험의 중심에 서는 것), A는 정서성(감정적으로 약화된 상태로 사건을 경험하는 것), M은 메타의식(자신의 정신생활을 성찰하는 능력을 갖는 것)을 의미한다. 꿈의 현상학적 이론을 길잡이 삼아 나는 꿈을 꾸는 모든 동물이 반드시 주관적 의식을 가져야 하고, 전부는 아니라도 대부분은 정서적 의식이 있으며, 엄선된 소수는 메타의식도 가졌을 수 있다고 확언한다.

3장 '상상력의 동물학'에서는 상상력으로 만든 꿈속 캐릭터를 강조함으로써 동물의 의식을 더 고차원적으로 논의할 것이다. 꿈이 감각적(시각, 촉각, 청각 등) 이미지의 발생을 바탕으로 한다는 걸 생각하면, 꿈을 꾸는 동물들은 심리철학자 조너선 이치카와Jonathan Ichikawa가 "상상 능력"이라고 부르는 것, 다시 말해 창조력, 환상, 가상 능력 등을 가져야 한다. 나는 이런 능력을 꿈과 합치는 법을 살피는 한편, 꿈이 더 큰 상상력의 스펙트럼(그중에서도 환각, 백일몽, 딴생각이 속하는)의 일부임을 보일 것이다.

4장 '동물 의식의 가치'에서는 윤리적 차원을 연구한다. 동물의 꿈이 윤리적 관점에서 중요할까? 가장 윤리적인 틀 안에서 그 답은 '그렇다'다. 의식은 어떤 생물이 도덕적 지위를 갖고 어떤 생물이 갖지 않았는지 결정해주는 부분이기 때문이다. 여기서 나는 왜 꿈이 내가 '도덕적 힘'이라고 부르는 것을 품고 있는지에 관한 새로운 해석을 설명하기 위해서 철학자 네드 블록Ned Block의 유명한 의식 이론을 그 출발점으로 삼을 것이다. 이 해석에 따르면, 꿈은 동물이 도덕적 가치의 전달자이자 근원임을 드러내주기 때문에 도덕적으로 중대하다.

에필로그 '동물은 주체이고 세상의 건설자다'에서는 다른 동물들의 주관성과 우리를 그들과 묶어주고 가르는 것에 관해 마지막 생각을 이야기할 것이다. 이 책의 핵심은 공통점과 차이점, 결합과 분리 사이의 긴장 안에 있다. 그 핵심이 맞는 자리에 있는 것이라면, 이 긴장은 동물의 정신과 동물의 경험에 관한 현대의 논쟁을 유발하고 우리의 비인간 동료들에 관한 별로 좋지 않은 가정 몇 가지에 의문을 제기하게 만들 것이고, 우리는 동물을 정말로 새롭게 보는 전반적인 재교육을 시작할 수 있다. 즉 우리가 역사적으로 그랬듯이 동물을 진화적·인지적·형이상학적, 심지어 영적으로 우리보다 부족한 존재로 여기는 것이 아니라, 그들을 원래 그랬고 언제나 그랬듯이 완벽하게 실재하고, 불가침적이고, 성스러운 존재로 보게 될 것이다.

1장

동물의 꿈에 관한 과학

개, 고양이, 말, 그리고 아마도 좀 더 고등한 동물들,
심지어는 새들까지도 선명한 꿈을 꾸니까 …
우리는 그들이 어느 정도 상상력을 가졌음을 인정해야 한다.
- 찰스 다윈[1]

조용한 세기

동물의 꿈에 관한 과학적 논쟁은 19세기 말까지 거슬러 올라간다. 찰스 다윈의《종의 기원》과《인간의 유래와 성선택》이 출간된 직후, 떠오르는 진화체계의 지지자들은 동물이 이전까지는 오로지 인간만이 가졌다고 추정되던 정신 능력의 많은 부분을 공유하고 있다는 발상을 퍼뜨리기 시작했다. 여기에는 꿈을 꾸는 능력도 포함되었다.

이 발상의 초창기 지지자 중 한 명인 스코틀랜드의 내과 의사 윌리엄 로더 린지William Lauder Lindsay는 1879년 저서《건강과 질병에 관한 하등동물의 정신Mind in the Lower Animals in Health and Disease》에서 강력한 옹호론을 펼쳤다. 그는 꿈꾸는 동물에 관한 고전 및 현대의 보고

들을 언급하며, 꿈을 꾸는 것이 호모 사피엔스만의 영역이 아니라고 주장했다. '꿈과 망상'이라는 제목의 장에서 그는 개들이 잠들었을 때 머릿속에서 어떤 일이 일어나는지 설명했다.

> 개의 경우에, 특히 해리어 같은 새 사냥개의 경우에 다음과 같은 사실이 주목되었다. 또는 다음의 추론이 나왔다. 세네카와 루크레티우스가 오래전에 언급한 것처럼 이들은 꿈속에서 사냥을 하는 것 같다. 꿈을 꾸는 동안 꼬리와 발의 움직임, 냄새 맡는 행위, 으르렁거림, 짖기 등이 일어난다. 새 사냥개는 잠을 자면서 가상의 사냥감을 가상으로 쫓아가는 일이 종종 일어난다고 생각할 만하다. 이 추적은 실제로 육체적·정신적 흥분을 유발한다. 예를 들어, 이로 인해 거의 즉시 열의와 헐떡거림이 일어난다. 그리고 이 흥분은 가끔씩 동물을 잠에서 깨우기도 한다.[2]

그리고 이것은 한두 종에 그치지 않는다. 그는 이렇게 이야기를 이어간다.

> 해리어가 꿈에서 가상의 사냥감을 쫓는 것처럼, 콜리나 다른 개들은 자면서 가상의 적이 나타나는 것을 걱정하거나, 가상의 파리나 다른 귀찮은 벌레들을 물려고 한다. 다시 말해서, 잠이나 꿈속에서 그들은 가상의 다툼, 사냥, 추적, 싸움에 개입하는 것으로 보인다.[3]

린지는 책에서 말, 새, 고양이 등 다양한 동물의 꿈 상태를 묘사하고, 꿈과 망상, 환각 사이의 관계를 명쾌하게 분석한다. 린지에게 꿈이란 동물이 복잡한 정신을 가졌다는 강력한 암시다.

동물의 꿈에 대한 믿음은 빅토리아 시대의 절정기에 널리 퍼졌다. 생체해부반대운동이 유럽과 북아메리카에서 힘을 얻었고, 동물의 지위에 대한 대중의 태도도 빠르게 변했다.[4] 동물의 정신적·감정적 삶에 대한 관심이 높아질 조건이 무르익은 것이다. 당시 과학자들 사이에서는 동물이 잘 때 일어나는 일에 관한 주장을 포함해 동물의 경험에 관한 다양한 주장(몇몇은 그래도 좀 더 실증적 기반이 탄탄했다)이 대중적으로 관심을 끌었다. 이 믿음은 굉장히 널리 퍼져서 다윈의 제자인 진화생물학자 조지 로마네스George Romanes는 1883년 《동물의 정신 진화Mental Evolution in Animals》에서 동물의 꿈에 관한 린지의 이론을 열광적으로 인용했다.

유럽과 북아메리카 양쪽 모두에서 많은 독자에게 사랑을 받은 이 책에서 로마네스는 꿈이야말로 동물이 겨우 백 년 전에 독일의 도덕주의자 칸트가 확고하게 부인했던 능력인 상상력을 가졌다는 사실을 입증한다고 린지보다 더 단호하게 주장했다.[5] 꿈을 꾼다는 것은 동물이 로마네스가 '3단계 상상력'[6]이라 명명한 것을 가졌음을 증명한다. 이것은 동물이 "어떤 명확한 암시 없이 독자적으로"[7] 머릿속 이미지를 형성할 수 있는 능력이다. 로마네스의 관점에서는 어떤 것을 시각적으로 떠올리는 꿈에는 똑같은 정신 작용이 필요하다. 왜냐하면 인간과 동물 모두 정신이 여기에 존재하지 않지만 거기에 관련된 물체를 마치 여기 있는 것처럼 보도록 지시하기 때문이다. 그는 이렇게 결론짓는다. 꿈을 꾼다는 것은 "3단계에 … 해당하는 상상력이라는 증거로 이루어진다".[8] 이런 관점을 유지하기 위해서 온타리오주 켄싱턴 출신 생물학자는 당시의 분위기에 도전하지 않았다. 그는 나중을 위해 그것을 잘 모아두었다.

1888년, 《동물의 정신 진화》가 출간되고 겨우 5년 후에 유명 잡지 《센추리The Century》에 꿈, 악몽, 몽유병의 과학에 관한 기사가 실렸고, 여기에 동물의 꿈에 관한 부분이 있었다. 꿈의 종간 이론의 옹호자로 언급된 전문가 중에는 윌리엄 로더 린지와 조지 로마네스처럼 좀 덜 알려진 인물도 있고, 찰스 다윈 같은 유명인도 있었다.[9] 그로부터 1년 후 캐나다의 생물학자 웨슬리 밀스Wesley Mills가 대단한 권위를 얻은 《동물 생리학 교과서Textbook of Animal Physiology》를 출간했고, 거기에 동물의 꿈, 특히 개의 꿈에 관한 긴 논의가 들어 있었다. 같은 해에 IQ 테스트의 창안자이기도 한 프랑스의 생리학자 알프레드 비네Alfred Binet는 《연간 심리학L'Année Psychologique》에서 꿈에 관한 책 몇 권을 살펴보았다. 거기에는 이탈리아의 생리학자 산테 데 산크티스Sante De Sanctis의 책 《꿈I sogni》도 포함되어 있었다. 이 책은 한 장이 전부 그가 개, 말, 새 같은 '상급 동물들'의 꿈에 관해 사육사, 농부, 사냥꾼, 서커스 훈련사와 취재한 내용으로 이루어져 있다.[10]

동물의 꿈이 19세기의 문화적·과학적 상상 속에 깊이 배어 있긴 했지만, 흐름은 결국에 바뀌었다. 1870년대에 동물 정신의 복합성을 지지하는 것으로 시작했던 이 흐름은 여러 발전 덕분에, 특히 행동주의 심리학이 부상하면서 수십 년 사이에 어떤 종류의 동물 인지력이든 회의적으로 보게 만들었다.[11] 세기가 바뀌면서 새로운 세대의 과학자들은 자신들의 선임들과 거리를 두고 인간의 특성을 동물에게 투사한다고 비난했다.[12] 1930년대에 19세기 자연주의자들에게 활력을 불어넣었던 많은 주제, 즉 동물의 추론, 동물의 언어, 동물의 감정, 동물의 놀이, 그리고 당연하게도 동물의 꿈이 과학적으로 나쁜 평판에 시달렸고, 이는 오랫동안 유지되었다. 나는 1900년대부터 1980년대까지 쭉 이어진 이 시기를 조용한 세기라고 부른다. 이 기간에 동물의 의식에 관한 논의가 멈춰버려서 우리의 과학 문화는 아직도 거기에서 벗어나기 위해 노력하고 있기 때문이다.

다행히도 다양한 분야의 과학자들이 이 주제 중 몇 가지를 과학적 연구에 적합한 것으로 되돌리기 시작했다. 1990년대 이후로 동물의 감정 연구와 동물 인지에 관한 경험적·철학적 연구가 폭발적으로 증가했다. 하지만 동물의 꿈이라는 주제는 그렇게까지 운이 좋지 않았다. 린지의 《건강과 질병에 관한 하등동물의 정신》이 출간되고 거의 150년이 지난 지금까지도 과학계에서는 동물의 꿈에 관한 실증적인 연구는 고사하고, 동물의 꿈을 '동물의 의인화'로 치부하고 있다. 인간의 특성을 비인간에 투영해 우리를 오도하는 낭만적이고 비과학적인 환상으로 보는 것이다. 꿈을 전문으로 하는 과학자들은 물론이고, 동물 수면 전문가들 대부분이 그렇다.[13]

아이러니한 것은 지난 30년이 넘는 시간 동안 생명과학은 우리의 19세기 선조들이 동물의 정신세계에서, 제니퍼 덤퍼트Jenniffer Dumpert의 말을 빌리자면 "잠의 가장자리에서",[14] 무슨 일이 일어나는지에 관해 옳았을지도 모른다는 수많은 증거를 발견했다는 것이다. 이 장에서 나는 이 증거를 분류하고 분석해 세 개의 범주로 나누었다. 전기생리학, 행동학, 신경해부학이다. 이 증거들은 우리의 집단적 오류가 우리가 19세기 동안 인간과 다른 동물들이 정신 활동의 연속성을 가졌다고 생각했기 때문이 아니라, 오히려 20세기에 이 연속성 인식에 등을 돌리고, 그 결과 동물에 대한 우리의 인식이 좋지 않은 방향으로 바뀌었기 때문임을 보여준다. 우리는 우리의 삶과 비교해서 동물들의 삶이 대단히 부족하고, 지루하고, 정말 별것 없고, 아주 혐오스럽다고 보기 시작했고, 이 집단적 자기기만에 빠져 동물들이 우리가 가진 것, 즉 의미 있는 내면세계를 가졌을 리 없다는 확신을 갖게 되었다. 그것이 우리의 실수였다.

전기생리학적 증거:
금화조부터 제브라피시까지

●소리 없는 노래

2000년에 생물학자 아미시 데이브Amish Dave와 대니얼 마골리어시Daniel Margoliash는 《사이언스》에 오스트레일리아에 자생하는 연작류 조류인 금화조*Taeniopygia guttata*에 관한 보고서를 실었다. 이 새들이 마주한 진화적 과제 중 하나는 이들이 부모와 형제들로부터 노래를 배워야 한다는 것이었다. 이는 선천적인 특성이 아니었기 때문이다.[15] 그때까지 새 울음소리에 관한 연구는 이 동물들이 깨어 있는 동안에 노래를 흉내 내고 기억하기 위해서 무엇을 하는지에 집중되어 있었으나, 데이브와 마골리어시는 수면이 노래를 외우는 데 어떤 역할을 하지 않을까에 초점을 맞추었다. 수면이 어린 금화조가 가족으로부터 듣는 청각적 패턴을 내재화하고 장기기억으로 만드는 데 도움이 될까? 이 새들이 자는 동안 머릿속으로 노래를 반복하는 것으로 최소한 어느 정도는 노래를 배울 수 있을까?

이 가능성을 시험하기 위해 데이브와 마골리어시는 어린 금화조 한 무리가 자는 동안 '새소리 체계'를 통해 유발되는 신경 활성화 패턴을 기록하는 실험을 수행했다. 그들은 이 패턴을 분석해서 금화조의 뇌가 자는 동안 두 가지 상태를 오간다는 것을 발견했다. 딱히 주목할 만한 부분이 없는 낮은 등급의 신경 활동이 꾸준하게 일어나는 상태, 그리고 정기적으로 높은 등급의 신경 활동이 자발적 폭발을 일으키는 상태, 두 가지다. 이 발견은 그 자체로는 딱히 놀랍지 않았다. 조류의 수면주기가 포유류와 마찬가지로 낮은 신경 활동과 높은 신경 활동 상태로 나뉜다는, 이전에 출간된 연구를 확인했을 뿐이기 때문이다. 하지만 데이브와 마골리어시는 같은 뇌 영역에서 금화조가 깬 상태에서 노래를 부를 때 일어나는 신경 패턴도 기록해서 수면기에 발생하는 패턴과 비교해보기로 했다. 그들이 발견한 것은 대단했다.

그들은 깨어 있는 동안 노래로 유발되는 패턴이 높은 등급의 신경 활동 폭발이 특징인 수면기 패턴과 구조적으로 흡사하다는 것을 발견했다. 금화조의 뇌가 이들이 한낮에 세상에 다 들리게 노래할 때와 잠을 자면서 높은 신경 활동기에 들어갈 때 정확히 같은 일(신경세포가 동일한 순서로 활성화된다)을 하고 있다는 사실을 확인할 수 있는 충분한 증거였다. 그들은 이 패턴이 완벽하게 똑같아서 각각의 상대 패턴을 음절 하나하나, 아니 음 하나하나 정확하게 기록할 수

금화조가 깨어 있는 상태에서 노래를 부를 때 보여주는 뇌 활동 패턴은 이들이 수면 상태에서 노래를 반복할 때 보이는 패턴과 일치한다. 이 일치성은 아주 완벽해서 과학자들은 패턴을 서로 대고 음 하나하나까지 맞출 수 있다.

있다는 사실을 알게 되었다. 그들은 금화조가 깨어 있는 동안 노래를 연습하면서(실행) 익힐 뿐만 아니라, 소리 내지 않고 자는 동안 그것을 머릿속에서 반복하면서도(반복) 배운다고 결론 내렸다. "반복은 실제 소리의 생성과 인식이 없는 상태에서도 노래하는 것과 비슷하게 새소리 체계를 통해서 일관된 활동을 형성한다"[16]라고 그들은 적었다.

자는 동안의 새소리 체계의 활성화가 금화조가 노래하는 꿈을 꾸었다는 증거가 된다고 말하는 사람도 있을지 모르겠다. 흥미롭게도 데이브와 마골리어시는 이 해석을 거부했다. 대신에 그들은 그들이 금화조에게서 관찰한 반복은 금화조의 의식적인 자각 없이 펼쳐지는 전산처리 수행, 그들의 말에 따르면 "알고리즘 구현algorithmic implementation"에 지나지 않는다고 주장한다.[17] 그들이 보기에 금화조는 내 노트북 컴퓨터가 어도비 리더나 마이크로소프트 워드를 실행하는 빈도 정도로 반복을 경험한다. 반복 자체가 네드 블록이 "실험적 특성"이라고 부른 것이 완전히 결여된 뇌 상태기 때문이다. 쉽게 말해서 여기에는 현상학이 전혀 수반되지 않는다.[18]

내가 보기에 이 알고리즘식 해석은 데이터에 기반하지 않을 뿐 아니라 이걸 입증하는 데이터도 없다. 그리고 솔직히 말해서 별로 타당하지도 않다. 왜 데이브와 마골리어시가 반복을 알고리즘으로 해석한 건지 잘 모르겠다. 그들이 직접 찾은 결과만으로도 금화조가 자는 동안 직접적인 인식을 통해서 겪는 생생한 현실을 대변한다는 걸 보여주는데 말이다.

나는 두 가지 증거 덕분에 계산주의에서 현상학 쪽으로 바늘이 확 기울었다고 생각한다. 첫째, **일시성**temporality이다. 데이브와 마골리어시는 실행과 반복 사이의 구조적 편리함 외에 또 일시적인 것을 찾아냈다. 금화조가 깨서 노래하는 시간과 자는 동안 반복하는 시간은 대략 똑같다. 전산처리가 기계적으로 반복되는 주관적 경험과 같은 시간 동안 작동해야 하는 **표면적인** 이유가 없기 때문에 이것은 매우 중요하다. 이 일시적 유사성은 동물이 사는 동안 경험한 것과 연관된 공통의 근본적 현상학의 결과일 수도 있다. 이 동물들이 깨서 노래를 부르는 시간과 자면서 반복하는 시간이 동일하다면, 이는 노래와 반복이 비슷한 주관적 경험임을 알려주는 것일 수도 있다.[19]

또 다른 증거는 **구현**embodiment이다. 데이브와 마골리어시는 반복 활동을 시키는 것이 뇌뿐 아니라 육체, 특히 목이라는 사실을 발견했다. 반복할 때 새의 성대는 노래할 때와 똑같이 확장되고 수축된다. 이는 딱 한 가지를 의미한다. 새가 자면서 머릿속으로 노래를 연습하는 단계를 밟을 때 실제로 노래할 때 필요한 신체적 기술도 연습한다는 것이다. 물론 성대의 움직임이 실제로 소리를 만들어내지는 않지만, 이런 일이 일어난다는 사실은 동물들이 반복 중에 얻는 기억이 확실하게 구현된다는 것을 암시한다. 반복할 때 동물들은 그 **내용**을 기억하는 것이 아니라 **방법**을 기억한다. 그리고 방법을 기억하는 과정에서 새들은 청각적 경험도 함께하게 될 가능성이 크다. 그들의 뇌에서 청각 영역이 크리스마스트리처럼 반짝이기 때문이다. 잠자는 금화조는 무거운 잠의 침묵 속에서 자신들의 노래를 '듣는' 모양이다.

하지만 나는 반복이 '소리의 생성' 없이 일어난다는 데이브와 마골리어시의 관찰에는 동의하지만, 이것이 '인식'이 없는 상태로 일어난다는 주장에는 동의하지 않는다. 둘 사이에는 커다란 차이가 있다. 소리의 생성은 사건의 객관적 상태다. 동물이 노래를 했는가? 음파를 생성했는가? 인식은 주관적 상태에 대한 것이다. 그 동물들이 노래를 들었나? 소리를 경험했나? 내가 데이터를 읽은 바로는 새들이 소리를 내지 않았다는 단순한 이유만으로 그들이 노래하지 않은 것은 아니다. 그들은 **실제로** 노래를 들었다. 내가 '소리 없는 노래'라고 하는 노래 말이다. 우리가 꿈속에서 연인의 목소리, 나뭇잎이 흔들리는 소리, 멀리서 들려오는 교회의 종소리처럼 요란한 음악적 배경을 듣는 것과 마찬가지로 그들도 소리 없는 노래를 들었다. 불행하게도 데이브와 마골리어시는 반복의 전산적 해석에 열중하느라 자신들이 찾은 것에서 현상학적 중요성을 알아채지 못했고, 그래서 이것을 깨닫지 못했다. 금화조는 단순히 노래를 듣고 잠을 잤기 때문이 아니라 노래에 관한 **꿈을 꿈으로써** 노래를 외운다. 17세기 시인 존 드라이든이 1665년 자신의 희곡 〈인도 황제〉에서 쓴 것처럼 "작은 새들은 꿈속에서 노래를 반복한다".

●공간적 꿈

수면 중인 새에게는 인식 능력이 없다는 데이브와 마골리어시의 주장이 동물이 꿈을 꾸는 것에 대해 회의를 불러일으켰지만, 우리는 2001년 매사추세츠공과대학교(MIT)의 켄웨이 루이Kenway Louie와 매슈 윌슨Matthew Wilson이 수행한 연구에서 반복에 관한 그들의 알고리즘 해석에 대한 참신한 대안을 찾아냈다. 루이와 윌슨은 MIT의 학습 및 기억 센터에서 일하면서 수면이 쥐의 기억력과 공간추론력에 어떤 영향을 미치는지 이해할 방법을 찾았다. 그래서 그들은 쥐들이 깨어 있을 때와 자는 동안에 공간추론 과제를 어떻게 해결하는지 연구하기로 했다.

그들은 쥐가 인간처럼 해마에 정교한 공간매핑시스템을 갖고 있기 때문에 공간추론 과제를 골랐다. 해마는 동물의 물리적 환경을 파악하고 공간 속에서 동물의 위치에 따라 각기 다르게 신호를 보내는 CA1 피라미드 세포로 이루어져 있다.[20] 쥐가 매핑된 환경에서 위치 X에 자리 잡으면 CA1 세포의 특정한 조합이 신호를 보낸다. 하지만 쥐가 위치 Y로 옮기는 순간 다른 조합의 CA1 세포가 신호를 보내기 시작한다. 그리고 쥐가 다시 위치 X로 돌아오면 처음에 신호를 보냈던 것과 정확히 똑같은 CA1 세포 조합이 다시 신호를 보낼 것이다. 연구자들은 쥐의 물리적 환경이 비교적 일정하게 유지되는 한 해마의 활성 정보만을 바탕으로 아주 정확하게 쥐의 물리적 위치를 짚어낼 수 있다. 그다음에 해마의 활동을 추적해서 쥐가 깨어 있을 때의 물리적 위치뿐 아니라 쥐가 자면서 자신이 어디에 있다고 생각하는지 그 장소까지 추적할 수 있다.[21]

실험은 쥐 한 무리를 위로 살짝 솟아오른 원형 트랙 주위에 모으고 "공짜 음식을 얻기 위해 시작 위치에서 끝 위치까지"[22] 달리도록 훈련하는 것으로 시작했다. 쥐들이 이 길을 익히면 루이와 윌슨은 해마의 단일세포 활성을 추적해서 그들의 움직임으로 유발되는 CA1 피라미드 세포의 활성화 패턴을 기록했다. 그렇게 해서 "과제 환경에서 동물의 행동이 만들어낸 배열"[23]을 매핑할 수 있었다. 그들은 이 패턴을 '런RUN'이라고 불렀다. 이것이 보상을 향해 달리는 행동에서 만들어진 것이기 때문이다. 그다음에 그들은 런과 관련된 피라미드 세포 활성화 패턴이 REM 수면 때도 나타나는지 알아보기 위해 쥐들이 트랙을 달린 다음 낮잠을 자게 하고 자는 동안 해마의 활동을 기록했다. 이때의 패턴은 쥐들이 REM 수면을 하는 중에 일어나기 때문에 '렘REM'이라고 불렀다. 이런 맥락에서 런과 렘은 신경 패턴을 말한다. 하나는 깨어 있는 상태에서 육체적으로 트랙을 달리는 것과 관계가 있고, 다른 하나는 REM 수면 중에 이 행동을 머릿속으로 반복하는 것과 관계가 있다.

이 실험을 통해 루이와 윌슨은 무엇을 배웠을까? 새의 노래에 관해 데이브와 마골리어시가 알아낸 것과 마찬가지로, 그들은 런과 렘이 서로의 거울상이라는 사실을 알게 되었다. 이 말은 쥐들이 잠이 들었을 때 그들이 방금 마친 공간 테스트에 관해 꿈을 꾸는 것으로 보인다는 뜻이다. 게다가 루이와 윌슨은 런과 렘이 "거의 동일한 속도"[24]로 진행된다는 사실도 알아냈다. 금화조가 깨서 노래를 부르는 데 걸린 것과 똑같은 시간만큼 자면서 노래를 반복하는 것처럼, 쥐도 런과 렘을 비슷한 시간 동안, 대략 몇 분이나 몇 초 정도 수행한다. 구조적으로, 일시적으로 "렘은 런을 반복한다".[25]

여기서 흥미로운 상황이 발생한다. 엄밀히 말해서 루이와 윌슨은 깨어 있는 상태와 수면 상태를 연결하는 구조적이고 일시적인 유사성에 관한 데이브와 마골리어시의 발견을 단순히 반복했을 뿐이었지만, 그 해석은 너무 달랐다. 데이브와 마골리어시가 금화조에서의 반복을 실험적 특성이 없는 무의식적 알고리즘 과정으로 해석한 반면, 루이와 윌슨은 쥐에서의 반복을 현상학적인 면이 풍부한 경험으로 해석했다. 다시 말해, 꿈으로 여겼다는 뜻이다. 반복은 쥐들한테 살아 있는 현실이었을 것이라고 그들은 말한다. 과거 경험에 의존하고 있고, 구조적으로도 일시적으로도 이 경험을 반영하고 있기 때문이다.[26] 반복은 현상학적으로 텅 빈 상태가 아니라 "런에서 독특한 신경 패턴을 일으키는 명백한 감각운동 신호가 렘에서는 없음에도 불구하고"[27] 순수하게 주관적인 경험이다. 깬 상태에서 트랙을 달리는 동안에 얻었던 감각운동 신호(환경에 관한 시각 정보, 발밑에 땅의 느낌, 트랙 끝에 있는 보상 음식의 냄새 등)가 전혀 없어도 잠자는 쥐들은 보상을 향해 달리는 경험을 한다. 그들은 깨어 있을 때의 행동을 '재활성화'하거나 '재구성'하는 내적 자극을 만든다.[28] 그리고 자는 동안 깨어 있을 때의 행동을 재구성한다는 것은 단순히 그 행동

에 관한 꿈을 꾸는 것이기 때문에, 결국에는 쥐가 트랙을 달리는 꿈을 꾸고 있다는 말이 된다.[29]

이거 하나는 확실히 해두자. 루이와 윌슨, 그리고 데이브와 마골리어시 사이의 논쟁은 과학적인 것이 아니라 철학적인 것이다. 여기서 중요한 것은 '쥐들이 어떤 존재인가'라는 질문이다. 쥐는 알고리즘을 삽입할 수 있는 털 달린 조그만 컴퓨터일까? 아니면 내적 현상을 가진 의식적 주체, 인지하고, 감정을 느끼고, 생각하는 주체일까? 이것은 순수하게 경험적 기반에서 대답할 수 없는 질문이다. 그래서 연구자들이 사실에는 동의하면서도 이 사실들이 궁극적으로 의미하는 바에는 아직 동의하지 못하는 것이다. 그들이 동의하지 못하는 이유의 핵심은 그들이 본 것을 묘사할 때 쓰는 단어에 반영되어 있다. 즉, '알고리즘 구현' 대 '내부 자극'이다. 전자가 정신의 계산주의 이론의 영역 내에 반복을 집어넣는 반면, 후자는 이것을 쥐의 뇌가 무의식적으로 실행하는 프로그램보다는 쥐가 자는 동안 전력을 다해서 삶을 살아가는 경험에 더 가까운 것으로 본다.[30]

● 허공과 땅에서 물로: 물고기의 꿈

좀 더 최근인 2019년에 스탠퍼드대학교의 루이스 C. 렁Louis C. Leung이 이끄는 미국, 프랑스, 일본의 국제적인 과학자 집단이 《네이처》에 〈제브라피시의 수면 중 신경반응 특성Neural Signatures of Sleep in Zebrafish〉이라는 논문을 발표했다. 다른 모든 경골어류처럼 제브라피시도 신피질이 없어서 그들의 행동과 신경의 상관관계를 연구하는 것이 약간 까다롭다. 하지만 제브라피시는 등형 대뇌피질을 가졌고,

어류학자들은 지금은 이것이 새로운 포유류 피질과 기능적으로 동등하다고 생각한다.

다양한 상태에서 등형 대뇌피질의 활성을 연구한 렁과 그의 팀은 제브라피시가 두 종류의 잠을 잔다는 사실을 발견했다. 하나는 '느린돌발파 수면(SBS)'으로, 포유류, 조류, 파충류가 가진 서파수면의 중요한 생리적 특성을 공유한다. 예를 들어, 빈도수는 낮지만 동시에 발생하는 신경 활동, 생략안, 심장과 호흡기의 활동 같은 것이다. 다른 하나는 '진행파 수면(PWS)'으로, 포유류의 REM 수면을 연상시킨다.[31] PWS 중에는 등형 대뇌피질에서 빈도수는 높지만 동시 발생하지 않는 신경 활동을 보이고, 빨라졌지만 비규칙적인 심장 활동도 일어난다. 이 상태는 또한 뇌교-중뇌-종뇌(PMT)파라는 특징이 있는데, 저자들은 이것이 인간을 포함한 포유류들이 REM 수면을 시작할 때를 알리는 뇌교슬상후두엽(PGO)파의 물고기 버전이라고 주장한다. 놀랍게도 저자들은 제브라피시가 심지어 MCH(멜라닌 농축 호르몬) 신경세포까지 가졌음을 발견했다. 이것은 PMT파 시작 직전에 활성화되는 특수한 세포이고, 포유류에서 PGO파를 작동시키는 MCH 신경세포와 기능적으로 동일하다.[32]

꿈과 수면 전문가 마크 솔름스Mark Solms는 최근의 저서 《숨겨진 샘The Hidden Spring》에서 인간의 꿈 현상학의 동력원으로서 PGO파의 중요성에 관해 논의한다. 렁과 그의 공동 연구자들은 이 파들이 인간을 특별하게 만드는 것은 아니라고 이야기한다. 길이가 4센티미터에도 미치지 않는 자그마한 물고기, 진화사에서 3억 8000만 년 이상 인간과 분리되어 살아온 어류에서도 이 파들의 다른 버전을 발견

할 수 있기 때문이다.[33]

여기서 주의할 점은 포유류와 어류가 서로 나뉜 진화사를 가졌고 별로 닮지 않은 뇌구조를 가졌음에도 놀랄 만큼 비슷한 수면 구조를 갖고 있다는 것이다. 포유류가 깊게 잠이 들어 REM 수면을 하듯이 어류도 SBS와 PWS를 한다. 포유류의 REM 수면과 어류의 PWS는 믿을 수 없을 만큼 유사하다. 둘 다 독특한 신경반응 특징이 있고, 각각 비REM 수면과 SBS로부터 구분되는 고유의 뇌파가 있다. 둘 다 이 뇌파가 MCH 신경세포의 활성화를 시킨다. 그리고 둘 다 뇌파가 뇌교에서 시작되어 각성 경험과 비슷한 '일관성 지표'를 등록하는 전체 뇌 상태에서 끝난다. 이 유사성은 심지어 어류에서도, 특히 PWS 그 자체의 명백한 "각성 상태 같은 특징"을 렁이 인정한다는 것을 고려할 때, PWS의 현상학적 해석의 기틀이 된다.

유감스럽게도 렁과 그의 공동 연구자들은 그들이 아주 말끔하게 설명했던 신경반응 특성을 '불가지론'이라고 논문의 처음과 끝에서 선언했다. 그들이 확인한 수면 단계가 주관적 요소인지 아닌지, 어류의 관점에서 느끼거나 경험할 수 있는지 아닌지에 대해 입장을 결정하는 것이 어려웠던 모양이다. 그들이 제브라피시가 물고기 나름의 관점에서 세상에 기반을 두는 나름의 주관성을 가졌다는 생각에 반대했던 것은 아닌가 하는 생각이 들기도 한다.[34]

행동주의적 증거: 꿈을 꾸는 것 같은 행동들

프랑스의 신경과학자 미셸 주베Michel Jouvet는 꿈을 이해하려면 뇌 활동을 분석하는 것 이상이 필요하다는 설득력 있는 주장을 했다. 수면과 관련된 행동을 분석할 필요가 있다는 것이다. 행동주의적 증거는 생물체의 수면주기가 단계별인지 아닌지, 생물체의 몸이 수면의 특정 단계에서 어떻게 뇌와 상호작용을 하는지, 심지어는 생물체가 꿈 상태를 어떻게 경험하는지를 설명할 수 있다.

영상으로 촬영된 동물의 행동은 꿈을 꾼다는 강력한 증거다. 잠을 자면서 꿈을 꾸고 있음을 암시하듯 움직이는 동물의 영상이 온라인에 엄청나게 많이 있다. 유튜브에는 수면 중 달리기, 수면 중 사냥하기, 수면 중 짝짓기를 포함해서 수면 중에 '깨어 있을 때의 행동'을 보이는 반려동물들의 동영상이 가득하다.

이런 동영상 중 하나인 '꿈꾸는 개' 영상에는 옆으로 누워서 조용히 잠자는 개가 나온다. 몇 초 후에 개의 두 다리가 움찔거리기 시작한다. 다시 몇 초 후에는 다른 다리가 천천히 동참해서 차츰 몸 전체가 일어날 듯한 행동을 보일 때까지 동작이 커진다. 하지만 여전히 누운 상태고 여전히 자고 있는 개는 곧 목표물을 쫓는 것처럼 완전히 달리기 시작한다. 이 행동이 굉장히 매끄럽게 이루어져서 개는 결국 잠에서 깨 일어서서는 혼란 속에 벽으로 곧장 돌진한다. 시청자들은 개가 예상치 못한 주변 환경, 즉 꿈의 세계와 다른 주변 모습에 혼란스러워하는 것을 볼 수 있다.

다른 동영상들도 고양이, 쥐, 토끼, 문어의 비슷한 행동을 보여준다.

●하이디의 꿈, 다시 한번

프롤로그에서 이야기했던 하이디가 자면서 색깔을 바꾸는 동영상은 2019년 처음 방영되었을 때 대중의 상상력을 사로잡았을지는 모르지만, 사실 이 변화가 꿈의 경험을 반영하는 것 같다는 실의 단언에 모두가 동의한 것은 아니었다.

케임브리지대학교의 동물지능 전문가인 니콜라 클레이턴Nicola Clayton과 알렉스 슈넬Alex Schnell은 《뉴욕 타임스》에서 데이터가 이 결론을 뒷받침하지 않는다고 주장했다. 클레이턴에 따르면, 우리는 "하이디의 연속적인 색깔 변화가 깨어 있는 동안의 경험과 들어맞는지" 전혀 알 수 없다. 실의 주장처럼 하이디가 꿈을 꾸고 있다고 말하는 것은 그저 '추측'일 뿐이다. 슈넬도 그 말에 동의하고, 독자들에게 과학자는 동물의 행동에 관해 할 수 있는 설명 중 가장 단순한 것을 고를 의무가 있음을 상기시킨다. 동물 연구에서 '모건 준칙'[35]이라고 알려진 방법론적 규칙이다. 이런 경우에는 설명할 때 인지적 요소나 현상학적 요소를 넣을 필요가 전혀 없다고 그들은 주장한다. 생리학적 요소만으로도 충분히 설명되기 때문이다. 하이디가 꿈을 꾸는 게 아니라고 해보자. 우리가 사실이라고 생각하는 것, 즉 근육으로 통제되는 하이디의 색깔 변화 담당 기관이 경련하는 것이라고만 설명을 한정해보자.[36]

동물의 행동을 해석할 때, 특히 "외계인을 만나는 것과 가장 가까운" 경험을 다룰 때 신중해야 한다는 클레이턴과 슈넬의 말에 나도 동의한다. 하지만 가장 단순한 해석이 언제나 가장 적절한 해석이라는 그들의 가정에는 동의하지 않는다. 신중함이라는 것이 인지적·심리적·현상학적 개념을 포함하는 설명을 피해야만 한다는 뜻은 아니다. 사실에만 집중해야 하는 것은 맞지만, 우선은 설명하는데 필요한 관련 사실이 무엇인지부터 물어봐야 한다.

하이디가 새하얀색에서 진한 오렌지색 반점이 있는 노란색, 그리고 짙은 남색에 가까운 진한 보라색까지, 색깔을 꽤 빠르게 바꾸었다는 사실을 떠올려보라. 당연히 하이디의 근육이 통제하는 색깔 변화 담당 기관이 수축했다. 그러지 않았다면 여러 색의 모습이 나타나지 않았을 것이다. 이것은 사실이다. 하지만 이와 관련된 다른 사실들도 있다. 바로 각 모습의 통일성이다. 모든 변화 모습은 갑작스럽고, 전체적이고, 안정적이며, 깨어 있을 때의 변화와 큰 유사성이 있다. 그리고 대체로 연속된 변화 모습에 통일성이 있다. 이 연속 변화는 한낮에 문어가 게를 사냥할 때 볼 수 있는 연쇄적 행동과 똑같다. 이것 역시 사실이고, 이것 역시 설명이 필요하다. 왜 각각의 변화가 이렇게 일관적인가? 왜 이 연속 변화들은 이렇게 체계적일까? 순수하게 생리학적인 설명만을 고집하는 것은 이 사실을 모래 속에 덮고, 현상에 관해 훨씬 복잡하긴 하지만 그래도 좀 더 타당한 설명을 얻을 가능성을 포기하는 것과 마찬가지다.[37]

하이디가 게를 잡아먹는 꿈을 꾼다는 가설은 클레이턴의 말처럼 추측이지만, 인식론적으로 말해서 동전 던지기와 다를 바 없는 일상적인 무작위 추측 같은 것이 아니다. 이것은 과학철학자들이 "최선의 설명을 위한 추론"이라고 부르는 종류의 추측이다. 이것은 우선 관련 사실을 찾아내고, 그다음에 모든 사실을 합친 것을 가장 잘 아우르는 설명을 고르는 논쟁 스타일이다. 이 추측이 틀릴 수 있다는 사실이 이것이 과학적이지 않다는 증거가 되지는 않는다. 반대로 그 불완전성이 애초에 이것을 과학적으로 만드는 것이다.

● 하이디의 사촌, 갑오징어

잠자는 동물 동영상이 동물의 정신 활동에 관한 이론적 논쟁을 진정시킬 가능성이 적다는 건 인정한다. 의문스러운 변수를 거의 통제할 수 없고, 종종 해석을 놓고 서로 다투기 때문이다. 하지만 서로 맞물린 여러 증거를 고려하면 이것은 인간만이 지구상에서 꿈을 꾸는 유일한 생물이 아니라는 린지의 19세기 주장을 뒷받침해준다. 심지어 별개로 생각해봐도 이 동영상들은 중요하다. 그들이 찾아낸 행동이 꿈꾸지 않는 잠과 관련이 있다고 해석하기는 어렵기 때문이다. 이런 행동들은 무작위적이라고 보기에는 꽤 협동적이고, 현상학이 결여되었다고 보기에는 상당히 일관적이다. 이는 무작위적인 운동 근육의 출력이라기보다 자신을 자극하고 생물학적·심리학적 감각을 키워주는 상황에서 동물들이 보여주는 의도적인 대응으로 보인다. 생물학자 마이클 체이스Michael Chase와 프란시스코 모랄레스Francisco Morales는 이를 "통합적 행동"[38]이라고 부른다.

우리 인간은 그런 상황이 어떤 건지 절대로 모를 것이다. 우리는 다른 동물의 꿈의 세계에 들어가 볼 수 없기 때문이다. 하지만 이것은 핵심을 벗어났다. 중요한 것은 그런 상황이 문제의 동물에 존재하고, 그로 인해 그들이 하는 수면 중 달리기, 수면 중 소리내기, 수면 중 짝짓기, 수면 중 씹기 등의 행동은 그 구조 면에서 외부나 내부 자극에 대한 신체적 반응이라기보다는 확실하고 의미 있는 상황에 대한 의도적 반응으로 보는 것이 더 이해하기 쉽다는 것이다.[39]

하지만 동영상으로 모든 것을 다 이해할 수는 없다. 다행히도 이것이 동물의 꿈에 관한 유일한 행동적 증거는 아니다. 다양한 실험에서 광범위한 생물종들이 인간에게서 꿈을 꾼다는 확실한 표지로 여겨지는 '몽환행위'를 보인다는 사실을 증명했다. 대체로 이런 행동은 통계적으로 꿈이 나타날 가능성이 가장 높은 인간의 수면주기인 REM 수면과 굉장히 비슷한 동물의 수면주기 단계에서 나타난다.[40]

이를 보여주는 가장 좋은 연구는 2012년 펜실베이니아대학교의 과학자 집단이 했던 갑오징어 연구다. 갑오징어는 문어와 마찬가지로 복잡한 신경체계와 색소체계를 가진 두족류로, 이 색소체계 덕분에 주변 환경과 비슷하게 재빨리 위장할 수 있다. 수면 신경과학 전문가인 마르코스 프랭크Marcos Frank가 이끄는 연구팀은 이 무척추동물이 잠을 자기는 하는지, 그리고 그들의 수면주기가 단일한지 아니면 단계가 있는지에 관심이 있었다. 그 답을 찾기 위해서 그들은 쉬는 데 최적화된 탱크 내 '수면실'에 갑오징어 한 무리를 넣고, 며칠 동안 그들의 행동을 촬영하며 세 가지 변수를 추적했다. 이들이 활동적인지 아닌지, 눈을 뜨고 있는지 감고 있는지, 그리고 지느러미가 움직이는지 아닌지, 이 세 가지였다.

모은 데이터를 분석한 그들은 두 가지 결론을 내렸다. 첫째, 갑오징어가 깨어 있는 상태와는 다른 '완전한 정지 상태'에 놓이는데, 이것은 포유류의 수면과 유사하다. 둘째, 이 상태는 단일하지 않고 두 단계로 이루어진다. 모든 운동근육의 출력이 존재하지 않는 완전한 정지 상태(갑오징어의 깊은 수면)와 "팔을 움찔거리고, 눈을 움직이고, 선택적으로 색소세포가 활성화되는" 단계별 운동 활동을 포함한 상대적 정지 상태(갑오징어의 REM 수면 유사물)다.[41] 이 두 번째 단계에서 "눈은 감긴 눈꺼풀 아래로 빠르게 움직이고, 색소세포 활동이 갑자기 활발해지며, 다리 끝부분이 구부러지고 움찔거린다".[42] 프랭크와 그의 동료들은 갑오징어가 자고 있다는 걸 고려할 때 이 행동은 "외적 자극으로 유발된 외인성이 아니라 기본적으로 내인성"[43]일 것이라고 설명했다. 이 말은 그것이 외부세계의 지시에 의한 것이라기보다는 갑오징어의 머릿속 계략에서 나온 것이라는 뜻이다.

특히 저자들은 갑오징어가 상대적 정지 상태일 때 보여주는 색소세포 활성 패턴이 "통제 불가능하고 조정할 수 없는 신경의 무작위적 신호 전달이 아니다"[44]라고 지적한다. 이는 루이와 윌슨이 쥐의 꿈을 옹호할 때 지적했던 것과 유사하다.[45] 반대로 이 패턴들은 명백하게 구조를 갖고 있다. 수면 중에 갑오징어는 "동종을 알아보는 데 사용되는 신체의 편광 패턴"[46]을 동일하게 보여준다. 다시 말해, 그들은 깨어 있는 상태에서 낯익은 갑오징어를 만났을 때처럼, 그들 나름의 REM 수면 때 분할된 색소세포 무늬를 보였다.

나는 이 몽환행위가 주관적·현상학적 중요성이 없다고 말하기에는 지나치게 통합되어 있고, 깨어 있을 때의 행동과 지나치게 비슷하다고 생각한다. 하지만 프랭크와 그의 동료들은 이 중요성을 인정하려 하지 않고, 대신에 그들의 연구가 갑오징어가 꿈을 꾼다는 가설을 뒷받침하지 않는다고 단호하게 주장한다. 하지만 그들이 이렇게 주장하는 이유는 수면의 반현상학적 해석을 명백하게 받아들였던 데이브와 마골리어시와는 다르다. 프랭크와 그의 동료들은 동물 수면의 현상학에 관해 '불가지론적'이라고 주장할 뿐이다. 그들은 갑오징어한테서 나타나는 색소세포의 활성이 순수하게 '깨어 있을 때의 표현'을 반영하는 것인지 확신할 수 없다고 주장한다. 연구에서 관련된 모든 자극 변수를 다 추적하지 않았기 때문이다.[47] 자극 데이터가 없으면 이 동물들이 그들 나름의 REM 수면 중에 주관적인 것을 경험하는지 아닌지 정확히 알 수 없다. 알 방법이 없는 것이다.

언뜻 보기에는 프랭크와 그의 동료들이 증거 없이 결론을 도출해내지 않으려고 신중하게 행동하는 것처럼 보일 수도 있지만, 그들이 갑오징어 수면의 현상학에 관해 이야기하지 않으려는 태도는 두 가지 이유에서 의심스럽다. 첫째, 그들이 자극 변수를 추적하지 못했다 해도 이미 수많은 다른 전문가가 그 변수를 추적했고, 그 결과 REM 수면 동안 동맥 혈압과 심장 박동에서 갑작스러운 급등이 나타난다는 걸 증명했기 때문이다. 이는 인간과 고양이, 개, 쥐 등 포유류에서는 물론이고,[48] 어류에서도 사실이다. 물고기가 잠이 들면 체내의 시계가 심장과 호흡기 리듬을 감소시키는 것을 특징으로 하는 신진대사 둔화를 촉발한다.[49] 하지만 수면주기 중에 신진대사 과정의 방향성이 반전되고 심장과 호흡기 활동에서 갑작스럽지만 꾸준한 급등이 일어나는 특정 순간이 있다.[50] 이 급등 부분들은 감정적 경험을 의미하는 생리적 지표인 셈이고, 꿈을 꾼다는 훌륭한 표지로 볼 수 있다. 보통 연속적인 꿈을 의미하는 비생리적 지표와 함께 나타나기 때문이다. 다시 말해, "해마의 세타파 활동, PGO파, 일련의 안구운동과 시간적으로 밀접하게"[51] 일어나는데, 이 모두가 인간의 꿈 현상학의 관례적 기준이다.

갑오징어의 꿈에 관한 이 불가지론을 의심하는 두 번째 이유는 프랭크와 그의 동료들이 자극 데이터조차 없으면서 자신들이 찾은 것이 수면 행동과 깨어 있을 때의 모습 사이의 유사성의 전조일 수 있다는 가능성을 고려조차 하지 않았기 때문이다.[52] 간단히 말해서 수조 개의 색소세포로 이루어진 잠자는 갑오징어의 색소세포체계가 우연하게 정기적으로 통제된 편광 패턴을 보이려면, 특히 문제의 패턴이 그 종의 평소 행동 목록에 있고, 동종을 알아보는 것처럼 명백한 진화적·사회적 중요성을 가진 상황과 관련이 있으려면 통계적 기적에 가까운 것이 필요할 것이다.

그들의 연구를 자세히 살펴보면 프랭크와 공동 저자들이 이 문제를 인지하고 있었으나 어떻게 처리해야 할지 몰랐다는 사실이 금방 드러난다. 그래서 갑오징어가 수면 중에 깨어 있을 때의 모습을 똑같이 따라 하는 것이 "불가능에 가깝다"고 선언하자마자 한발 물러나서 이 가능성을 "완전히 배제할 수는 없다"[53]고 인정한 것이다. 그들은 이렇게 썼다.

"그러므로 정지 상태에서 관찰되는 선택적 색소세포 활성화는 척추동물의 REM 수면 때 일어나는 활성화 패턴과 비슷할 가능성도 있다."[54]

그들은 심지어 많은 동물 수면 전문가가 그런 것처럼 그들이 연구한 동물의 수면 중 행동을 '몽환행위'라고 묘사했다. 이것은 이 행동이 꿈의 결과일 때만 이해할 수 있는 것이다.

●자는 동안 '이야기하는' 침팬지

내가 논의하고 싶은 마지막 연구는 영장류 동물학자 킴벌리 무코비Kimberly Mukobi가 1995년에 수행한 것이다. 무코비는 안타까울 만큼 연구가 안 된 포획 침팬지의 야간 활동에 관심을 가졌다.[55] 그녀는 센트럴워싱턴대학교의 '침팬지 및 인간 의사소통 연구소'에 있는 다섯 마리의 침팬지 와슈, 모자, 타투, 다르, 룰리스가 밤에 인간 관리자들이 떠나고 불이 꺼진 후에 무엇을 하는지에 관한 연구에 착수했다.

침팬지 우리에 다섯 개의 캠코더를 설치하고 잠자는 침팬지들을 여러 밤 관찰한 후, 자신이 만든 160시간이 넘는 영상을 보고 또 보는 더 많은 날을 거친 후에 무코비는 침팬지의 삶이라는 드라마가 해가 졌다고 끝나지 않는다는 결론을 내렸다. 이 드라마는 새벽녘까지 한참 이어진다. 침팬지들은 밤에도 계속해서 권모술수가 얽힌 권력 다툼을 계속했다. 아마도 어둠이 권력자 개체들을 키우고, 현재의 우정을 강화하고, 사회적 레이더 아래에서 움직이며 새로운 부하를 얻는 데 완벽한 가림막을 제공하기 때문일 것이다. 잠이 들었을 때도 명백한 사회적 논리가 작동한다. 1960년대에 곰베강 보호구역에서 제인 구달Jane Goodall의 관찰 결과로 입증되었듯이, 무코비는 침팬지들이 밤에 누구와 잠자리를 같이할지에 무관심하지 않다는 사실을 발견했다. 대부분은 가장 친한 친구 바로 옆에서 자는 것을 택했다. 거의 항상 '서로 팔이 닿는 곳에서' 자는 다르와 룰리스처럼 말이다. 우리의 목적을 더 확실히 입증하기 위해서 무코비는 우리의 가장 가까운 진화적 사촌이 꿈을 꾼다는 것을 암시하는 여러 가지 수면 행동을 촬영해두었다.

잠자는 침팬지 여러 마리는 한밤중에 "손가락과 손을 움찔거리는"[56] 모습을 보였다. 무코비는 이것을 꿈속에서 그들이 '이야기하는' 증거로 해석했다. 무코비는 침팬지의 손이 움찔거리는 것을 관찰하고 거의 즉시 그들이 꿈속에서 이야기를 한다고 선언했는데, 왜냐하면 그녀가 연구하던 모든 침팬지가 성장 과정 중에 인간 관리자와 심지어는 서로 의사소통을 하기 위해 수화를 배웠기 때문이다. 무코비가 관찰한 움찔거림은 자는 동안 만들어진 신호, 좀 더 정확하게는 **상징**이었고, 다시 말해 자는 동안 수화로 '이야기하는' 것이었다.[57]

무코비는 실험하는 동안 침팬지들이 만든 여러 가지 부분적인 수화 신호뿐 아니라 영장류 동물학자들이 영장류의 수화 대화를 확인하고, 분석하고, 해석하는 데 사용하는 'PCM 기준'을 확실하게 충족하는 완전한 수화 신호를 네 차례 보고했다. 'PCM'은 신호를 만드는 신체의 **위치**place, 손과 손가락의 **형태**configuration, 그리고 신호를 하는 동안의 손과 손가락의 **동작**movement을 의미한다. 무코비의 말을 조금 길게 인용해보자.

네 개의 신호를 통해서 와슈는 PCM 기준으로 '커피'라는 의미의 신호를 만들었다. '위치'는 양손의 안쪽(엄지손가락 쪽)이고, '형태'는 오른손을 집게발 모양으로 만들고 왼손은 주먹을 느슨하게 쥐었다. '동작'은 오른쪽의 집게발 모양 손가락이 왼손의 'C' 형태를 감싸고 두 손을 동시에 천장 쪽으로 움직였다. 룰리스는 PCM 기준으로 '좋다'를 의미하는 신호를 두 번 만들었다. 첫 번째 경우에 '위치'는 입이고, '형태'는 왼손으로 느슨한 '8' 모양을 만들고, '동작'은 왼손을 입에 가져다 대고 두 번 두드리는 방식이었다. 두 번째 경우에 '위치'와 '형태'는 동일했으나 이번에는 왼손 대신 오른손을 사용했다. '동작'은 오른손을 입에 가져다 대되 이번에는 두 번 대신 한 번만 닿았다. 룰리스는 PCM 기준으로 '좀 더'를 뜻하는 신호의 손동작도 했다. '위치'는 오른손 손끝, 몸의 앞부분이었다. '형태'는 왼손을 느슨하게 곡선 모양으로 하고, '동작'은 왼손이 오른손 손끝을 맥박이 뛰는 것처럼 여러 번 접촉하는 것이었다. 마지막으로 관찰한 것은 다르가 만든 몸짓이었다. 이 몸짓의 '위치'는 그의 몸 앞이었고, '형태'는 왼손으로 느슨한 'C' 자를 만들었으며, '동작'은 왼손을 몸 앞에서 몸 위쪽의 허공으로 들어 올리고 (그는 누워 있었다) 잠깐 멈췄다가 몸 쪽으로 다시 떨어뜨리는 방식이었다. 하지만 이것은 PCM 기준에서 어떤 특정 신호에도 들어맞지 않았기 때문에 신호로 기록되지는 않았다.[58]

그들의 행동이 완벽한 신호로 여겨지려면 침팬지는 손을 올바른 위치에 두어야 하고, 손가락으로 올바른 형태를 만들어야 하며, 손과 손가락을 규약에 맞게 움직여야 한다. 다시 말해, 인정된 수화 규칙에 맞추어 움직여야 한다는 뜻이다. 내가 아주 좋아하는 예를 들자면, 와슈의 '커피' 신호는 양손을 가슴 앞에 두고 각 손으로 서

포획 침팬지들은 자면서 수화 신호를 사용해서 '이야기를 한다'. 그림의 와슈는 커피라는 단어를 수화로 만들었는데, 이는 오른손으로 집게발 모양을 하고 왼손으로 C 모양을 하고서 오른손이 왼손을 감싸고 가슴에서 멀어져서 천장을 향하는 동작으로 구성된다.

로 다른 손가락 형태를 만들고, 양손의 동작을 어느 정도의 시간 동안 유지해야 한다. 이런 일이 순수하게 우연으로 일어날 가능성은 어마어마하게 적다.[59]

하지만 이런 행동들의 의미는 조금 불분명하다. 무코비는 밤 동안 침팬지들의 뇌 활동을 기록하지 않았기 때문에 침팬지가 REM 수면 상태일 때 이런 행동들이 일어났는지 확실하게 말할 수 없기 때문이다. 그녀는 이렇게 적었다.

"이 침팬지들은 자면서 이야기하고, 생각하고, 심지어는 꿈을 꾸는지도 모른다."[60]

침팬지가 자고 있다고 백 퍼센트 보장할 수는 없지만, 그녀는 그들이 잔다고 확신했다.

"깊은 호흡(가끔은 코골이)과 감긴 눈 같은 사소한 실마리들이 있었다."

게다가 신호를 표현할 때의 전반적인 상황이 아주 이례적이었다.

> 침팬지들은 (잡지를 보면서 자기 자신에게 수화를 하는 타투를 제외하면) 보통 수화를 할 때 누군가에게, 일반적으로 신호를 받기를 바라는 상대를 향해서 동작을 한다. 하지만 야간에는 그들은 누구를 향해서도 수화를 보내지 않았다. 그들의 눈이 감겨 있고 숨을 고르게 쉰다는 사실까지 더하면 그들이 자고 있다고 생각할 수밖에 없다.[61]

무코비는 침팬지들이 꿈을 꾸었을 수도 있다고 말한다. 그녀는 잠꼬대가 꿈을 꾸는 것과 연관되어 있고, "잠꼬대는 의사소통의 주된 형태가 구어인 사람들에게만 한정된 것이 아니다"[62]라는 증거를 인용한다. 그녀는 이렇게 설명한다.

> 자면서 수화를 하는 사례가 청각장애인들에게서 보고되었다(레이먼드, 1990). 게다가 카스캐든(1993)은 손가락 동작이 청각장애인들이 자면서 이야기하거나 생각하는 또 다른 암시일 수 있음에 주목했다. 사고의 운동이론은 발화기관 각각의 근육 활동이 생각과 밀접하게 연관이 있다고 주장한다. 카스캐든은 이 이론을 들어 별개의 손가락 동작 역시 생각과 연관이 있을 수 있다고 주장했다. 맥스(1935)는 잠자는 청각장애인 피실험자가 비청각장애인보다 훨씬 많은 손가락 근전도(EMG) 활동을 보였다고 보고했다. 그는 또한 청각장애인 피실험

자의 증가된 손가락 활동은 꿈을 꾸었다는 보고와 연관이 있었음을 발견했다.[63]

인간 영장류가 자면서 수화를 하는 것이 꿈을 꾸는 증거라면, 비인간 영장류에서도 마찬가지가 아닐까? 무코비는 심지어 연구하던 침팬지 중 하나인 다르가 한밤중에 발길질을 하고 킬킬거리며 잠에서 깨는 것을 보았다고 말한다.

"다르가 건물 바깥에서 들리는 소음을 듣고 깨어나서 이런 모습을 취하게 되었다고 결론을 내릴 수도 있다. 하지만 비디오테이프에서는 명백하게 이상한 소음은 들리지 않는다. 또 다른 결론은 꿈이나 악몽의 마지막 '연출'이나 그 연장의 모습일 수도 있다는 것이다."[64]

신경해부학적 증거:
주베의 고양이

회의론자라면 설령 다른 동물이 꿈을 꾼다 해도 그들의 꿈은 철학적인 측면에서 우리의 꿈과 다를 것이라고 추론할 수도 있다. 어쩌면 우리 꿈에 있는 선명함이나 질 좋은 고해상도 영상, 서사구조 등이 없을 수도 있을 것이다.[65] 동물들이 잠을 자면서 광범위한 현상적 상태를 경험한다는(예컨대 색깔을 보고, 냄새를 맡고, 소리를 듣는 등) 것을 인정하면서도 여전히 이 경험을 '꿈'이라고 부르는 것을 거부하는 셈이다. 예를 들어, 동물이 밤에 보는 환영이 서술적 연속성을 갖지 않은 독립된 현상적 상태임이 밝혀졌다면, 실제 꿈이라기보다는 우리가 잠이 들었을 때 경험하는 입면시 환각상이나 열사병을 일으켰을 때 겪는 환각에 더 가깝다고 주장할 수도 있다.

인간의 꿈과 다른 동물의 꿈 사이에 이런 질적 차이가 존재할까? 동물들에게 꿈의 내용을 물어볼 수는 없는 노릇이니 그들의 꿈이 통일성 있는 서사구조로 이루어져 있는지 확실히 말하기는 어렵다. 하지만 1960년대까지 거슬러 올라가는 기능적 신경해부학 연구는 통일성이 있을 수도 있다고 암시한다. 동물의 꿈은 대량의 분리된 현상적 상태를 넘어서 명확한 서사적 틀을 이루는 활동성 가득한 연속적 사건으로 보인다. 서사구조에 관한 한 그들의 꿈과 우리의 꿈은 그리 다르지 않은 것 같다.

앞에서 나는 꿈의 신경생리학 연구는 꿈 행동의 신중한 분석으로 뒷받침해줄 필요가 있다는 미셸 주베의 주장을 언급했다. 주베는 20세기의 가장 중요한 꿈 연구자 중 한 명이고, 동물의 꿈에 관해 말하는 데 전혀 거리낌이 없는 그 분야의 몇 안 되는 전문가 중 한 사람이다.

그는 포유류의 꿈이 높고 낮은 뇌전도(EEG) 활동으로 나뉘어 있고, 높은 피질뇌파는 관찰 가능한 급속안구운동(REM)과 연관이 있다는 사실이 이미 알려져 있던 1950년대에 처음 꿈에 관심을 두게 되었다. 하지만 당시 전반적인 과학적 견해는 REM 수면이 꿈꾸는 사람의 정신에서 흥미로운 일이 아무것도 일어나지 않는 '얕은 수면'[66] 형태를 대변한다는 쪽이었다. 잠이 들면 우리의 정신과 육체는 효율적으로 정지되고, 생명을 유지하는 데 필요한 최소한의 생물학적 욕구만을 충족시킨다. 자는 동안에 우리는 삶과 죽음의 경계에 위태롭게 위치한 셈이다. 이 상태에서 우리는 인지력, 의도성, 의식적 자각 같은 화려한 기능을 사용하는 사치스러운 일은 하지 못한다. 잠이 들 때마다 매번 우리는 사실상 정신적 심연에 빠지고, 잠에서 깰 때 겨우 거기서 빠져나오는 것이다. 이런 전반적 견해 덕분에 1950년대의 꿈 연구자들은 사람들이 잠을 잘 때 밤새 정기적 간격으로 나타나는 REM을 의미 없는 행동상의 잡음, 수면이 별다른 이유 없이 유발하는 무작위한 육체적 움직임으로 해석했다.

주베는 이런 관점을 거부했다. 그는 REM 수면이 '얕은 수면'이 아니라 '역설수면'[67]이라고 믿었다. 간단히 설명하면 이런 것이다. REM 수면을 하는 동안 육체는 거의 완전히 수동적이지만(기저에서 일어나는 주관적 경험이 없다고 본다), 대뇌피질은 깨어 있는 동안과 마찬가지로 활성화 상태다(의식적 자각을 암시한다). 이런 낮은 운동신경과 높은 대뇌피질 활동의 조합에는 이를 설명하는 이론이 필요했고, 주베는 REM 수면이, 페넬로페가 〈오디세이〉에서 탄식했듯이, "불가능하고 식별할 수 없는" 것[68]을 마주하는 수면주기의 단계일 수 있다는 가능성을 진지하게 받아들여야만 이에 적합한 이론에 도달할 수 있다고 주장했다.

주베의 생각을 더욱 자극하는 주장 중 하나는 우리가 역설수면에서 관찰할 수 있는 REM이 "운동신경세포의 무질서한 변화를 반영하는 단순한 부수현상"이 아니라 "신경계 어딘가에 갇힌 구조적이고 통합적인 운동신경의 행동 일부"라는 단언이다.[69] 사람들은 REM

수면 때 정신적으로 통일된 행동 프로그램을 반복한다. 이 프로그램은 외부로 표현되지 않는다. 수면이 생화학적 변화를 일으켜서 잠든 사람을 이완 상태로 만들어 자발적인 운동신경 조절 능력을 잃게 되기 때문이다. 이 변화는 잠든 사람의 정신 깊숙한 곳에 행동 프로그램을 '가둔다'. 대부분의 경우에 REM은 이 억제 과정을 간신히 빠져나와서 외적으로 발현되는 이 프로그램의 유일한 요소다. 하지만 주베는 REM이 프로그램의 일부, 빙산의 일각일 뿐이라고 강조한다.

주베는 1950년대와 1960년대에 집고양이와 관련된 여러 번의 실험에서 운동신경의 표현을 막는 신경 메커니즘을 비활성화해 숨겨진 운동신경 프로그램의 존재를 입증하려 했다.[70] 그는 REM 수면 자체의 온전함을 훼손하지 않고 REM 수면과 관련된 이완을 일으키는 메커니즘만 억제할 수 있으면 갇힌 프로그램을 해방시켜서 잠든 사람이 꿈을 '실연實演'하도록 만들 수 있다고 믿었다. 이를 시험하기 위해서 그는 고양이들의 뇌교망상체의 배측면 부분을 잘라냈다. 연구에 따르면, 이 뇌구조에 손상을 입히면 이완을 억누를 수 있지만 REM 수면에는 지장이 없기 때문이다.

그 결과는 놀라웠다. 뇌교가 손상된 고양이들이 REM 수면에 들어가자 실제로 꿈을 '실연'했던 것이다. 고양이들은 일어나서 야옹거리며 돌아다니고 그루밍을 하고 주변을 탐험했다. 행복하고, 화나고, 두려워하고, 탐구심을 보이고, 심지어는 성적으로 흥분한 모습을 보였다. 몇 마리는 먹이를 몰래 쫓아가듯이 허공을 열심히 응시하며 뛰어들 준비를 했고, 다른 몇 마리는 우리 안을 신나게 뛰어다니며 조그만 털 달린 돈키호테처럼 가상의 적과 싸웠다. 완전히 잠

미셸 주베의 실험실에 있던 고양이 한 마리는 뇌교에 위치한 근육 이완을 담당하는 신경세포들이 수술로 제거된 이후에 가상의 적과 싸웠다. 슬프게도 고양이는 깨물려고 입을 벌리고, 귀를 뒤로 납작하게 젖히고, 앞발로 허공을 때리는 등 고통과 불안의 행동 표지를 모두 보였다.

이 든 채로 말이다![71] 주베는 그들이 이런 행동을 균형감이나 속도감을 전혀 잃지 않고 훌륭하게 해내서, 깨어 있을 때의 행동과 단순히 비교만 해도 각각의 고양이가 어떤 꿈을 꾸는지 쉽게 추측할 수 있었다고 말했다. 고양이가 "두 앞발로 가상의 물체를 잡는 것처럼" 하고서 이를 갈아대는가? 그렇다면 사냥하는 꿈을 꾸고 있을 것이다. "귀를 뒤쪽으로 납작하게 젖히고 깨물려는 것처럼 입을 벌린 채" 앞발로 허공을 반복해서 재빠르게 때리고 있는가? 그 고양이는 아마도 싸우는 꿈을 꾸고 있을 것이다.[72]

주베는 고양이가 있는 환경을 고려할 때 이런 행동에는 명백한 목적이 없다고 강조했다. 실험실에는 잡을 만한 진짜 먹이도 없고, 격파할 적도 없기 때문이다. 이런 행동은 고양이의 꿈속 세계에서 그들에게 펼쳐졌을 강렬한 고양이만의 드라마와 비교해서 생각해야만 기능성과 목적성이 생긴다. 이런 이유로 이 행동들은 오로지 고양이의 머릿속에만 존재하는 주관적으로 구성된 현실, 명백하게 이야기로 구성된 현실을 가리킨다. 주베의 연구는 동물들이 자면서 생생한 감정의 무작위적 집합을 넘어서서 복잡한 삶의 경험을 겪는다는 것을 보여준다. 이것은 사건이 순서대로 이어지고 기승전결을 가진 통일된 인지적 현실, 인류학자 데릭 브레러턴Derek Brereton이 말한 것처럼 "시각적 시나리오"[73]다.

전체적 시각에서의 증거

현재 동물의 왕국에서 얼마나 많은 동물이 꿈을 꾸는지 정확하게 이야기하기는 어렵다. 우리는 어떤 동물들의 수면 패턴에 관해서는 많은 것을 알지만, 어떤 동물들에 관해서는 거의 아무것도 모르기 때문이다. 또한 꿈을 꾸는 증거로 여길 만한 것이 무엇인지도 아직까지 알지 못한다. 특히 호모 사피엔스 이외의 종들의 경우에는 더욱 그렇다.

이 장에서 우리는 전기생리학, 행동학, 신경해부학적 연구를 바탕으로 한 경험적 증거를 살펴보았지만, 이 증거조차도 개념적 과제를 제기한다. 전기생리학적 데이터는 종종 반대로 해석될 여지가 있다. 데이터를 기반으로 주관적 경험의 결론을 끌어내는 것은 어려운 일일 수 있고, 특히 다양한 뇌 상태에서 같은 주관적 경험을 얻을 수 있을 때는 더욱 까다로워진다.

예를 들어, 인간은 잠들었을 때 REM 수면과 비REM 수면 둘 다, 심지어는 깨어 있는 상태에서도 꿈 이미지를 경험할 수 있다. 각 상태에서 뇌 활동은 똑같지 않지만 말이다.[74] 마찬가지로 행동학적 데이터도 결론이 나오지 않을 수 있다. 수면과 관련된 어떤 행동들은 꿈 경험의 믿을 만한 증거가 아니고, 그것을 믿을 만하다고 가정하면 거짓 양성으로 이어질 수도 있다. 반면 우리는 다른 동물들의 몽환행위를 그 동물 자체와 관련해서 이해해야 하지만(고양이의 빠른 수염 움직임처럼), 그들이 우리의 몽환행위를 따라 할 것이라고 생각하는 습관이 있다. 이런 기대가 거짓 음성으로 이끌었을 가능성이 높다.[75] 마지막으로 신경해부학적 데이터가 인지에 관한 논쟁에서 핵심적인 역할을 하긴 했어도 우리는 신경해부학적 유사성에 얼마나 무게를 둬야 하는지 결정할 수가 없다. 특히 생물체들이 전혀 다른 신경기관을 가졌더라도 비슷한 인지 기능을 보일 수 있어서 정확히 알 수가 없다.

이런 과제들은 극복할 수 없는 것은 아니다. 개별로 보면 전기생리학, 행동학, 신경해부학적 증거들이 별로 대단하게 보이지 않겠지만, 다 합치면 동물의 꿈에 관한 다음의 결론을 지지하는 든든한 증거들이 된다.

1. 많은 동물이 미셸 주베가 '역설수면'이라고 부른 것과 유사한 수면 상태를 경험한다. 이것은 인간이 보통 꿈을 꾸는 수면 단계다.
2. 이 수면 단계에서 동물들은 깨어 있을 때의 모습을 머릿속에서 반

복한다.

3. 반복은 종종 원본이 되는 깨어 있을 때의 행동과 같은 시간만큼 일어난다.
4. 이 반복은 자극적 영향을 미친다(심박, 호흡, 혈압 등이 변한다).
5. 반복은 동물의 운동신경체계 전체(수면 중 달리기처럼)나 일부(REM 처럼)의 협조가 필요한 몽환행위와 함께 일어나곤 한다.
6. 꿈과 관련된 모든 행동이 보통의 수면 상태에서 일어나는 것은 아니지만, 표현을 억제하는 뇌 처리 과정을 비활성화하면 자유롭게 나타날 수 있다.
7. 몽환행위는 육체적 자극에 대한 기계적 반응이라기보다는 생물학적·생리적으로 의미 있었던 옛날 일에 대한 반응으로 해석하는 것이 좋다.

● 모래 위의 불가능한 선: 포유류로부터의 시작

이 모든 것이 대답하기 어려운 질문인 '동물도 꿈을 꾸는가'라는 주제를 해결한 것은 아니다. 현재 상황을 보면 포유류의 경우가 가장 잘 입증되었다. 2020년 《비교신경과학 저널》에 출간된 논문에서 폴 맨저와 제롬 시걸은 이 사례가 아주 확고해서 우리는 이제 (그들이 단호하게 대답할 수 있는 질문인) '꿈을 꾸지 않는 포유류가 있는가'라고 물어야 한다고 주장했다. 하지만 그들이 바로 지적하듯이 답은 우리가 꿈꾸는 것과 REM 수면 사이의 관계를 '엄격한' 입장으로 보느냐, '유연한' 입장으로 보느냐에 따라서 달라진다. 엄격한 입장에서는 꿈은 오로지 REM 수면 상태에서만 일어날 수 있다고 생각하는 반면, 유연한 입장에서는 REM 수면 상태나 비REM 수면 상태 양쪽 모두에서 일어날 수 있다는 주장을 견지한다. 우리가 엄격한 입장을 받아들인다면 몇몇 포유류는 기준을 통과할 수 없을 것이고(단공류, 고래류, 기각류), 몇몇은 기준에 아슬아슬하게 걸릴 것이다(아프리카코끼리, 아라비아오릭스, 바위너구리, 매너티).[76] 유연한 입장을 받아들인다면 유일하게 제외되는 포유류는 잠을 자는 자세가 논리적으로 어떤 종류의 꿈도 꿀 수 없을 것 같은 유일한 생물종인 고래류일 것이다. 그들은 이렇게 말한다.

"모든 포유류 종 중에서 고래류는 수면 중에 꿈을 꾼다고 규정할 수 있는 정신적 풍경을 하나도 경험하지 못할 가능성이 가장 크다."[77]

나는 누구에게도 이 둘 중 하나의 입장을 고르라고 말할 생각이 없다. 어떤 입장을 선택하든지 맨저와 시걸의 명목상의 질문(모든 포유류는 꿈을 꿀까?)에 명확한 대답을 해야만 하기 때문이다. 몇몇 예외를 제외하면 모든 포유류는 꿈을 꾼다. 이 예외들은 절대 간과할 수는 없지만, 상황을 전체적으로 볼 때는 사소한 것이다. 특히 최근에 《포유동물학 저널Journal of Mammalogy》에 나온 논문에서는 세상에 6000종이 넘는 포유류 종이 있다고 추산하고 있으니 더욱 그렇다.[78]

그리고 포유류는 동물의 왕국에서 하나의 지류에 불과하다. 전기생리학적 데이터를 보면 조류와 어류 역시 꿈을 꿀 가능성이 크다. 행동학적 데이터는 모든 강綱의 동물들이 몽환행위를 한다는 것을 보여준다. 여기에는 다음의 동물들이 포함된다. 생쥐, 쥐, 토끼, 개, 고양이, 침팬지[79], 주머니쥐[80], 오리너구리[81], 가시두더지[82], 다람쥐원숭이[83], 흰

고래[84] 등의 포유류, 금화조[85], 타조[86], 펭귄[87], 부엉이[88], 비둘기[89], 독수리[90], 닭[91] 등의 조류, 물도마뱀[92], 카멜레온[93], 이구아나[94], 도마뱀[95] 등의 파충류(악어[96]와 거북[97]은 아직까지 결론이 나지 않았다), 그리고 갑오징어[98]와 문어[99] 등의 두족류다. 마지막 집단에서 몽환행위를 발견한 것은 특히 놀라운 일이다. 꿈을 꾸는 것이 최소한 두 문門, 즉 척삭동물문*Chordata*과 연체동물문*Mollusca*에서 독자적으로 진화할 수 있다는 사실을 암시하기 때문이다. 만약 이것이 옳다면 현대의 꿈 연구에 엄청난 영향을 미칠 것이다. 역설수면이 온혈동물(조류와 포유류)[100]에 한정되었다는 미셸 주베의 가설을 논박할 뿐 아니라, 역설수면이 냉혈동물(어류, 양서류, 파충류)[101]에도 있다는 생물학자 이다 카르마노바Ida Karmanova의 좀 더 급진적이고 인기가 떨어지는 가설 역시 부인하기 때문이다. 만약 두족류가 꿈을 꿀 수 있다면, 내적 이야기를 가진 꿈이 이전에 생각했던 것보다 동물의 왕국에서 더 널리 퍼졌고, 건널 수 없는 진화적 거리까지도 넘어가는 것이 분명하다.[102]

그렇다 해도 피할 수 없는 사실은 우리가 결국 한계에 도달한다는 것이다. 우리는 고민하지 않고 포유류와 조류, 그리고 문어가 꿈을 꾼다고 말할 수도 있지만, 생명의 나무의 끝없는 가지들을 건너다 보면 꿈 가설은 서서히 엉성해져서 힘을 잃게 된다. 침팬지가 꿈을 꿀 수 있을까? 꿀 수 있다. 문어는 어떻지? 꿀 수 있지. 이걸 어류까지 적용할 수 있을까? 아마도. 개미나 벌, 해면은? 갑자기 연속성이 딱 끊겨버린다. 우리가 정확히 언제, 어디서인지 모르겠지만 따라오다가 선을 넘어버렸다는 것을 감지하게 된다. 내과 의사 앤드루

프라이버그Andrew Freiberg는 이 문제를 확실히 지적한다.

"꿈은 인간과 다른 영장류, 심지어 모든 포유류에서 수면의 핵심적 기능일 수 있지만, 그 기능을 지렁이나 원추리까지 확장하는 것은 상상하기가 힘들다."[103]

나는 이 책에서 이 문제를 해결한 척하지는 않을 것이다. 다윈의 《종의 기원》이 출간된 이후 150년 동안 생물학의 주된 교훈은 자연계에는 완벽한 선이 없다는 것인데, 내가 어떻게 해결했다고 주장하겠는가?

하지만 우리의 관점을 잃지는 말자. 설령 꿈을 꾸는 동물과 그렇지 않은 동물을 뚜렷하게 구분하지는 못한다 해도, 우리는 처음 시작한 곳과는 매우 다른 영역으로 들어섰다. 포유류만이 유일하게 꿈을 꾼다는 관점에서 수 킬로미터 이상 떨어져 있고, 호모 사피엔스가 지구상에서 유일하게 꿈을 꾼다는 관점에서 수십 광년쯤 떨어져 있다. 우리에게는 선택지가 놓여 있다. 꿈의 인간중심적 이론을 따르고 이 장에서 나온 과학적 발견들을 전부 무시하거나, 동물의 꿈이라는 기묘한 세계로 향하는 생명과학을 따라가는 것이다. 앞에 놓인 선택지가 마음에 들지 않을 수도 있지만, 그 사이의 중간지점은 빠르게 사라지고 있다.

●차이에 주의를 기울이기

우리가 동물의 꿈 내용에 무제한으로 접근할 수만 있다면 그들이 꿈을 꾸는지 아닌지 판단할 수 있을 것이라는 주장을 곧이곧대로 받아들여서는 안 된다. 2장에서 동물의 감정에 관한 내 분석을 이야기하겠지만, 가끔 우리는 이 내용에 부분적으로 접근할 수 있지만, 이 접근은 언제나 제한된 상태이고, 언제나 문제가 있다.

경험을 바탕으로 할 때 동물의 꿈 분석은 두 가지 중요한 원리를 따라야만 한다. 하나는 '종간 차이의 원리'다. 우리는 이 문제에 종 하나하나를 기반으로 접근하고, 각기 다른 수면주기, 지각체계, 인지 능력, 각 종의 진화사에 면밀한 관심을 쏟아야 한다.[104] 다른 하나는 '종 내 변이의 원리'로, 이는 같은 종 내의 각기 다른 개체들의 감각, 육체, 인지 능력의 광범위한 차이를 인식하는 것이다.[105] 이 원리들은 우리가 다른 동물의 꿈세계에 일부 접근한다 해도 이 접근의 한계를 인정하고 서로 다른 종과 서로 다른 생물체를 구분하게 해주는 차이를 존중해야 한다는 핵심을 알려준다. 각각의 꿈세계는 **짐승의 모습**을 하고 있다(theriomorphic, 그리스어로 'therio'는 '짐승'이나 '동물'이라는 뜻이고, 'morph'는 '형태'나 '모양'이라는 뜻이다). 꿈속에서는 이 꿈을 꾸는 특정 동물의 '형태'를 취한다는 뜻이다.

이것이 우리를 혼란스러운 인식론적 위치로 몰아넣는다는 것은 인정하겠다. 친숙하면서도 낯설고, 가까우면서도 멀다. 하지만 우리는 이 불편함과 나란히 서는 법을 배워야 한다. 왜냐하면 그것은 우리의 옆에서 자기들만의 세계를 떠도는 다른 동물들에 관해 의미 있는 무언가를 발견할 가능성, 우리와 그 다른 영혼들 사이에 새로운 가능성이 열리는 경계 공간이기 때문이다. 솔직히 나는 이 불편함과 나란히 서는 법보다 그것을 소중하게 여기는 법부터 배워야 한다고 말하고 싶다. 어쨌든 우리는 우리의 개념적·언어적·해석적 그물망에 동물을 완전히 사로잡을 수는 없기 때문이다. 우리가 할 수 있는 최선은 우리를 갈라놓는 수많은 것들을 존중하면서도 무엇이 우리를 연결하는지를 알아내는 것이다.

꿈을 꾸는 것은 이런 양극성을 잘 보여준다. 인류학적 자만심이 아니라면 다른 동물이 우리와 완전히 똑같은 방식으로 꿈을 꾸지 못할 이유가 없다. 깨어 있는 상태에서 다른 동물들이 사는 세상은 우리와 완전히 다르다. 그 세계는 다른 동물들의 감각적 양식, 운동감각의 가능성, 생태학적 지원성에 달려 있기 때문이다.[106] 그들의 꿈의 세계가 좀 단순하거나, 약간이라도 낯익거나, 조금이라도 인간적일 수 있을까? 예를 들어, 우리는 인간이 꿈에서 냄새에 관한 이야기를 거의 하지 않는다는 걸 안다. 하지만 개의 세계가 냄새 중심적이라는 것을 고려하면 개의 꿈은 시각적이기보다는 후각적일 수도 있다. 비슷하게 금화조의 꿈은 시각이나 후각적 내용이 아니라 청각적 경험일 수도 있다. 이런 차이들은 이 경험들을 꿈으로서 무가치하게 만들지 않는다. 오히려 각각 '후각적' 꿈과 '음악적' 꿈으로 분류하게 된다. 철학자 비트겐슈타인이 한 유명한 말이 있다.

"사자가 말을 할 수 있다 해도 우리는 알아듣지 못할 것이다."[107]

그리고 사자가 꿈을 꾼다 해도(나는 꿀 것이라고 예상한다) 그것 역시 잘 이해하지 못할 것이다. 녀석이 꿈을 꾼다는 것은 알지 몰라도, 녀석의 꿈이 궁극적으로 사자 자신에게 어떤 의미인지 우리는 모를 것이다.[108]

오래된 지식 되찾기

두 개의 짧은 관찰 결과로 끝을 맺으려 한다. 첫째, 앞선 고려사항들은 우리에게 동물에게서 복잡한 정신 상태의 징후를 찾고, 공공연하게 그들을 '승인'하고, 조지 로마네스의 말을 빌리자면 꿈을 수용하는 능력을 갖고 있는 19세기 박물학자들의 지식을 되찾으라고 주장한다.[109] 그들의 이론을 무비판적인 사람의 머릿속에 든 환영처럼 내던지는 대신에 이 이론들이 시간이 흐르면서 점점 더 매력적으로 보일 수 있을지를 스스로에게 물어봐야 한다. 과학사에는 이전까지 한물간 것으로 여겨졌지만 새로운 발견으로 예상치 못했던 지지가 늘어나며 두 번째 인생을 얻은 사례들이 수두룩하다. 프랑스의 철학자 가스통 바슐라르Gaston Bachelard는 이렇게 말했다.

"현대의 전반적인 지식에 중요한 변화가 생기면 오래된 이름이 갑자기 다시 중요해진다."[110]

이 재발견 여행을 떠나면서 우리는 현대의 지식과 관심, 우려라는 빛을 통해 오래된 사상에 단순히 재점화할 뿐이라는 사실을 기억해야 한다.

둘째, 동물의 수면 연구에 대한 우리의 분석은 과학이 철학 없이는 절대로 성립되지 않는다는 핵심을 강조하고 있다. 과학적 연구는 언제나 데이터의 의미에 관한 질문에 시달리고, 이에 대한 답은 더 많은 데이터가 있어야만 할 수 있다. 그래서 우리는 최고의 철학과 최고의 과학의 균형을 맞춰야 한다. 이 말은 동물의 수면과 동물의 인지에 관해 우리가 과학적으로 아는 것과 꿈과 의식의 본질에 관해 철학적으로 아는 것을 더 풍부하게 늘려야 한다는 뜻이다.

이 임무를 위해서 이제 방향을 돌려보자.

2장

동물의 꿈과 의식

동물은 꿈을 꾼다.
이 진부한 이야기의 철학적·역사적 영향력이 엄청나게 큰데
놀랄 만큼 적은 관심을 받고 있다는 내 생각이 완전히 잘못된 걸까?
- 조지 스타이너[1]

철학적 괴물

신경과학, 심리학, 철학 문헌들에서 동물의 의식에 관해 수많은 논쟁이 있지만, 단 하나만은 공통적이다. 그들은 자는 동안 동물의 정신이 무엇을 하는지에는 전혀 관심을 기울이지 않는다.[2] 모두 동물이 깨어 있고, 정신이 말짱하고, 주변 환경과 적극적으로 관계를 맺을 때 무엇을 하는지에 집중한다. 동물들이 고통과 쾌락을 느낄 수 있을까? 다른 개체의 의도를 이해할 수 있을까? 기쁨, 공감, 슬픔 같은 감정을 겪을 수 있을까? 퍼즐을 풀고, 추론을 이해하고, 추상적 개념을 이해할 수 있을까? 이런 관심사는 이해할 수 있다. 깨어 있는 동물의 행동을 유발하고, 통제하고, 해석하는 것이 자는 동안 무엇을 하는지 연구하는 것보다 훨씬 쉬

우니까. 하지만 깨어 있는 상태의 행동에만 연구를 한정하면 동물의 정신에 관한 지식을 늘릴 수 있는 동물 경험의 한 차원 전체를 빠뜨리는 것은 아닐까? 우리가 조지 스타이너George Steiner의 말처럼 철학적 영향력이 "엄청나게 큰" 동물 의식의 한 방향에 무심코 등을 돌리고 있는 건 아닐까? 나는 그렇다고 생각한다.

이 장에서 나는 동물의 꿈에 초점을 맞춘 동물 의식의 사례를 설명할 것이다. 내 논지는 생물이 꿈을 꾸면서 의식이 존재하지 않는 건 불가능하다는 것이다. 많은 동물이 꿈을 꾼다는 사실에 대해 확실한 근거를 가졌으니 이제 그 동물들이 세상에 대해 나름의 관점을 가진 의식 있는 행위자임이 분명하다는 이야기가 나와야 한다. 설령 그 관점이라는 것이 하이디나 비트겐슈타인의 사자처럼 우리와는 완전히 다르다 해도 말이다. 의식 없이 꿈을 꾸는 생물이 있다는 생각은 비트겐슈타인 자신이 '철학적 괴물'이라고 부른 것으로, 어떤 훌륭한 철학 이론도 받아들일 수 없을 만큼 터무니없는 개념이다.

나는 이 사례를 두 단계로 제시할 것이다. 먼저 꿈을 꾸는 것이 의식을 갖기 위한 충분조건이지 필요조건은 아니며, 이것이 (무의식 상태와는 반대로) 자각 상태의 특성으로 폭넓게 이해되고 있다는 것을 보여줄 것이다.[3] 이 사실을 확실히 밝힌 다음에는 의식이 모 아니면 도처럼 단일한 특성이 아니라 여러 종류로 이루어진 복잡한 현상이라고 생각하는 현대의 과학자들과 철학자들의 주장을 따라가볼 것이다. 그래서 논의의 둘째 단계에서는 동물이 '의식'이라는 것을 가졌는지를 논의하는 대신에 그들에게 유효하게 적용할 수 있는 특정 종류의 의식적 자각에 관해 생각해볼 것이다. 이 목적을 위해서

'SAM 모형'이라는 의식의 새로운 모형을 보여주려고 한다. 이것은 의식을 주관적, 정서적, 메타인지적으로 나누는 방식이다. 이 용어는 뒤에서 다시 설명하겠지만, 동물이 자신을 그들 나름의 현상세계의 중심으로 느끼는지, 정서와 기분, 감정을 체험하는지, 자신의 정신 상태를 추적할 수 있는지를 의미한다. 여기서 나는 동물의 꿈이 언제나 주관적 의식의 증거이고, 종종 정서적 의식의 증거이며, 가끔씩은 무려 메타인지적 의식의 증거도 된다는 것을 보여줌으로써 이 의식 모형과 동물의 꿈꾸는 능력을 연결해볼 것이다.

의식의 충분조건으로서의 꿈

꿈을 꾸려면 의식이 필요하다는 생각은 새로운 것이 아니다. 1980년대에 심리학자 데이비드 폴크스David Foulkes는 우리가 꿈을 꾸기 때문에 의식을 갖는 것이 아니라 "우리가 의식을 얻었기 때문에 꿈을 꾸는 것이다"라고 말했다.[4] 1990년대 내내 여러 영향력 있는 철학자들과 신경과학자들이 이 관점을 반복했다. 존 설John Searle은 꿈을 "의식의 한 형태지만 많은 면에서 보통의 깨어 있는 상태와는 상당히 다르다"[5]라고 정의했고, 제거적 유물론의 가장 유명한 옹호자인 폴 처칠랜드Paul Churchland는 "꿈을 꿀 때 갖는 의식은 확실히 비표준적이지만, 이는 같은 현상의 또 다른 사례를 이루는 것으로 보인다"[6]라고 주장했다. 폴크스, 설, 처칠랜드는 꿈을 "의식적 자각 모드"로 정의했다.

철학자 에반 톰슨Evan Thompson은 자신의 책《각성, 꿈 그리고 존재》에서 이 입장을 더 발전시켰다. 그의 말에 따르면, 서양 철학자들은 역사적으로 의식을 '조명을 켜고 끄는 것처럼' 생물 내에서 언제든 완전하게 존재하거나 아예 없는 이항적 특성을 가진 것으로 취급했다. 이 고전적인 개념에 따르면, 우리는 깨어 있고 정신이 말짱하고 정신적 능력이 완전할 때만 의식이 있는 것이다. 꿈을 꿀 때를 포함해 그 외의 모든 시간은 잠시 의식이 없는 상태거나 의식이 아예 존재하지 않는다.[7]

톰슨은 이런 이항식 개념을 버리고 의식이 각기 다른 때에 각기 다른 형태를 취하는 다양한 현상이라고 생각하라고 말한다. 의식은 두 가지 상태를 오가는 조명이 아니라, 그 형태가 때마다 생물학적·심리학적·생리학적, 심지어는 사회적 변수에 따라 달라지는 교환기 같은 것에 가깝다는 것이다. 그는 기원전 7세기경의 힌두교 담론 모음집인 《우파니샤드》의 〈위대한 숲의 지혜〉의 내용을 바탕으로 의식을 '각성 의식', '꿈 의식', '꿈 없는 수면', '순수 자각', 네 유형으로 나누어 설명한다.

이 네 유형은 현상학적으로 서로 다르긴 하지만, 인도 경전과 불교 경전에서 모든 의식적 자각의 전형적인 특징으로 규정하는 것을 공통으로 가졌다. 바로 **광채**luminosity다. 이 의식 양상들은 모두 관찰자를 위해 현상들을 '밝게 비춘다'(아마 서양의 현상학자들은 '드러낸다'라고 말할 것이다). 주체에게 세상을 '보여준다'.

'발광luminous'이라는 말은 빛처럼 무언가를 드러내는 힘을 가졌다는 뜻이다. 태양이 없으면 우리 세계가 어둠으로 뒤덮이듯이, 의식이 없

에반 톰슨의 의식론

각성 의식	꿈 의식	꿈 없는 수면	순수 자각
깨어 있는 상태로 주위 환경에 주의를 기울인다. 이는 현상계의 특정 측면에 집중할 수 있는 능력을 의미한다.	수면 중, 특히 REM 수면 중에 현상학적으로 의식이 있는 상태. 꿈을 꾸는 동안 꿈 세계의 사건에 주의를 기울인다.	보통 비REM 수면 중에 잠이 들었으나 꿈꾸지 않는 상태. 불교도들에게 이 상태는 의식이 최소한으로 존재하는 상태로 여겨진다.	명상을 할 때나 죽기 직전에 얻을 수 있는 고양된 통찰력이 있는 상태. 아직 논란이 있다.

으면 어떤 것도 나타나지 않을 것이다. 의식은 기본적으로 무언가를 드러내거나 분명하게 밝히는 것이다. 의식이 사물이 나타나기 위한 핵심 전제조건이기 때문이다. 엄격하게 말해서 어떤 것도 의식의 앞에 나타나지 않는 한 나타날 수 없다. 의식이 없으면 세상은 인식 앞에 나타날 수 없고, 과거는 기억 앞에 나타날 수 없으며, 미래는 희망이나 기대 앞에 나타날 수 없다.[8]

의식이란 "무언가를 드러내고 어떤 식으로 파악하는 것"이다. 즉 인식의 장을 환하게 비추어 주체는 즉시 그것을 알아채고 자신의 것으로[9] 경험하게 된다. 톰슨은 이 양상들이 발광성을 공통으로 갖고 있기 때문에 이 중 몇 가지 상태에서 우리의 경험이, 처칠랜드의 말처럼 "확실히 비표준적"이라고 해도, 전부 다 의식적일 수밖에 없다고 주장한다.

꿈의 철학계에서 가장 권위 있는 두 명의 전문가 제니퍼 윈트Jennifer Windt와 토마스 메칭거Thomas Metzinger는 각기 다른 방식으로 똑같은 결론에 도달했다. 고대 요가철학 전통에 기반한 의식론에 의지하는 대신에, 그들은 서양 철학자들이 언제나 특권으로 여겨온 의식적 경험의 양상(즉, 각성 경험)을 살펴보고, '의식적 상태'로 만드는 조건이 다른 양상, 특히 꿈을 꾸는 양상에도 들어맞지 않을까 의문을 가졌다. 각성 경험은 다음과 같은 세 개의 형식적 제약을 만족시키기 때문에 의식적이라고 그들은 말한다.

1. 제시성: 지금 여기를 대표하는 '세상이라는 존재'를 보인다. 이 세상은 항상 이 세상의 어느 측면을 의식하는 의식을 가진 주체에게 스스로를 드러낸다.
2. 전체성: 전체적으로 주체를 파악하는 "현실의 전체적 모형의 활성화"를 뜻한다. 이론상이라 해도 주체가 수많은 것들 중에서 이 모형이 하나의 사물일 뿐이라고 이해할 수 있을 만한 외적 인식, 조감도는 없을 것이다. 왜냐하면 이 모형은 주체를 둘러싸고 그들의 현실의 한계를 만들기 때문이다.
3. 투명성: 주체가 현실의 전체적 모형을 모형으로서가 아니라 현실 그 자체로 경험한다고 예상하는 것이다. 모형으로서의 지위는 경험 중인 주체가 접근할 수 없어야 하고, 모형은 "투명하게"[10] 남아 있어야 한다.

이 제약들을 더 확실히 이해할 수 있도록 간단한 예를 들어보겠다. 버스를 타기 위해 길을 걸어가고 있을 때, 나에게 보이는 이 모든 것을 아우르는 세상, 외적 관점에서는 이해할 수 없는 이 세상에 빠져 있는 한, 나는 '의식'이 있다. 나로서는 이 세상이 지금 여기에서는 현실이다. 이 세상은 시뮬레이션이 아니며, 내 상상의 산물도 아니다. 내가 버스를 타려고 달릴 때, 나는 '의식'이 있다. 왜냐하면 내가 전체적이고 투명한 현실에 존재하기 때문이다. 하지만 이 경험을 '의식이 있다'고 설명하는 이유가 이것이 기준에 모두 들어맞기 때문이라면, 꿈 상태만 다르게 설명하는 건 올바르지 못한 일이다. 내가 버스를 타려고 달리는 꿈을 꿀 때, 나는 아까와 마찬가지로 지금 여기에 몰두하고 있다. 또한 지금 여기서 내 꿈을 멀리서 바라보는 풍경으로서가 아니라 나를 둘러싼 전체로 느끼고 있다. 그리고 또 이 전체성은 대용품이 아니라 진짜로 느껴진다. 그러므로 꿈을 꿀 때 나는 의식이 있어야만 한다. 설령 꿈속에 있을 때 꼭 의식이 있는 것은 아니라도 말이다.[11] 내 꿈속에서 나는 꿈을 꾼다는 사실을 의식하는 것이 아니다. 꿈의 내용을 의식하는 것이다.

순수하게 현상학적 관점에서 꿈은 단순히 세상이라는 존재다. 주관적 경험이라는 단계에서 꿈의 세계는 지금 여기를 대변하는 것으로 인식된다. 그리고 이것이 꿈꾸는 뇌가 만들어낸 모형이라 해도 모형으로 여겨지지 않고 현실 그 자체처럼 경험하게 된다. 철학적 용어로 말하자면, 꿈꾸는 뇌가 만들어낸 현실 모형은 철학적으로 투명하다고 할 수 있다. 그것이 모형이라는 사실은 경험하는 주체에게는 보이지 않는다.[12]

윈트와 메칭거는 이렇게 덧붙인다.

"꿈은 이 제약들을 충족하기 때문에 의식적 경험이라 할 수 있다."[13]

이 말은 "꿈을 꾸는 것은 논리적으로 의식을 수반하는데, 그 이유는 우리가 꿈을 꿀 때 우리에게 온 세상을 제시하는 현상적 장 앞에 서 있기 때문"이라는, 폴크스가 1980년대에 한 말의 핵심을 반복한다. 데카르트의 17세기의 유명한 금언을 조금 바꿔서 우리는 이렇게 말할 수 있을 것이다.

"나는 꿈을 꾼다. 고로 존재한다."

의식의 SAM 모형

의식은 규정하기가 지독하게 어렵다. 전문가들은 그게 무슨 의미인지, 반대말은 무엇인지, 어떻게 존재하게 되었는지, 심지어는 누군가가 어느 시점에 의식을 갖고 있는지 아닌지 구분하는 방법은 무엇인지에 관해 합의를 이루지 못한 상태다. 이 어려움에 짜증이 난 심리학자 조지 밀러George Miller는 1960년대 초에 쓴 과학 사설에서 이 용어를 쓰지 말자고 요구했다. 그는 이렇게 경계가 느슨한 용어는 심리학 연구의 맑은 물을 흙탕물로 만들 것이라고 우려했다.

> 의식은 수백만 개의 입에서 지겹게 사용되는 단어다. 어떤 비유를 고르느냐에 따라 이것은 존재, 본질, 과정, 장소, 부수현상, 물질의 새로운 측면, 또는 유일한 진짜 현실이 된다. 좀 더 명확한 용어를 찾아낼 때까지 10년이나 20년쯤 이 단어의 사용을 금지해야 할지도 모른다.[14]

밀러의 경고는 당대 사람들에게 기꺼이 받아들여졌고, 사실상의 사용 중단이 시작되었다. 수십 년 동안 '의식'이나 '의식적 경험'이라는 말을 전혀 언급하지 않은 인간 심리에 관한 책들이 수두룩하게 출간되었다. 의식의 통합작업공간이론Global Workspace Theory으로 유명한 프랑스의 신경과학자 스타니슬라스 데하네Stanislas Dehaene는 《뇌 의식의 탄생》에서 1980년대가 한참 지나도록 의식에 관한 이야기가 과학 논문, 저널, 콘퍼런스에서 어떻게 멀어져 있었는지 이야기한다. 이 기간에 학계에 들어온 젊은 연구자들은 인간이 언제, 어떻게, 왜 각기 다른 자극을 의식하게 되는지를 알아보는 실험을 만들어 그 결과를 '의식'이라는 단어를 절대 사용하지 말고 가장 명망 있는 저널에 내라고 배웠다. '의식'은 "과학적 심리학에 어떤 핵심적인 기여도 하지 않는다"[15]고 여겨졌다고 데하네는 말한다. 모두 그것은 필요치 않다고 생각했다.

오늘날 의식은 더 이상 과학자들에게 접근 금지구역으로 여겨지지 않지만, 의식을 어떻게 규정할 것인가 하는 문제는 그대로 남아 있다. 지난 20여 년 동안 심리철학, 인지심리학, 신경과학 분야에서는 이 문제를 해결하는 가장 좋은 방법은 의식을 작은 범주로 나누어 이들이 어떻게 움직이고 서로 어떻게 상호작용하는지를 이해할 방법을 찾는 것이라는 대략의 합의가 이루어졌다. 오늘날 이 주제에 관심이 있는 전문가들은 의식이 다양한 형태로 존재한다는 가정에서 시작하는 것이 일반적이며, 각각 정도가 다르다는 것을 인정한다.

이 접근법의 장점은 너무 급하게 의식에 대한 거창한 정의를 내릴 필요 없이 의식적 경험의 유연성, 다양성, 다차원성을 이해하는 것을 더 쉽게 만들어준다는 것이다. 하지만 이것이 분류체계를 너무 많이 만들어내고, 그 각각이 나름의 방식으로 의식을 작게 잘라내려 한다는 단점이 있다.[16] 이 책의 목표를 위해서, 그리고 지나치게 복잡한 캔버스에 붓칠을 더하지 않기 위해서 의식을 인식의 하위 종 세 개, 즉 '주관적 의식', '정서적 의식', '메타인지적 의식'으로 나누어보자. '주관적 의식'은 현상적 현실의 중심이 되는 것을 뜻하고, '정서적 의식'은 감정, 기분, 정서를 말한다. 그리고 '메타인지적 의식'은 일종의 성찰과 관련된 인지적 과정의 형태를 의미한다. 나는 이것을 줄여서 의식의 'SAM 모형'이라고 부른다. S는 '주관적subjective'을 의미하고, A는 '정서적affective'을 의미하며, M은 '메타인지적metacognitive'을 의미한다.

이 분류는 인간의 꿈에 관한 현대의 연구 중에서 놀랍도록 정확하며, 나는 이것이 종의 구분을 넘어 어디까지 적용될 수 있는지 알고 싶어서 이 모형을 선택했다. 나의 목적은 동물의 왕국 전체를 아우르는 의식적 경험의 완벽한 그림을 보여주려는 것이 아니다. 사실 그런 것이 가능할 것 같지는 않다. 주관적·정서적·메타인지적 의식이 서로 별개로 존재한다고 말하려는 것도 아니다. 이것들은 굉장히 복잡한 방식으로 서로 얽혀 있다고 생각하기 때문이다. 내 목적은 훨씬 소박하다. 이 세 개의 분류에 초점을 맞춰 꿈과의 관계를 분명하게 만듦으로써 동물의 의식에 관한 이해를 넓힐 수 있다는 걸 보여주려는 것이다.

간단히 말해서 나는 꿈을 꾸는 모든 동물이 주관적으로 의식할

의식의 SAM 모형

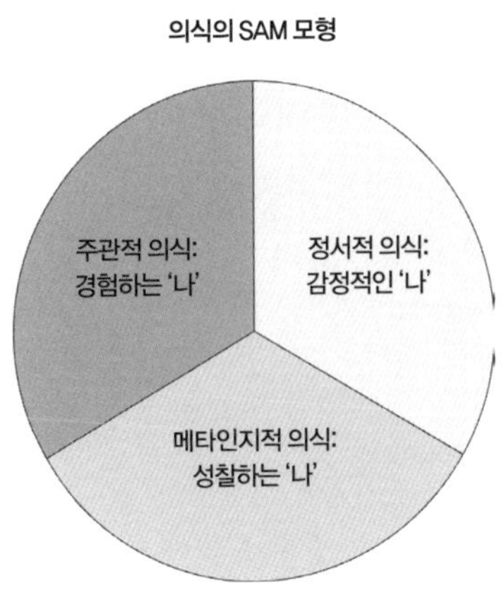

수 있고, 많은 수가 정서적으로 의식할 수 있으며, 몇몇은 이에 더해 메타인지적 의식까지 갖고 있다고 말하고 싶다.[17] 앞에서 이야기했듯이 경험적 기록의 한계와 이 주제의 복잡성 때문에 이 이상 구체적으로 설명하기는 어렵지만, 이는 동물에 항변의 기회조차 주지 않았던 의식론을 의심하게 만들기에는 충분할 것이다.

주관적 의식: 꿈 자아

《자기와 타자》에서 현상학자 단 자하비Dan Zahavi는 '자의식'이라는 용어가 보통 언어와 논리를 이용해서 어려운 문제를 열심히 생각하는 사람(로댕의 '생각하는 사람'처럼)을 떠올리게 만들긴 하지만, "숙달된 언어와 완벽한 논리적 판단력, 명제적 태도"를 앞서는 훨씬 간단한 형태의 자의식이 존재한다고 주장한다.[18] 그는 에드문드 후설, 장폴 사르트르, 모리스 메를로퐁티 같은 프랑스와 독일 철학자들의 저서를 바탕으로 의식의 이 원초적 형태를 "자기 자신의 경험적 삶에 대한 지속적인 1인칭 표현"이라고 설명한다.[19] 우리는 논리적인 자기성찰을 뒷받침하는 인지 기능을 발달시키기 한참 전에 우리가 겪은 경험이라는 틀 안에 만들어진 자의식의 기본적 형태부터 계발한다. 이 자체가 우리가 겪은 경험의 틀인 것이다.

나는 이 원시적인 경험 형태를 앞에서 말한 '주관적 의식'으로 해석하고, 여기에 두 가지를 덧붙이려 한다.

1. 주관적 존재라는 느낌: 자신의 세계의 중심에 존재하고, 긴 시간 동안 이 위치를 점유하는 것이다.
2. 육체적 자기인식이라는 감각: 자신의 몸에 대한 암묵적 이해를 뜻한다. 생명윤리학자 데이비드 데그라지아David DeGrazia의 말에 따르면, 이것은 "주변 환경과 자기 자신의 몸이 매우 다르다는 인식"이다.[20]

(1)과 (2)를 가진 생물체는 주관적으로 의식하고, 최소한의 자아감을 갖는다.[21] 여기에서는 꿈세계에서 우리는 언제나 주관적 존재라는 느낌과 육체적 자기인식이라는 감각을 갖는다는 것을 보여줌으로써 지금 설명한 주관적 의식을 꿈과 연결하려고 한다.

● 주관적 존재: 꿈세계의 표현

제니퍼 윈트는 '꿈의 몰입형 시공간 환각 모형'에서 모든 꿈이 '현상적 핵'을 공유한다고 주장했다. 현상적 핵은 시공간 전체로 조직된 현실에 몰입된 꿈 자아의 경험이다.[22] 윈트의 말에 따르면, 꿈이 아무리 불안정하고, 비논리적이고, 이상하다고 해도 모든 꿈은 꿈세계 안에서 '거기에' 있는 꿈 자아 주위에, 꿈꾸는 당사자가 알아볼 수 있는 사람들을 활용해서 구성된다. 꿈을 지나간 현실로서 경험하고, 꿈의 모든 것에 고통받고, 꿈 자체를 포괄적으로 볼 수 있는 것이 바로 이 자아다.[23] 꿈을 처음부터 끝까지 유지하는 것도 바로 이 자아다.

> 꿈이 있는 수면과 꿈이 없는 수면 경험을 구분하는 핵심 요소는 꿈속에서 시공간의 존재를 느끼는 것이다. 기본적으로, 내적이고 시공간적으로 1인칭 관점이며, 예컨대 점유공간 감각처럼 자신의 시공간적 위치감(적도 최소의 감각에서 확장된다), 거기에 이미 경험한 '지금'과 지속시간 경험으로 구성된 환시가 있다.[24]

윈트에게 핵심 단어는 '존재'다. 주관적 존재라는 느낌이 없으면 꿈도 존재할 수 없다. 꿈은 기본적으로 주관적 축 주위를 도는 자기중심적 경험이기 때문이다. 이 축은 꿈을 꿀 때 우리가 '거기에' 있는 느낌을 주고, 꿈속에서 일어나는 사건이 우리에게 일어난다고 느끼게 만든다. 윈트는 꿈을 꾸는 모든 생물체는 그녀가 "최소현상자아minimal phenomenal selfhood"라고 부르는 것을 갖고 있어야만 한다고 결론 내린다. 최소현상자아는 시공간의 장에서 자리를 점하고 장시간 이를 유지하는 정도가 가능한 주관성의 기본 형태다.[25] 원칙적으로 이 최소현상자아를 가진 존재만이 꿈을 꿀 수 있다.

이와는 약간 다른 관점에서 글을 쓴 에반 톰슨은 신경학자 제임스 오스틴James Austin이 주장한 각성 상태의 경험에서의 '나-자신-내 것I-Me-Mine' 구조 개념을 가져와서 꿈의 주관적 결박을 설명했다. 그는 이렇게 말한다.

> 평범한 각성 상태의 의식은《선과 뇌》에서 오스틴이 말한 '나-자신-내 것'에 좌우된다. '나'는 생각하고, 느끼고, 행동하는 자기 자신이다. '자신'은 감정을 느끼고 그에 따라 행동하는 자신이다. '내 것'은 생각과 감정, 몸의 특징, 개성, 물질적 소유물의 소유자이자 사용자로서의 자신이다. 단단히 결합되고 상호보강하는 이 삼총사는 자아로서의 자신이라는 감각, 세상 위에, 그리고 세상에 맞서서 버티는 독특하고 한정된 자신이라는, 마음 깊이 자리한 인상으로 구성된다.[26]

'나-자신-내 것'이 (꿈 없는 수면이나 몇 가지 혼수상태에서는 사라진다는 점을 고려하면) 인간 경험의 보편적 기준은 아니지만, 꿈에서 체계적으로 재창조되는 각성 상태 경험에 있어서는 보편적 기준이다.

"꿈은 대체로 이 구조를 재현한다. 종종 당사자는 꿈세계에 참여하는 꿈속의 몸을 갖는다. 설령 관찰자 시점으로 자신을 보고 있어도 여전히 꿈 환경 속에 자리한 주체로서 자신을 경험한다."[27]

톰슨은 계속해서 이렇게 말한다.

"우리가 꿈을 꿀 때 우리는 꿈속에 들어가서 경험한다. 좀 더 정확하게 말하자면, 꿈세계에 사는 존재로서 경험한다. 각성 상태를 나타내는, 세상에서 자신으로 존재하는 경험은 … 꿈속에서 재연된다."[28]

● 육체적 자기인식: 구현의 꿈 이론

윈트와 톰슨의 분석은 모든 꿈 경험에 동반되는 주관적 존재라는 느낌을 강조한다. 하지만 내가 규정한 것처럼 주관적 의식에는 **육체적** 자기인식도 필요하다. 우리의 육체가 보통 수면 중에는 움직이지 않는다는 점을 고려하면, 우리가 꿈에서 '구현'된다는 게 말이 되는 걸까? 몇몇 유명한 꿈 과학자들에 따르면, 그 답은 '그렇다'다. 모든 꿈 내용이 중심으로 삼는 주관적 초점인 꿈 자아는 항상 이미 '현상적으로 구현화'[29]된 상태이기 때문이다. 꿈의 모든 순간에 우리의 꿈 자아는 꿈 환경 속에서 특정한 시공간적 위치를 점유하고, 특정 크기와 형태의 꿈 육체를 갖는다.

프랑스의 실존주의자 장폴 사르트르는 1940년대에 이미 이것을 이해했다.《상상계》에서 그는 "꿈속의 사람은 언제나 어딘가에 있고 … 이 '어딘가'는 보이지 않지만 우리 주위 전부를 에워싼 세계 전체와 관계를 갖고 자리하고 있다"[30]라고 설명한다. "전부를 에워싼"이라는 표현이 핵심이다. 사르트르에게 꿈세계는 우리의 꿈 경험을 에워싸고 있는 것이고, 우리의 꿈 육체는 그 중심이다. 사르트르는 꿈을 꾸는 사람이 각성 자아의 육체도해보다 딱히 열등하지는 않지만 조

꿈 다른 육체도해를 가졌다고 이야기한다. 이 육체도해는 꿈 자아가 무엇을 할 수 있는지를 결정하고, 자신과 다른 사람, '나'와 '나 외外'[31] 사이의 선개념적 단계를 구분 지을 수 있게 한다.

60년 후, 인지신경과학자이자 저명한 꿈 이론가 안티 레본수오Antti Revonsuo가 똑같은 주장을 펼친다. 그의 말에 따르면, 모든 꿈 자아에는 특별한 물리적 위치와 확정된 육체 이미지가 있고, 이 둘은 복잡하게 상호연결되어 있다. 꿈 자아는 육체 이미지를 가졌다. 왜냐하면 "꿈세계에서 육체적 존재와 위치"를 가졌기 때문이다. 다시 말해, 육체적 존재를 갖고 세상에서 특정 위치를 점유하는 경험을 했다면, 육체 이미지를 만들기에 충분하다. "이런 면에서 꿈속의 자신은 깨어 있는 자신과 그리 크게 다르지 않다"고 그는 말한다.[32] 이 아이디어는 꿈 전문가 데릭 브레러턴의 저서에 다시 한번 등장한다. 그는 "육체 이미지로서의 자신은 꿈에서 현상학적으로 고유하다"라고 판단한다. 꿈 자아 없이는 꿈이 없고, 꿈 육체 없이는 꿈 자아도 없으며, 꿈속 육체 이미지 없이는 꿈 육체도 없다. 브레러턴은 결국 이 육체 이미지가 우리 꿈의 '원시적 형태'라고 설명한다.[33]

꿈 자아의 구현은 꿈 환경이, 육체를 떠나 추상화된 자아가 사는 단일한 마음속 세상 이상임을 암시한다. 그보다는 오히려 주체를 위해서 세상을 드러내는 주관적인 길과 출구에 가깝다. 이 길과 출구들은 우리의 지각의 장을 긴장감으로 채워 우리가 다른 것보다 특정한 몇몇 프로젝트를 선호하고, 특정한 몇몇 선택지를 고르려는 경향이 생기도록 만든다. 이것이 사르트르가 꿈세계에 관해서 모리스 메를로퐁티, 프란시스코 바렐라Francisco Varela, 엘리너 로시Eleanor Rosch,

철학자 장폴 사르트르와 신경과학자 안티 레본수오는 모든 꿈은 심지어는 전혀 일관성이 없어 보이는 꿈이라 해도 명확한 주관적 논리를 가진다고 믿는다. 그 꿈 모두가 꿈세계의 중심에 구현된 꿈 자아와 관련되어 있다.

알바 노에Alva Noë, 단 자하비 같은 체화 인지 전문가들과 똑같은 주장을 하게 만든 이유다. 정확히 말하면, 우리의 육체, 흥미, 목표에 무관심한 것은 무한한 3차원적 뉴턴식 확장이 아니다. 이것은 우리의 행동 잠재력의 범위와 같은 공간에 있는 '호돌로지 공간'(수학적 공간과 달리 인간이 두 점 사이에서 움직일 때 마주치는 위상적·물리적·사회적·심리적 상황들에 관계된 개인의 경험에 반응하는 통로적 공간. 그리스어 'hodos'는 '길'을 의미한다.—옮긴이)[34]이다.

이 잠재력은 우리 육체에서, 아니 정확히는 우리의 꿈 육체에서 독립적으로는 존재하지 않는다. 이 잠재력은 육체의 구조, 위치, 성향에 따른 기능이고, 이와 관련해서만 의미가 있다. 육체와 꿈 환경 사이의 역동적인 상호작용에서 어떤 것이 가능하고 어떤 것이 한계인지, 또 어떤 것이 통과 가능하고 어떤 것이 장애인지 이 육체가 결정한다. 이 가능성과 한계의 합계가 꿈세계에 그 한도를 부여하고, 우리의 꿈을 지친 관객이 흥미를 잃고 수동적으로 바라보는 내적 영화가 아니라 우리 존재가 가진 온 힘을 다해 살아가는 주관적 현실로 바꿔놓는다.

● 꿈의 주관적 발판

그러니까 꿈은 주관적으로 구성된다. 꿈에는 주관적 존재감과 육체적 자기인식을 지닌 자아의 존재가 필요하다. 전문가들이 우리 꿈속에서 육체적 대리가 움직이는 범위나 우리가 꿈 자아라고 인정하는 정도에 관해서 언쟁을 하고 있긴 해도, 모든 주관적 구조화를 벗겨낸 꿈은 결코 꿈이 아니라는 것은 모두 인정한다. 어린아이들의 꿈이나 우리가 잠드는 사이에 보는 꿈 비슷한 이미지 같은, 겉보기에 자아가 없는 듯한 꿈이라 해도 주관적 기준은 존재한다. 이 기준이 없으면 꿈은 꿈으로 인지되지 못한다.[35] 주관성은 꿈이 가능하기 위한 중요한 조건이다. 사르트르는 이것이 우리가 꿈속에서 우리 꿈 자아의 죽음을 목격할 수 없는 이유라고 말한다. 자아의 죽음은 꿈세계 그 자체를 즉시, 돌이키지 못하게 부숴버리기 때문이다. 철학자 마르틴 하이데거는 "죽음은 항상 우리를 피해 간다"는 유명한 말을 했다. 사르트르라면 여기에 심지어 "우리 꿈속에서도"라고 덧붙일 것이다.

꿈과 주관성 사이의 이 존재론적 연결관계는 자아 없이는 꿈도 없다는 의미다. 그런 꿈이 어떤 모습, 어떤 느낌일지는 상상하는 것조차 어렵다. 자아 없는 꿈속에서는 누가 꿈을 꾸는 걸까? 어떤 관점에서 꿈을 경험하게 될까? 누가 그걸 자기 것이라고 주장할 수 있을까? 자아 없는 꿈은 현상학적으로는 불가능하다. 꿈이 있으면 그것을 실현하고, 유지하고, 경험할 자아, 꿈이라는 존재의 궁극적 기반이 되는 자아가 있어야만 하기 때문이다. 자아 없는 꿈은 형체 없는 조각상이나 보이지 않는 그림처럼 상상이 불가능하고, 빛나지 않는 해나 흐르지 않는 강처럼 역설적이다.

우리에게 중요한 것은 이 자아는 인간일 필요가 없다는 점이다. 꿈을 꾸는 어떤 생물이든 당연히 주관적으로 의식이 있어야 하기 때문에 주관적 존재감뿐 아니라 육체적 자기인식 감각도 갖고 있다. 꿈을 꾸는 생물들은 그들 앞에 경험의 세계가 "밝혀지고", 피터 고드프리스미스Peter Godfrey-Smith의 말처럼 "내부가 전부 깜깜한 생화학적 기계"가 아닌 주체여야 한다.[36]

정서적 의식: 꿈세계의 감정적 지평선

● 현대 꿈 과학의 기원: 프로이트에 대한 반항

1950년대부터 1970년대까지 이어진 꿈 연구의 황금기에 과학자들은 꿈이 중뇌와 연수를 잇는 뇌의 일부인 뇌교가 무작위로 활동해서 만들어내는 것이라고 믿었다. 이 시기를 지배했던 '뇌교 활성화 가설'의 핵심은 꿈이 뇌교 안 신경세포들의 무작위적인 활성화로 만들어지는 생리학적 백색소음에 지나지 않는다는 생각이었다.[37] 이런 면에서 꿈은 순환계를 통해 움직이는 혈액이 만드는 소리 비슷한 것으로 여겨졌다. 양쪽 모두 현상의 유기적 원인으로 인식할 수 있지만, 그 '의미'를 판별하려고 하는 건 헛수고일 뿐이다. 혈액의 소리처럼 우리의 꿈은 근본적으로 의미가 없고, 그래서 해석할 수 없다.

흥미롭게도 이 가설은 그 실증적 증거 때문이 아니라, 이것이 꿈 과학자들에게 지그문트 프로이트의 꿈에 관한 정신분석 이론에 대응하는 무기가 된다는 이유로 1950년대에 인기를 얻었다. 프로이트의 이론은 유럽과 북아메리카에서 반세기 동안 인기를 구가했으나, 새 세대의 과학자들은 이것을 사이비 과학의 헛소리라며 거부하기 시작했다. 20세기 초에 프로이트는 그 자신이 '정신분석'이라고 부르는, 인간과학에 혁신을 가져오는 훌륭한 철학체계를 만들었다. 이 체계는 무의식이라는 강력한 새 개념을 이용해 인간의 정신에서 반박의 여지가 없는 비열함, 그 모든 신경증과 정신병, 모든 욕구와 동물 같은 충동, 셀 수 없는 실수, 무시, 무례함을 아주 화려하게 보여주었다. 하지만 그는 인간 영혼의 가장 깊은 곳을 파헤치고 가장 소중한 비밀을 드러내기 위해서는 우리 자신의 정신이 우리를 향해 던지는 수많은 '검열'을 우회하는 실제적인 기술이 필요하다는 것을 이해했다. 이런 기술 중 하나가 꿈의 해석이다. 그는 이 기술이 진실을 왜곡하는 정신적 검열의 층을 벗겨내고 우리 꿈에 '잠재'된 의미를 찾는 데 사용될 수 있다고 생각했다. 프로이트는 환자들의 꿈을 엄밀하게 해석함으로써 그들의 고통의 원인을 알아내고, 괴로움을

덜어주고, 궁극적으로 그들이 정상적인 생활로 돌아갈 수 있게 되기를 바랐다.[38]

뇌교 활성화 가설의 여러 버전들은 19세기 말에 이미 존재했다. 프로이트는 이것들을 잘 알았지만 전부 다 거부했다. 의학 수련을 하면서 '천 개가 넘는 꿈'을 해석한 그는 밤에 우리가 방문한 풍경이 혈액 순환이나 배가 꼬르륵거리는 것에 비견할 만한 의미 없는 신체 내부적 사건이라는 생각을 받아들일 수 없었다. 이 풍경들은 순수하게 내부적 문제라기에는 우리에게 너무 많은 영향을 끼쳤다. 꿈은 우리를 기분 좋게 만들거나 망가뜨릴 수 있다. 그래서 프로이트는 꿈이 어마어마한 정신적·감정적 중요성을 갖고 있을 것이라고 판단했다. 그렇지 않다면 꿈과 우리 자아감 사이의 부인할 수 없는 연결을 어떻게 설명하겠는가? 우리가 꿈을 꾸는 **내용**이 우리가 받아들이는 우리 자신의 **모습**과 관련되어 있다는 명백한 사실을 어떻게 설명할까? 프로이트는 꿈이 당시의 체내 이론이 단언하는 것처럼 의미 없는 체내 활동으로 만들어질 수 없다는 결론을 내렸다. 오히려 꿈은 그 반대로 우리의 정신적·감정적 상태의 반영이자 가장 은밀한 공포증, 가장 불안한 트라우마, 가장 비밀스러운 욕망의 반향이어야 한다. 꿈은 해석이 필요한 정신의 가장 내밀한 방에 난 창문이어야 한다. 그가 1899년 《꿈의 해석》에서 말했듯이, 꿈은 "무의식으로 가는 왕도"여야 한다.

꿈 해석이라는 고대 기술을 프로이트가 의학용으로 되살리면서 재미있는 문화적 여파가 일어났다. 1899년 이후로 꿈 연구와 관련된 것들은 모두 대중적 상상력 속에서 프로이트식 정신분석과 합쳐졌다. 누군가가 지식층 모임에서 '꿈'이라는 단어만 말해도 정신과 환자의 꿈에 잠재된 의미를 찾는 정신분석가의 이미지가 떠올랐다.

불행하게도 심리학계는 20세기 전반기 내내 심리학자들이 자신들의 분야를 자연과학계의 좀 더 윗등급으로 끌어올릴 방법을 찾느라 여러 중요한 변화를 겪었다. 사실 1950년대에 심리학 분야의 가치가 대단히 크게 변하면서 대부분의 심리학자들은 이제 정신분석가들을 호기심 대신 의심스럽게 쳐다보게 되었고, 꿈 해석을 포함해 그와 관련된 모든 것을 형편없는 형이상학적 추측, 희망에 불과한 생각, 수상한 임상적 연구로 여겼다. 제이콥 콘Jacob Conn이 주장한 것처럼 프로이트가 사망한 해인 1939년에 "프로이트식 혁명이 모든 목표를 이룬 것"처럼 보였다면, 1950년대에는 혁명이 그 힘을 다한 것으로 보였다.[39]

우리가 1950년대의 뇌교 활성화 가설의 대두, 아니 재개를 분석한다는 것은 이 큰 문화적·역사적 배경에 반하는 행동이다. 꿈 과학의 많은 역사학자들은 이 가설이 19세기와 20세기에 실증적 증거를 얻지 못한 것은 아니지만, 1950년대에 그 매력은 주로 이데올로기적인 것이었다고 지적한다. 이 이론은 꿈을 심리적 중요성이 없는 생리학적 사건으로 축소함으로써 꿈에 관심을 갖고 실증적 증거를 중요시하는 심리학자들에게 일석이조의 역할을 했다. 그들은 꿈이 과학적 연구에 완벽하게 어울리는 후보라고 주장하면서도 이제 그 영향력을 잃은 정신분석 이론으로부터 거리를 둠으로써 자신들의 연구가 가진 과학적 지위를 지킬 수 있었다. 그 결과 1950~1970년대에 꿈의 '의미'라고 용감하게 말하는 사람들은 전부 사기꾼, 또는 손

바닥에서 사람의 미래를 읽을 수 있다고 말하는 몹쓸 점쟁이와 다름없는 취급을 받았다. 점술과 마찬가지로 꿈 해석은 과학적 사실의 탈을 쓴 비과학적 헛소리였다.

● 프로이트의 귀환

꿈을 의미 없는 생리학적 사건으로 축소함으로써 정신분석의 실추는 계속될 것 같았으나, 1970년대에 꿈 과학은 예기치 못한 전환을 여러 차례 겪게 되었다. 꿈이 뇌교의 무작위적인 활동의 결과이기 때문에 해석할 수 없다는 꿈 이론가들의 수십 년에 걸친 주장 이후 과학자들은 꿈의 형태가 피질 영역, 특히 두정엽과 전두엽의 활성화에 달려 있다는 사실을 발견했다. 프로이트가 자신의 시대에 거부했고, 그가 죽은 후에 그의 정신분석 프로젝트에 대항하는 무기가 되었던 뇌교 활성화 가설이 꿈을 설명하는 데 부적당하다는, 아니 최소한 불완전하다는 사실이 분명해졌다. 완전한 설명이 되려면 이 대뇌피질의 관련도 해명되어야 했다.

특히 두 발견이 꿈 연구계를 뒤흔들었다. 하나는 동물에 물리적 공간을 제시하고 방향을 찾게 만들어주는 포유류의 피질 영역인 두정엽에 손상을 입으면 꿈을 꾸는 데 지장이 생긴다는 발견이었다. 이는 꿈이 명확한 시공간의 구성과 고해상도의 물리적 공간과 관련되어 있는 만큼 꿈꾸는 사람의 입장에서 만들어진 의미 없는 백색소음이 아닐 수 있다는 뜻이었다. 다른 하나는 전두엽(특히 복내측 전전두피질vmPFC)과 변연계(특히 편도체)를 포함하는 복잡한 신경망인 뇌의 '이드 체계id system'가 꿈 제작 과정에 이용된다는 사실이었다.[40]

이 체계는 감정 규제, 의사결정, 자기통제에 핵심적이기 때문에 우리의 꿈은 감정적으로 기울어졌고, 이는 우리의 개인적 삶이라는 배경에서 의미를 가질 것이다.

이 발견들은 뇌교 활성화 가설의 가치를 떨어뜨리고, 일부 전문가들이 1980년대의 "프로이트파의 르네상스"라고 부르는 것을 촉발했다. 복내측 전전두피질과 변연계에 대한 연구는 꿈의 감정적 무게를 과학의 주류에 편입시키려는 프로이트 학설을 재도입하는 데 핵심적이었다. 특히《꿈의 해석》에서 우리의 꿈이 과거의 감정적 경험에 따라 바뀐다고 주장한 내용을 주류에 넣고자 했다. 1980년대에 꿈 과학이 프로이트가 "억압에서의 귀환"이라고 부르는 것을 경험했다고 할 수 있다. 다만 이 경우에 우리를 억압됐던 건 프로이트 그 자신이지만 말이다. 마크 솔름스의 말처럼 "신경과학은 프로이트에게 사과할 만한 입장임이 분명해졌다".[41]

요즘 꿈이 단지 유기적이거나 생리학적인 사건일 뿐이라는 이론을 지지하는 연구자는 거의 없다. 대부분은 꿈이 감정과 긴밀하게 엮여 있다는 데 동의한다. 데릭 브레러턴은 우리의 꿈 대부분이 "감정적으로 중요한 의미를 지닌 사회적 공간"에 푹 빠진 꿈 자아를 중심으로 이루어진다고 설명한다.[42] 이것은 우리가 모두 경험해본 것이다. 꿈을 꿀 때는 전에 본 장소, 아는 사람들, 그리고 우리가 좋아하거나 싫어하는 것들이 나온다. 꿈의 세계는 기묘하고 예측 불가능할 수도 있지만, 감정적 중립과는 거리가 멀다. 활동의 장으로서만이 아니라 우리 감정의 함양, 정교화, 관리의 장으로서 관련된 감정적 지평선으로 사방이 둘러싸여 있다. 감정, 애정, 정서는 꿈을 구성하는 재료들이고, 그래서 우리가 그냥 꿈을 구경만 하는 게 아닌 것이다. 우리는 그것을 구현한다. 꿈을 즐기거나 꿈으로 고통받는다. 꿈을 살아간다.

《꿈꾸는 뇌의 비밀》에서 과학기자 안드레아 록Andrea Rock은 변연계의 영향력으로 볼 때 꿈이 정말로 일종의 '왕도'임이 분명하다고 말한다. 프로이트가 생각한 것처럼 무의식으로 가는 길이 아니라 감정으로 가는 길이지만 말이다. 우리의 의지에 반한다 해도 그것들은 우리가 무엇에 감동하고, 무엇에 움직이는지, 그리고 가끔은 우리에게서 무엇을 없애는지를 표현한다.

> 꿈을 꾸는 중인 뇌를 보여주는 뇌 영상촬영 연구 덕분에 꿈꾸는 의식에서 감정을 총괄하고 강한 감정이 담긴 기억을 저장하는 지휘본부인 변연계가 꿈 드라마를 지휘하고 있다는 사실이 명백해졌다. … 뇌의 감정본부가 지휘봉을 잡았다는 것은 (꿈의) 전개를 위해 가장 확실하게 뽑힌 기억들이 불안, 상실감, 자부심에 입은 타격, 물리적이거나 생리적인 트라우마 같은 감정으로 가득한 것들이라는 뜻이다.[43]

꿈 이론가 파리바 보그자란Fariba Bogzaran과 대니얼 데스로리어스Daniel Deslauriers는《완전한 꿈Integral Dreaming》에서 이 아이디어를 두 개의 유용한 비유를 이용해서 확장시킨다. 그들은 꿈을 꾸는 것이 변연계를 통해서 과거의 경험에 긍정적이거나 부정적이라는 딱지를 붙이는 "감정 변화 선별기"라고 말한다.[44] 이것 덕분에 우리의 기억은 감정적 상태를 유지한다. 흔히 말하듯이 꿈을 꾸는 것은 또한 "감정의 대시 활동"이다. 경험에 감정적으로 기쁘다거나 슬프다는 딱지가 붙고 나면 꿈은 이 경험들을 '나는 누구인가'라는 지속적인 생각 속에 합친다. 꿈을 꾸는 행위를 통해서 우리는 '내가 이러저러한 것을 두려워하고, 이러저러한 것을 걱정하며, 이러저러한 것을 원하는 사람이다'라고 자아를 구축한다.[45]

● 동물의 감정으로 가는 왕도

우리의 꿈이 우리 감정으로 가는 왕도라면, 동물의 꿈은 그들의 감정으로 가는 왕도일까? 신경과학자 안토니오 다마지오Antonio Damasio는 자신의 책《느낌의 발견》에서 이에 동의한다. 그는 다른 동물들 역시 수면 중에 아마도 꿈의 내용을 통해서 강렬한 감정을 경험한다고 설명한다. 그는 이렇게 썼다.

"깊은 수면은 감정 표현을 동반하지 않지만, 의식이 기묘한 방식으로 돌아온 상태인 꿈을 꾸는 수면에서는 인간과 동물 모두에서 감정적 표현이 쉽게 감지된다."[46]

현대의 동물 수면 연구는 이 관점을 뒷받침한다. 2015년에 유니버시티 칼리지 런던의 신경과학자 프레야 올라프스도티르Freyja Ólafsdóttir가 이끄는 학제간 연구팀이 수행했던 쥐의 수면 실험을 생각해 보라. 루이와 윌슨(1장에서 그들의 실험을 다루었다)처럼 올라프스도티르와 그녀의 팀은 쥐 무리에 공간탐색 과제를 내주고, 깨어 있을 때와 잘 때 생기는 해마의 활동 패턴을 비교해보았다. 하지만 그들은 루이와 윌슨은 하지 않았던 변수를 통제했다. 바로 감정적 동기다. 쥐들은 문제 해결에 감정적으로 더 몰두하면 공간탐색 과제를 더 많이 '반복'할까? 욕망이 쥐의 꿈을 생성하는 원동력일까? 이것은 어떤 실증적 방법으로도 풀 수 없는 질문처럼 보일지 모르지만, 올라프스도티르와 그녀의 팀은 네 발 달린 연구 대상들의 욕망을 끌어낼 훌륭한 2단계 실험을 고안했다.

1단계에서는 작은 날개 통로 두 개가 투명한 장벽으로 막혀 있는 T 모양의 트랙에 쥐들을 넣는다. 쥐들은 미로 아래쪽에서 위나 아래로 움직일 수 있고 두 개의 날개 부분도 볼 수 있지만, 실제로 그곳을 탐색할 수는 없다. 그다음에는 한쪽 날개에는 보상(쌀알 몇 개)을 두고 다른 한쪽 날개는 비워두어서 실험에 행동 동기를 집어넣었다. 이것은 쥐들의 관심을 끌었고, 쥐들은 미로의 교차로로 달려가서 발이 닿을 듯 닿지 않는 맛있는 쌀알들을 갈망하며 바라보았다. 이 구조에 익숙하게 한 후 쥐들을 미로에서 꺼내 낮잠을 재운다. 쥐들이 자는 동안에 연구자들은 해마에서 무슨 일이 생기는지를 기록했다. 그들은 쥐들이 겪은 일에 관한 '신경지도'를 만드는 바탕이 되는 다양한 해마의 세포들이 활성화되는 순서를 계속해서 관찰했다. 어떤 해마 세포가 활성화되고 쥐들이 겪고 있는 '신경지도'를 만드는 것인지를 신중한 눈으로 바라보았다. 하지만 쥐들은 무엇을 경험했을까? 이 신경지도라는 건 무엇의 지도일까? 올라프스도티르와 그녀의 동료들은 쥐들이 보상이 놓인 미로의 통로를 물리적으로 탐색하고 그 조그만 발을 탐내는 물건에 대는 행동을 머릿속에서 '선반복pre-playing'하는 것이라고 생각했다.

그들의 추측이 맞는지 확인하기 위해 실험의 2단계에서 그들은 쥐들을 다시 미로에 넣었다. 다만 이번에는 쌀알이 있는 곳을 막은 투명 장벽과 쌀알 기체를 제거했다. 다시 미로에 넣자 예상한 대로 쥐들은 T 형태 미로의 교차로로 달려가서 즉시 이전에 보상이 있던 곳으로 방향을 돌렸다. 이것은 그들이 어느 쪽에 달콤한 보상이 있었는지 기억하고, 거기서 그 보상을 찾을 것이라고 기대한다는 걸 보여준다. 쌀이 더 이상 거기에 없다는 것을 깨달은 후에도 쥐들은 꽤 오랜 시간 이 날개를 다른 쪽 날개와 비교하며 탐색했다.

이전에 보상이 있던 날개 통로를 쥐들이 위아래로 돌아다니는 동안 연구자들은 해마 활동이 급상승하는 때를 기록했고, 미로의 특정 구역을 실제로 탐색하는 것과 관련된 이 패턴이 쥐가 낮잠을 잘 때 기록한 것과 거의 똑같다는 사실을 발견했다. 쥐들이 보상이 있는 날개를 실제로 탐색하지 못하고 보기만 한 후에 잘 때와 낮잠 후에 이 날개를 탐색할 때 똑같은 해마 세포들이 활성화되고, 활성 순서까지 똑같았다.[47] 이 결과는 해마가 딱 두 시기에만 같은 일을 한다는 사실을 의심의 여지 없이 입증했다. 쥐들이 보상을 본 다음에 잘 때, 그리고 쥐들이 실망스럽게도 더 이상 보상이 없는 같은 공간을 탐색할 때다. 다시 말해, 쥐들은 감정적 관심을 솟구치게 하는 물리적 환경의 측면을 기억하고 그들의 욕망이 실현되는 '미래 경험'을 적극적으로 상상한다. 이 상상의 행위가 그들이 잠든 사이에 일어나는 것이다.[48]

공정하게 말하자면 이 경우에 선반복과 꿈 사이에는 아무 관계도 없을 수 있다. 선반복이 꿈을 꿀 가능성이 낮은 서파수면 때 일어나기 때문이다. 하지만 만약 관계가 있다면, 이게 바로 그 예라는 징후가 있다면,[49] 이 발견에 관해서 이야기할 것이 아주 많다. 우선 이것은 동물의 꿈은 상상력의 증거라는 1800년대 말의 조지 로마네스의 주장을 입증하는 것으로 보인다. 낮잠을 자면서 쥐들은 전에 가본 적이 없는 공간에 가는 것이 어떨지 마음속으로 그려보았다. 이것은 옛날 기억을 꺼내서 반복할 수 없는 일이었다. 옛날 기억에서 이것저것 활용해서 새로운 주관적 경험을 만들어야만 했다. 여기서는 상상력이 인지 과정의 고삐를 잡고 프랑스 계몽주의시대 철학자 볼테르가 "무한한 다양성 속에" 라고 말한 것처럼 옛날의 이미지와 새로운 것을 합쳐야 한다.[50] 올라프스도티르와 그녀의 팀이 잠자는 쥐의 정신 활동을 '반복' 대신에 '선반복'이라고 설명한 이유는 쥐들이 현실에서 마주한 적이 없는, 일어날 가능성이 있는 시나리오를 상상했다는 걸 알기 때문이다. 쥐들은 회상한 게 아니라 **예상**했다. 그들은 인지과학자들이 "정신의 시간여행"이라고 부르는 행동을 한 것이다. 이것은 "머릿속으로 자신을 … 미래의 시간으로 보내서 미래에 일어날 수도 있는 사건을 선반복"하는 능력이다.[51]

올라프스도티르의 발견은 이 정신의 시간여행이 정서적 무無의 상태에서 펼쳐지지 않고, 그 반대로 과거의 감정적 경험에 확실하게 휘둘리기 때문에 감정에 관한 이야기를 촉발한다. 미로의 날개 통로에 대한 감정적 편향이 애초에 쥐들이 쌀 꿈을 꾸게 만든 요인이며, 이는 꿈과 감정이 이중나선구조를 이루고 우리가 그 가닥을 풀려고 하면 그 온전함이 망가진다는 현대의 관점을 상기시킨다. 우리는 1장에서 쥐들이 정기적으로 이미 겪은 감정적 경험에 관한 꿈을 꾼다는 걸 보았지만, 이제는 쥐들이 **이루고 싶은** 감정적 경험에 관한 꿈도 꾼다고 덧붙여야겠다. 그들은 그 조그만 설치류 심장이

인하는 것에 관한 꿈을 꾼다.

그럼 쥐에게조차 꿈은 프로이트식 '소망의 충족'의 도구라고 말해야 할까? 어떤 사람들은 이 주장에 즉각적으로 반대하겠지만, 이 발견에 비추어 볼 때 우리는《꿈의 해석》에 실린 프로이트의 말이 무서우리만큼 현대적이라는 것을 부인할 수 없다.

> 동물들이 무슨 꿈을 꾸는지 나는 모른다. 내 학생들 중 한 명이 알려준 속담이 우리에게 답을 알려준다. 이 속담에서도 같은 질문을 던지기 때문이다. "거위는 무슨 꿈을 꿀까?" 답은 이렇다. "옥수수 꿈." 꿈이 소망의 충족이라는 이론 전체가 이 두 문장에 담긴다.[52]

이를 보충하는 각주도 마찬가지다.

> (산도르) 페렌치가 언급한 헝가리 속담에서는 좀 더 명확하게 "돼지는 도토리 꿈을 꾸고 거위는 옥수수 꿈을 꾼다"고 말한다. 유대 속담은 이렇게 말한다. "암탉은 무슨 꿈을 꿀까?" "수수 꿈."[53]

여기에 더해 나만의 속담도 말하고 싶다.

"쥐는 무슨 꿈을 꿀까? 당연히 쌀 꿈이지. 최소한 인간의 실험실에 있는 쥐들은 말이야."

● 동물의 악몽, 수면의 공포

슬프게도 동물의 모든 꿈이 행복하고 유쾌한 것은 아니다. 몇몇은 어둡고 괴롭다. 동물의 악몽에 관한 마음 아픈 사례가 여기에 해당된다. 초기 기독교 옹호자 테르툴리아누스가 수면은 "죽음의 거울"이라고 표현한 것에 대한 슬픈 반전이기도 하다. 하지만 우리가 동물의 내적 삶의 감정적 강도를 가장 선명하게 관찰할 수 있는 것은 다른 어떤 꿈보다도 동물들의 악몽일 것이다.

2015년 북경대학교의 신경약리학과 행동신경과학 전문가인 유빈于斌이 이끄는 중국의 연구팀은 육체적·생리학적 트라우마에 장기간 노출된 후 쥐들이 무서운 악몽을 꾼다는 연구 결과를 《네이처》에 발표했다. 연구팀은 쥐들을 우리에 넣고 투명한 장벽으로 두 집단으로 분리했다. 첫째 집단은 쥐의 몸에서 아주 예민한 부분인 발에 전기충격을 주어 물리적으로 고문했다. 둘째 집단은 투명한 장벽 너머로 첫째 집단이 고문당하는 장면을 억지로 보며 정신적 고문을 당했다. 전기충격의 강도는 10분마다 점점 강해졌고, 둘째 집단의 쥐들은 친구들이 펄쩍 뛰고, 몸부림치고, 비명을 지르고, 결국에는 고통으로 대소변을 마구 지리는 모습을 무력하게 쳐다보았다. 쥐들은 '모델화(과학자들이 동물이 자극에 반응하도록 길들이는 과정을 설명할 때 쓰는 용어)'될 때까지 이 끔찍한 물리적·정신적 폭력의 대상이 되었고, 시간이 흐른 후 마침내 고문실에서 풀려났다.[54]

그 자체로 악몽인 실험은 여기서 끝나지 않았다. 21일 후에 연구자들은 쥐들이 자신들의 트라우마의 장소를 기억하고 있는지 알아보기 위해서 같은 우리에 또 집어넣었다. 안에 들어가자마자 쥐들은 연구자들이 "완전히 꼼짝 못 하는 상태"라고 묘사하는 모습을 보였다. 녀석들은 움직이지도, 걷지도, 뛰지도 않았다. 비명을 지르거나,

깨물거나, 죽은 척하지도 않았다. 심지어 구석에서 웅크리거나 도망치려고도 하지 않았다. 그냥 얼어붙었다. 그저 숨만 쉴 뿐, 녀석들의 모든 것이 석상처럼 바뀌었다.[55]

그리고 악몽이 시작되었다.

잠이 든 쥐들은 끔찍한 꿈을 꾸는지 중간중간 겁에 질려서 깼다. 연구자들은 이 행동을 '놀람각성startled awakening'이라고 이름 붙였다. 놀람각성으로 이어지는 순간의 EEG 분석을 보면 쥐들은 트라우마를 일으키는 기억으로 인해 악몽을 겪는다. 수면주기 도중에 녀석들은 그리 멀지 않은 과거의 기억을 되찾아 꿈의 형태로 재연하는 것으로 보인다. 기억이 감정적으로 고통스러웠기 때문에 그 회상은 편도체를 활성화해 날카로운 두려움을 불러일으킨다. 기억이 감정적으로 너무나 해로워서 쥐에게서 일반적으로 편도체를 정상 범위로 유지하는 신경회로가, 특히 변연계 아래와 측대상피질이 망가져서 '탈억제' 또는 '기능항진' 편도체로 바뀐다. 이 탈억제 결과, 쥐는 그냥 두려움을 느끼는 것이 아니라 축적되는 두려움을 느낀다. 이것은 줄어들 기미 없이 빠르게 커지는 두려움을 말한다.[56]

정상적인 상황이라면 쥐는 이 축적되는 두려움에 '투쟁-도피' 체계를 활성화해 대응한다. 그러나 트라우마로 이 체계마저 망가진 쥐는 높은 경계태세에 사로잡혀 현재 환경에 투쟁하거나 도피하는 방식으로 대응하지 못한다. 《몸은 기억한다》에서 네덜란드의 정신과 의사 베셀 반 데어 콜크Bessel Van der Kolk는 생물체가 위협이 되는 것을 만나면 일반적으로 세 가지 반응을 할 수 있다고 설명한다. 먼저, 다른 개체들에게 도움을 구하는 행동인 '사회적 참여'다. 이 선택지가 실패하면, 특히 위협이 심각하고 즉각적인 경우에 생물체는 다음으로 '투쟁-도피' 반응을 할 수 있다. 불행하게도 상황이 굉장히 위급해서 투쟁할 수도, 도피할 수도 없는 경우, 생물체는 마지막으로 '궁극적인 긴급 메커니즘'을 발동하는 수밖에 없다. 이것은 살아남기 위한 마지막 수단으로 "(상황에서) 분리되고, 쓰러지고, 얼어붙어서"[57] 효과적으로 자신을 정지시킨다.

이것이 유빈의 실험에서 쥐들에게 일어난 일이라고 나는 생각한다. 우리에 다시 들어가면서 트라우마가 떠오르자 쥐들의 몸은 비자발적으로 갑작스러운 정지 상태가 되었다. 그리고 수면 중에 정신적 반복으로 트라우마가 다시 떠오르자 그들은 인간 관리자들이 '긴급 상황'이라고 설명하는 상태에 들어갔다. 상황이 너무나 끔찍해서 쥐들은 충격에 빠져 부들부들 떨면서 깨어나는 수밖에 없었다.[58] 이 모든 일 중에서 가장 슬픈 것은 이 불쌍한 동물들이 악몽에서 깨어난다고 해도 트라우마로부터는 결코 '깨어나지' 못할 것이라는 점이다. '모델화'되고 나면 그들의 삶의 가능성은 쪼그라들다가 완전히 없어진다. 그리고 그때부터는 오로지 한 가지 일밖에 할 수 없다. 남은 평생 자신들이 당한 잔인한 일을 재연하는 꿈을 꾸거나 깨어나는 것 사이에서 왔다 갔다 하는 것이다.[59]

이 악몽 같은 실험은 과학이라는 이름으로 동물을 학대하는 우리의 무시무시한 집단적 의욕을 드러낼 뿐 아니라 트라우마가 생물의 감정적 형태를 망가뜨려서 생물이 심리적 외상 후 스트레스 장애(PTSD)의 행동 징후를 나타낼 정도가 된다는 것을 알려준다. 이 징후에는 괴로운 기억 회상하기, 갑작스러운 플래시백, 기억을 자극하는 것에 노출된 후에 나타나는 감정적 고통, 수면장애, 수면 중의 예민한 놀람 반응, 만성적인 악몽 등이 포함된다.[60] 특히 악몽은 동물에게 감정적으로 상처를 입히고 그들의 인지 기능을 저해할 수 있다. 계속되는 반복으로 고통스러운 기억이 강해지기 때문에 악몽은 동물이 부적응 수면 패턴을 갖게 될 가능성을 높이고, 이로 인해서 동물은 집중력을 잃고 깨어 있는 동안에도 꼼짝 못 하는 경우가 많다.[61] 캐나다의 정신과 의사 로런스 커메이어Laurence Kirmayer는 트라우마와 악몽의 관계는 양방향성이라서 "트라우마가 악몽을 일으키고, 악몽은 트라우마에 관한 생각을 더 증가시킨다"고 말한다.[62]

이런 치명적인 심리적 반복의 늪에 빠지는 것은 비단 설치류만은 아니다. 코끼리도 비슷한 운명에 고통받을 수 있다. 심각한 트라우마적 사건, 예컨대 밀렵꾼들이 어미를 도살하고 전기톱으로 엄니를 자르는 모습을 보는 등의 일을 겪은 어린 코끼리들은 이 끔찍한 모습을 자신들의 장기기억에 저장한다. 그리고 나중에 전혀 원치 않을 때 PTSD라고밖에 말할 수 없을 정도로 발전한 이 기억들을 떠올린다.[63] 이 기억들은 "낮에도 (플래시백의 형태로) 그들을 괴롭히고, 종종 밤에도 악몽과 야경증 형태로 되돌아와서 어린 코끼리들에게 재차 정신적 외상을 입힌다".[64]

악몽은 어린 코끼리들을 원래의 트라우마적 사건으로부터 빠져나올 수 없는 끔찍한 주기 속에 잡아두어 감정적 안정을 파괴한다. 제프리 무세이프 메이슨Jeffrey Moussaieff Masson은 이런 트라우마의 영향을 자신의 책《코끼리가 울고 있을 때》에서 이렇게 전한다.

동물 훈련사들은 공포가 동물들의 꿈속으로 돌아올 수 있다는 사실을 인정하려 하지 않는다. 하지만 케냐의 '코끼리 고아원'에서 내놓은, 가족이 밀렵꾼들에게 살해되고 엄니가 몸에서 잘리는 것을 목격한 어린 아프리카코끼리에 대한 보고서가 있다. 이 어린 동물들은 밤에 비명을 지르며 깨어난다. 심각한 트라우마의 기억을 보이는 악몽 말고 무엇이 이 야경증을 일으킬 수 있겠는가?[65]

동물 감정 전문가인 생물인류학자 바버라 킹Barbara King은 케냐의 나이로비국립공원 아기코끼리 보호소에 들어온 고아 코끼리 응둠의 삶을 이야기해준다.

(응둠은) 케냐에서 가족과 함께 야생으로 살던 아기코끼리다. 가족이 숲에서 작물 씨앗을 뿌려놓은 지역으로 갔을 때 코끼리떼는 공격을 당했고, 창과 화살을 던지는 성난 농부들에게 여럿이 살해되었다. 응둠은 간신히 도망쳤다. 하지만 근처에서 어린 코끼리가 난도질당하는 것을 보고 그 충격과 자신이 입은 창상으로 고통을 겪었다. 응둠은 나이로비 외곽의 데이비드 셸드릭 야생동물 트러스트라는 코끼리 보호구역으로 옮겨졌다. 공격 당시 생후 3개월이었던 응둠은 트러스트에 도착한 후에 죽은 엄마를 그리며 울고 소리쳤다. 잠도 잘 자지 못했다. 보호구역의 전문가들은 응둠이 꿈속에서 공격당할 때의 트라우마를 되풀이한다고 생각했다. 그러고 나서 응둠은 우울해졌다.[66]

케냐 나이로비의 아기코끼리 보호소에 있는 고아가 된 새끼들은 밤이면 악몽으로 잠에서 깨서 상아 밀매업자들이 엄니를 자르려고 죽인 자신들의 어미를 찾아 주위를 돌아다닌다. 이 새끼들 다수는 심각한 우울증을 일으킨다.

밤에 응둠은 굉장히 불안해하고 슬퍼하면서 요란하게 소리를 질렀다. 결국 관리자가 와서 녀석을 수면구역에서 내보내주면 어둠 속을 돌아다니면서 절대로 찾을 수 없는 어미를 다급하게 찾았다.[67] 코끼리의 악몽에 관한 비슷한 내용의 보고서들이 잠비아의 남부 루앙와국립공원 코끼리 재활센터 같은 다른 보호구역에서도 나왔다.[68]

비인간 영장류에서도 똑같은 일이 벌어진다. 1970년대와 1980년대에 스탠퍼드대학교에서 고릴라에게 수화ASL를 가르쳐서 유명해진 미국의 심리학자 프랜신 "페니" 패터슨Francine "Penny" Patterson은 자신이 돌보던 고릴라 중 한 마리였던 마이클이 어린 시절의 트라우마로 악몽에 시달리던 이야기를 해주었다. 녀석은 종종 한밤중에 비명을 지르며 깨어났고, 그 직후에 패터슨에게 "나쁜 사람들이 고릴라를 죽인다"라고 수화를 하기도 했다.[69] 케냐와 잠비아의 새끼들처럼 마이클도 어릴 때 어미의 죽음을 목격했다. 이번에도 카메룬의 야생동물고기 밀렵꾼들의 짓이었고, 그들은 나중에 마이클이 세 살도 되지 않았을 때 산 채로 팔아넘겼다. 마이클이 다 자란 후 "네 엄마에 대해서 우리에게 이야기해주겠니?"라고 묻자 마이클은 다음 순서대로 수화로 대답했다.

> 짓누르다, 고릴라 입, 이
>
> 울다
>
> 날카로운 소리, 시끄럽다
>
> 나쁘다
>
> 생각한다-곤경
>
> 본다-얼굴, 자른다, 목, 입술, 여자, 구멍.[70]

패터슨은 마이클이 오랫동안 "노동하고 나무를 자르는" 남자들을 두려워했다고 전한다.[71]

동물 연구학자 콘셉시온 코르테스 줄루에타Concepción Cortés Zulueta는 마이클의 긴 수화를 비인간 '트라우마 선언'으로 해석했다. 이것은 어린 나이에 어미를 잃은 영장류가 남은 평생 생리적·행동적·심리학적 장애를 갖고 산다는 비교심리학에서 나온 증거와 일치한다.

철학자이자 여러 종에 관해 어머니-유아 관계 전문가인 정신과 의사 마리아 보테로Maria Botero는 어미를 잃는 것이 어린 영장류에게는 세상이 무너지는 것 같을 수 있다고 주장했다.

> 어미의 부재는 고아의 삶 전체에 다양한 행동적·신경생리학적 영향을 미칠 수 있다. 여러 종에서 고아는 성장, 생식 능력, 수명이 감소할 수 있고, 건강, 사회적 지위, 불안행동 같은 감정적 발달에 부정적인 영향을 겪게 되며, 놀이와 다른 사회적 반응이 줄고 무기력증, 몸 흔들기, 털 잡아뽑기 같은 비정상적인 행동이 늘어나며, 성공적인 사회적 교류를 하는 능력에 영향을 받는다.[72]

이런 영향은 마이클처럼 "야생동물고기 사냥과 야생동물 거래의 결과로 고아가 된"[73] 영장류에서 특히 뚜렷하고, 마이클처럼 나중에 동종에게서 고립되어 장기간 잡혀 있었던 영장류에서 더욱 심각하다.[74]

동물에게 악몽이 음울하고 공포로 가득할 수 있다는 사실은 그들의 정서적 삶에 관해 심오한 질문을 제기한다. 해가 떨어지고 나면 끔찍한 환영에 시달리는 동물이라면 누구든 과거의 중요한 사건들을 장기기억에 저장할 능력이 있을 것이고, 이 사건들을 나중에 회상할 수 있으며, 그와 관련된 두려움, 공격성, 공황, 불안, 공포 같은 강한 감정들을 겪을 수 있을 것이다.[75] 이런 감정들은 이 동물들이 잘 살기 위해 필요한 사회적 애착관계의 살아 있는 증거다. 무엇보다도 이 감정들은 그들의 삶을 정리하고, 그들의 세상 경험에 의미와 구조를 부여하는 정서적 발판에 초점을 맞추게 만든다.

이 사실들에 압도되지 않기는 힘들 것이다. 우리는 인간 과학자들이 뇌리에 깊게 심어둔 공포에 시달리는 쥐들, 엄마 없는 생활이라는 회색빛 미래를 마주하고 한밤중에 비명을 지르며 깨는 아기 동물들, 인간의 탐욕에 큰 상처를 받고 카메룬인 야생동물고기 밀렵꾼들에 대한 원초적 공포를 캘리포니아 팰로앨토의 대학교 직원들에게 전달한 고릴라에 관한 이야기를 살펴보았다. 이는 먹이가 뱃속에서 완전히 소화될 때까지 뒤쫓아가서 사냥하는 수준의, 너무나 충격적인 종류의 감정적 손상이다. 심지어 이 모든 일이 꿈속에서 일어난다.

메타인지적 의식:
동물이 자각몽을 꿀 수 있을까?

꿈을 꿀 때 우리는 대체로 우리 앞에 실제 삶의 단편처럼 사건들이 펼쳐지는 것을 경험한다. 설령 그 꿈이 논리와 물리학의 가장 기본적인 법칙과 충돌하며 흘러간다 해도 말이다. 이것은 꿈이 우리 자신의 경험을 반영하는 능력을 감소시키고 우리가 꿈을 꾼다는 사실을 알아채지 못하게 만들기 때문이다. 이렇게 우리의 메타인지 방어막을 낮추는 것은 꿈 현상학에서 굉장히 눈에 띄는 특징이다. 17세기 이래 많은 철학자가 꿈을 인식론적 문제로, 순수한 지식을 향하는 길에서 넘어야 하는 장애물로 해석하려 했다. 데카르트가 1641년《제1철학에 관한 성찰》에서 궁금해했던 것처럼, 우리가 깨어 있는지 꿈속에 갇혀 있는지 모르는 상황에서 어떻게 무언가를 확실하게 알 수 있을까? 우리의 감각이 우리의 적이 되고, 진실과 거짓, 꿈과 현실의 차이를 알 수 없게 모든 힘을 다해서 우리를 가로막는 것 같은데, 어떻게 우리 감각을 믿을 수 있을까?

이런 꿈의 측면이 더 깊은 분석에 도움이 되긴 하지만(특히 이것이 인간의 삶에서 합리성의 잠재적 중요성에 관해 도발적인 질문을 제기하기 때문에), 꿈을 꿀 때 우리가 언제나 프랑스 근대철학의 아버지를 괴롭히던 메타인지 장애 상태인 것은 아니다. 종종 우리는 꿈을 꾸는 와중에 우리의 메타인지 능력을 되찾고, 그 잠깐의 명료함 속에서 우리가 꿈을 꾸는 중이라는 사실을 자각한다. 데카르트와 동시대 철학자 중 한 명인 독일의 철학자 라이프니츠는 1668년《가톨릭의 증명 Catholic Demonstrations》에서 이렇게 설명한다.

"가끔씩 꿈을 꾸는 본인이 자신이 꿈을 꾼다는 것을 깨닫지만 꿈이 계속되는 때가 있다. 이때 당사자는 아주 짧은 시간 동안 깨어 있는 것처럼 생각할 수 있고, 곧 잠에 짓눌려서 이전 상태로 돌아가게 된다."[76]

이렇게 되면 꿈을 꾸는 사람은 '자각몽'[77]을 겪는다. 자각몽의 가장 두드러지는 현상학적 특성은 "자신이 현재 꿈을 꾸고 있다는 사실에 대한 메타인지적 통찰력"을 가졌다는 것이다.[78] 자각몽은 우리의 메타인지 능력을 저해하기는커녕 우리에게 더욱 예리한 정신, 경이, 심지어 자유까지 주었다. 그 속에서 우리는 "의문의 여지 없이 외적이고, 객관적이고, 물질적이고, 독립되었다고 생각한 세계가 실은 내적이고, 주관적이고, 비물질적이고, 의존적인 정신의 산물이라는 것을 대단히 명료하게" 보게 된다.[79] 수많은 꿈 전문가들이 자각몽에 관해서 이야기할 때 시적으로 칭송하고 '마술적'이고 '기적적'이라고 묘사하는 것도 놀랄 일이 아니다. 이 꿈은 우리의 정신을 꿈이 내린 환각의 베일에서 끌어내면서도 라이프니츠의 말처럼 "꿈이 계속되는" 존재의 황홀한 차원 속으로 우리를 데려가기 때문이다. 이 비현실적인 차원에서 우리는 생리학적으로는 잠든 상태지만 인지적으로는 깨어 있다.

이 절에서 나는 종종 인지의 예로 여겨지는 꿈속에서의 명료함을 경험하는 것이 인간에게 해로운지, 또 이것 역시 다른 동물들의 정신에 존재할 수 있는지를 고려하기 위해서 의식의 SAM 모형을 사용하려고 한다.

● 자각몽: 규칙의 예외

인지과학과 정신철학에서 자각몽은 메타인지의 예로 널리 받아들여진다. 메타인지는 자신의 생각에 관해 생각하거나 자신이 인식하고 있다는 사실을 인식하는 것과 같은 독특한 인식 형태를 뜻한다.[80] 이 주제에 관한 영향력 있는 논문에서 심리학자 트레이시 카한 Tracey Kahan은 이렇게 설명한다.

> 꿈이 계속되고 있는데 꿈을 꾸는 사람이 꿈을 꾼다는 걸 인식하는 종류의 꿈을 '자각몽'이라고 한다. … 꿈에서 명료하게 정신이 들려면 꿈속에서 일어나는 경험의 평가, 즉 '메타인지 모니터링'이라는

절차가 필요하다. 메타인지는 당사자의 생각 절차와 그것이 의도적으로 향하는 방향을 포함하고, 거기에 한정되지 않는다.[81]

카한의 해석에서 자각몽은 메타인지적 작업이다. 자각몽에서 꿈을 꾸는 사람은 자신들의 의도(즉, 정신적 초점)를 정신 상태의 내용에서 정신 상태 자체로 돌리기 때문이다. 다시 말해, 꿈을 꾸는 사람은 꿈속에 나오는 것들에 집중하는 것을 멈추고 이것들이 나타나는 방식, 그러니까 꿈에 집중하기 시작한다.

과학계는 인간만이 꿈에서 명료한 상태를 겪을 수 있다고 보는 편이다. 인간만이 자신의 생각에 관해 생각하고 자신의 인식을 인식하는 게 가능한 메타인지 행위자이기 때문이다. 인간이 아닌 다른 동물들은 평생 자신들의 정신 상태 '안에' 갇혀 살면서 '위에서 내려다보는' 것을 하지 못하는 형벌을 받은 제한된 정신 속의 죄수들이다. 이런 생각들이 행동 및 인지동물과학 분야에서 동물의 메타인지 능력의 증거가 점점 더 많이 나오면서 깨지기 시작하긴 했지만, 이 연구에 관련된 사람들은 동물의 메타인지 능력의 본질을 통찰하기 위해서 동물의 꿈을 살펴보려는 생각을 해본 적이 없다.

이유는 간단하다. 오랫동안 자각몽을 꾸려면 과학자들과 철학자들이 역사적으로 인간만이 가졌다고 칭송하던 이른바 '더 높은' 인지 능력, 특히 언어, 개념성, 합리성에 통달해야 한다고 생각했기 때문이다. 저급한 동물들이 그런 엄청난 고점에 도달할 것이라고 누가 예상했을까? 꿈 전문가 어설라 보스Ursula Voss와 앨런 홉슨Allan Hobson은 이렇게 설명한다.

> 우리에게는 꿈에서 명료한 정신을 갖는 동물 모델이 없다. 자각몽에서 관찰되는 것 같은 반성적 통찰력은 추상적 생각을 형성하거나 그런 생각을 보고하는 데 핵심적이라고 여겨지는 충분한 언어 능력을 필요로 한다고 여겨져 왔기 때문이다. 이런 이유 때문에 우리는 중대한 언어 능력이 부족한 인간 하위의 포유류들이 그들의 비언어적 꿈을 자각하거나 보고할 수 없다고 생각한다.[82]

주류를 대변하는 보스와 홉슨의 입장이 언어라는 주제에 전적으로 의존한다는 것을 알겠는가? 언어는 자각몽의 '반성적 통찰력'이라는 특징의 전제조건으로, 추상적 개념을 갖고 놀 수 있는 정신적 추상성의 세계로 우리를 데려간다. 언어가 없는 동물들은 이 추상성의 세계에 들어갈 수 없으므로 "꿈에서 자각할 수가 없다".[83]

통제 가능한 실험실 조건에서 어떻게 다른 종에서의 꿈속 자각을 연구할지 알 수 없으므로 우리에게 현재 꿈속 자각의 동물 모델이 없다는 건 부인할 수 없다. 하지만 여기서 핵심은 철학적인 부분이다. 왜 우리가 꿈속 자각을 뒷받침하는 정신적 과정에 대해 보스와 홉슨의 언어적 해석을 받아들여야 할까? 왜 꿈속 자각은 언어적 도식 외에서, 추상성, 개념성, 합리성이 존재하지 않는 곳에서 나타날 수 없는 걸까? 이 능력들이 꿈속 자각의 생명선인지 아닌지, 꿈속 자각이 이로부터 독립적으로 존재할 수 있는지 없는지를 결정하는 사람은 누굴까? 그리고 어떤 근거로 이런 결정을 내리는 걸까?

지금부터 나는 꿈속 자각에 관한 다른 방식의 생각들을 이야기해보려고 한다. 이 생각들은 꿈속 자각의 개념적 경험과 전前개념적 경험, 다시 말해서 꿈속 자각 그 자체와 그것을 종속시킬 수 있지만 꼭 그래야만 하는 건 아닌 무한한 인지 작용 사이를 대략적으로나마 비교하게 해준다.

●야누스의 얼굴을 한 꿈속 자각 이론

철학자 제니퍼 윈트와 토마스 메칭거는 꿈속 자각의 개념적 경험과 전개념적 경험 사이의 차이를 구분하고, 당대의 꿈 이론들이 그 사이의 경계를 흐린다고 비판했다. 그들은 이 경험들을 이렇게 설명했다.

> **A-꿈속 자각**('A'는 '주의'를 의미한다)은 꿈꾸는 사람이 자신이 꿈을 꾸고 있다는 사실을 '자발적 통찰력'으로 알아내지만 추가적인 인지적 활동이나 메타인지적 활동은 없는 경우다.
>
> **C-꿈속 자각**('C'는 '인지'를 의미한다)은 꿈꾸는 사람이 자신이 꿈을 꾸고 있다는 사실을 '자발적 통찰력'으로 알아내고 이 통찰력을 발판 삼아 개념적 판단, 합리적 추론, 언어적 기록 같은 추가적인 인지적 활동이나 메타인지적 활동을 하는 경우다.84

긴밀하게 관련은 있지만 이런 꿈속 자각 유형들은 뚜렷이 구분된다. 'A-꿈속 자각'은 꿈꾸는 사람이 자신이 꿈을 꾸고 있다는 것을 단순히 깨닫는 것이고, 'C-꿈속 자각'은 당사자가 이것을 깨닫고 그 통찰력을 기반으로 꿈속 세계에서 벌어지는 일을 자발적으로 통제하거나, 자신의 정신 상태에 대해 추측하거나, 심지어는 '여기는 꿈속이야'와 같은 의식적인 판단을 하는 등 더 명료하게 인지 활동을 하는 것이다. 'A-꿈속 자각'에서 꿈꾸는 사람은 주의를 기울인다. 'C-꿈속 자각'에서 꿈꾸는 사람은 주의를 기울이고, 인식한다.

윈트와 메칭거는 이 두 유형의 꿈속 자각의 관계가 단방향 흐름이라고 여긴다. 이 말은 'C-꿈속 자각'의 모든 사례가 필연적으로 'A-꿈속 자각'에 포함되지만, 그 반대는 성립하지 않는다는 뜻이다. 그들이 해석하기로 다른 연구자들이 탈선하는 곳은 그들이 실험실에서 연구하는 꿈, 즉 정상적인 성인의 꿈이 대체로 주의 요소와 인지 요소를 포함하고 있으므로 이 두 요소가 모든 자각몽에서 발견되어야 한다고 추측하는 부분이다. 불행히도 이 추측은 철학자들이 "부분전체의 오류"라고 부르는 실수를 저지른다. 이는 결과적 특성에서 유래된 것을 겨우 일부분만 들어맞는 전체 집단에 적용하려 하는 것이다. 몇몇 꿈 연구자는 일부 자각몽에서만 사실인 것이 모든 자각몽에서 사실일 것이라고 생각해서 'A-꿈속 자각'과 'C-꿈속 자각' 사이의 관계를 양방향 흐름으로 보는데, 이것은 명백한 실수다. 윈트와 메칭거가 말한 것처럼, 자각몽을 꿀 때 당사자는 주의를 기울이지 않고서는 인지할 수 없으나, 인지하지 않으며 주의를 기울일 수는 있다. 이것이 바로 'A-꿈속 자각'이다. 이것은 인지가 없는 꿈속 자각이다. 언어나 개념, 이성이 없는 꿈속의 메타의식이다.

동물에서는 이 관계가 좀 더 까다롭다. 윈트와 메칭거는 'C-꿈속 자각'이 "자기주도적 개념 형성이 가능한 합리적인 생물"에게만 적용된다고 말했고, 그들이 보기에 거기에는 인간만 포함된다. 이런 부분에서 그들은 주류 관점을 따른다. 어떤 동물 대변인들은 이 결론이 성급하다고 생각하고, 윈트와 메칭거가 '개념'과 '합리'를 무슨 의미로 말한 건지 의아해할 수도 있다. 비교심리학에서 이미 다른 많은 동물이 추상적 개념을 형성하고 논리적 추론과 수학 계산을 포함한 합리적인 활동을 한다는 증거가 많이 나와 있기 때문이다.[85] 이 증거로 보면 오직 인간만이 자기주도적 개념을 형성할 수 있다는 사실은 확실하지 않다(물론 이 용어들을 어떻게 정의하느냐에 따라 달라질 수 있지만).

이런 견해는 동물을 성급하게 판단해서는 안 된다는 귀중한 지적이긴 하지만, 나는 살펴봐야 하는 또 다른 방향이 있다고 생각한다. 이런 세련된 꿈속 자각 유형에서 동물들이 제외된 것을 논하는 대신에 좀 더 관대한 유형(A-꿈속 자각)에 동물을 포함하는 것에 집중하면 어떨까? 동물이 꿈속에서 'A-꿈속 자각'을 경험한다는 사실을 받아들이는 것은 우리에게 어떤 의미가 있을까? 이것이 그들의 생각의 힘에 관해서, 좀 더 광범위하게는 메타인지 행위자로서의 그들의 위치에 관해서 무엇을 가르쳐줄까?

윈트와 메칭거는 'A-꿈속 자각'을 두 가지 방식으로 정의한다. 먼저 그들은 꿈꾸는 사람이 갑자기 자신이 꿈을 꾸고 있다는 걸 깨달았을 때 그가 'A-자각몽'을 꾸었다는 사실을 바탕으로 이를 "자발적 통찰력"이라고 규정한다. 설령 이 깨달음이 쭉 이어져서 인지적 활동이나 메타인지적 활동으로 이어지지 않는다 해도 말이다. 또 하나의 정의는 '자기성찰적 주의'이다. 'A-자각몽'에서 꿈꾸는 사람의 정신은 반으로 접혀서 각 절반이 주체와 객체가 된다. 이 접힌 상태에서 정신은 (자신의) 내면을 본다. 이 두 가지 이미지로 윈트와 메칭거는 꿈꾸는 당사자가 꿈을 꾸는 동안 자신의 내면 상태에 관심을 기울이고, 그럼으로써 이 상태를 새롭고 더 높은 층위의 정신 상태로 바꾸는 정신적 과정으로 'A-꿈속 자각'을 설명한다.

일반적인 기준에서 'A-꿈속 자각'에 관한 이런 설명은 별로 이상한 것이 아니다. 이상한 것은 윈트와 메칭거가 "이것은 많은 동물이 갖고 있는 것이다"라고 단언한 부분이다.[86] 그들의 눈에는 확실히 다른 많은 종들이 정신적 초점을 내부로 두고, 수면 중에 그들이 경험하는 마치 꿈과 같은 특성에 주의를 집중할 수 있는 것처럼 보이는 모양이다. 이 종들이 합리적 추론이나 추상적 개념 활용하기, 복잡한 정신적 판단 내리기 등 꿈을 꾸는 인간이 하는 인지적 재주를 한 번도 보인 적이 없다 해도, 이 경험에 관해 일종의 '통찰력'을 갖기도 한다. 불행히도 윈트와 메칭거는 이런 놀라운 정신 능력을 가진 동물이 어떤 종인지는 말하지 않는다. 그들은 그 말의 의미를 알려줄 생각 없이 무심코 이 말을 했을 뿐이기 때문이다. 하지만 상세한 설명이 부족하다고 해서 핵심을 놓쳐서는 안 된다. 여기서 핵심은 영향력 있는 두 명의 꿈 연구 전문가가 인간 외의 다른 종이 꿈이 진행되는 도중에 정신이 명료해지는 경험을, 카한이 '메타인지 모니터링' 범주에 넣었던 것과 똑같은 종류의 명료함을 얼마든지 경험할 수 있다고 믿는다는 점이다. 상세한 설명이 없다 해도 이것은 동물 의식의 철학이라는 관점에서 굉장히 급진적인 생각이다. 다른 동물들도 우리처럼, 심지어 꿈속에서도 자신이 인식했음을 인식하는 메타인지 행위자가 될 수 있다는 뜻이기 때문이다.

● 동물의 메타인지: 개념 판단부터 체화된 감정까지

대부분의 꿈 전문가들은 인간만이 자각몽을 꿀 수 있다고 확신한다. 꿈에서의 자각은 항상 두 순간으로 규정되기 때문이다.

1. 분리의 순간: 꿈꾸는 사람이 빠져들어 있던 지각의 장에서 한 걸음 물러나서 장 전체를 관찰하고 당사자의 의도로 방향을 재설정하는 것.
2. 판단의 순간: 꿈꾸는 사람이 추상적 개념하에 명확하고 자세한 사실들을 받아들여 정신적 판단에 이르는 것(예컨대 '이건 꿈이야' 같은 것).

이 해석이 흥미롭다고 생각할지 모르지만, 나는 이것이 '판단'이라는 개념처럼 명확하기보다는 오히려 애매하게 느껴지는 철학적 의미가 가득한 개념에 의존하고 있다는 것이 우려스럽다. 많은 오늘날의 학계 철학자들은 '판단'이라는 용어를 사용할 때 동물을 우선적으로 제외한다. 왜냐하면 이것은 '주어+서술어'라는 명제 구조를 가진 주관적 사고를 의미하기 때문이다.[87] 동물은 주어와 서술어로 명제를 만들지 않기 때문에 정신적 판단을 내릴 능력이 선천적으로 없는 것으로 여겨진다. 동물의 수면 연구나 꿈 과학을 잘 모르면서도 이 철학자들은 동물이 자각몽을 경험할 수 있다는 사실을 단정적으로 부정한다. 하지만 우리는 이런 질문을 던져야 한다. 이런 부정은 어디에서 기인한 걸까? 현상을 신중하게 고려한 연구에서 나온 걸까? 아니면 많은 의미를 가진 철학적 개념을 비판 없이 받아들인 데서 나온 걸까? 여기에서 작용하고 있는 건 이론일까, 용어일까?

사태의 심각함을 깨닫기 위해 '판단'이라는 말을 '감정'이라는 말로 바꾸면 어떻게 될까 생각해보자. 우리는 꿈속 자각에 관한 새로운 설명이나 개념을 많이 갖게 되는데, 이것들은 금세 윈트와 메칭거의 'A-꿈속 자각'과 비슷해지기 시작한다. 새로 수정된 내용에 따르면, 동물들도 자각몽을 꿀 수 있다고 말할 수 있다.

1. 분리의 순간: 당사자가 빠져들어 있던 지각의 장에서 한 걸음 물러나서 장 자체에 주목하게 된다.
2. 감정의 순간: 감성적이고 구체화된 방식으로, 이 장이 잠에서 깼을 때 지각하는 장과 어딘가 다르다는 것을 감지하게 된다.

이 감성적이고 구체화된 감정이 판단이라는 인지적 행위를 대체하게 되면, 동물들이 꿈속 자각을 어떻게 경험할 수 있을지 이해하기가 더 쉬워진다. 설령 동물들의 세상에 대한 경험이 언어나 개념, 합리성의 중재를 받지 않는다 해도 말이다. 여기서 꿈속 자각은 자연스럽게 꿈을 꾸는 동안 동물의 정신적 삶을 지배하는 전개념적·전인지적 감정으로 나타난다.[88]

이 감정은 어떤 느낌일까? 확실하게 말하는 건 불가능하지만, 그럴듯한 시나리오는 써볼 수 있다. 동물은 각성 지각의 장을 잘 알기 때문에 꿈에서 일어나는 일처럼 장의 무언가가 잘못되었으면 본능적으로 알아챈다. 어쩌면 꿈의 내용이 경고의 깃발을 들 정도로 괴상할 수도 있다. 어쩌면 그 내부 구조가 다른 반응을 촉발할 정도로 이상할 수도 있다.[89] 어느 쪽이든 이 지각의 부조화적인 감정은 동물들에게 꿈의 내용보다 꿈의 상태에, 분리의 순간에 주목하도록 유도할 수도 있다. 여기에 더해서 동물들이 이 지각의 장이 깨어 있을 때와는 다르다는 사실을 전개념적 단계에서 이해했다면, 이 깨달음이 '자발적 통찰력'을 가져올 수 있다. 이것이 동물에게서 꿈속 자각이 분명해지는 방식일 것이다. 판단이라는 개념적으로 꽉 찬 행위보다는 그들의 현상적 경험에 빠진 것, 뭔가 들어맞지 않는 것이 있다는 직감에 더 의존한다. 철학자 마크 롤랜즈Mark Rowlands는 많은 동물이 '뭔가 일어나고 있다'[90]는 것을 알기 위해서 복잡한 정신적 판단을 하는 걸 원치 않는다고 말한다.

명확히 하자면, 나는 동물이 자각몽을 **자각몽으로서**, 즉 'C-꿈속 자각'의 영역으로 경험한다고 말하고 있는 것은 아니다. 사실상 나는 동물들이 'A-꿈속 자각'을 겪는다는 말조차 하지 않았다. 동물의 꿈속 자각이라는 가설은 추측일 뿐이고, 이것을 이야기할 때는 확실한 근거가 없다는 걸 나도 안다. 하지만 이 가설은 많은 사람이 생각하는 것처럼 그렇게 설득력 없는 건 아닐 수도 있다. 거기에는 몇 가지 이유가 있다. 첫째, 우리가 이미 본 것처럼 동물의 꿈속 자각을 인정하는 과학적 근거를 가진 꿈 이론들이 있다.[91] 둘째, 빠르게 증가하는 동물의 메타인지에 관한 문헌들은 많은 종들이 자각하고 있다는 징후를 보인다는 것을 말해주고 있다.[92] 그렇다면 문제는 더 이상 동물에게 메타의식이 가능한지 아닌지의 여부가 아니라 미셸 주베가 말한 것처럼 메타의식이 "잠이라는 미궁 속에서" 가능한지 여부다. 셋째, 기능적 신경해부학 연구는 많은 동물, 특히 포유류가 인간에게 자각몽을 꾸게 만드는 부분, 특히 배측면 전전두피질과 진화적으로 동등하거나 기능적으로 유사한 뇌구조를 갖고 있음을 증명했다.[93]

여기에 우리는 또 다른 관찰 결과를 덧붙여야 한다. 동물의 꿈속 자각을 의심하는 사람들조차도 이 점에 대해서는 각기 말이 다르다. 앞에서 인용했듯이, 보스와 홉슨은 동물은 언어가 없고 언어는 추상적 생각의 전제조건이기 때문에 꿈속 자각의 '동물 모델'은 없다는 자신들의 믿음을 바꾸지 않았다. 하지만 초기 논문에서 그들은 완전히 다른 이야기를 했다. 몇몇 동물들, 특히 조류와 영장류는 실제로 수면 중에 '인식함을 인식'하는 경험을 할 수 있다고 주장했던 것이다.[94] 왜 그들이 생각을 바꾼 건지는 모르겠지만, 그들의 초기 판단이 옳다는 결론이 나온다면 그것은 동물의 정신에 관한 우리의 생각을 엄청나게 바꿔놓을 것이다. 그것은 저기 어딘가에 우리처럼 꿈에서 깨는 것이 아니라 꿈속에서 깨는 다시 말해 꿈꾸는 중이라는 걸 알면서 꾸는 자각몽에서 깨는 생물이 있을지도 모른다는 뜻이기 때문이다. 어쩌면 미국 남서부의 초원 위를 나는 까마귀나 콩고강 북쪽의 숲을 돌아다니는 침팬지, 오스트레일리아 북부지역의 평원에서 먹이를 나오게 하려고 불을 사용하는 솔개일 수도 있다. 이 생물들은, 라이프니츠의 말을 마지막으로 한 번 더 인용하자면, "꿈이 계속되는데도" 불구하고 꿈이 걸어놓은 환각의 베일을 걷을 수 있는 생물이다.

꿈 접근법의 장점

이 장에서 우리는 동물의 의식에 관한 가설을 향해 몇 걸음 더 전진했다. 폴 맨저와 제롬 시걸이 "수면 중 정신 상태"[95]라고 명명한 주관적·정서적·메타인지적 역학에 주목함으로써 우리는 동물의 정신을 더 깊이 이해하는 방법을 찾았고, 동시에 독단의 잠 속에 있던 동물 의식에 관한 현대 이론들을 꺼내어 살펴보았다. 이제 그 결론으로 이 꿈 접근법의 두 가지 장점을 이야기해보려고 한다.

첫째, 이 꿈 접근법은 동물의 의식에 관한 가장 흔한 이의 중 하나를 피하게 해준다. 나는 이 이의를 "행동주의의 축소"라고 부른다. 이것은 우리가 동물의 행동을 의식적 자각의 증거로 쓸 수 없다는 주장이다. 동물의 행동은 외적 자극에 대한 무의식적 반응에 지나지 않기 때문이다. 즉 내부 반사신경, 진화적 본능, 또는 배워서 익힌 연상을 바탕으로 하는 반응이라는 뜻이다. 예를 들어, 내 개 오사는 내가 집에 오면 항상 꼬리를 흔든다. 나를 봐서 기쁘기 때문이다. 꼬리를 흔드는 것은 오사의 환경, 진화적 혈통, 또는 과거의 경험 어딘가에서 촉발된 확고하고 예측 가능한 반응이다. 어쩌면 이것은 오랜 시간 고립되어 있던 개가 다른 동물들을 만났을 때 행동하는 방식일지도 모른다. 어쩌면 개들은 인간 주위에서 이런 식으로 행동하도록 진화되었을 수도 있다. 오사가 나의 존재와 보상, 예를 들어 쓰다듬거나, 먹이를 주거나, 산책을 데리고 나가는 것을 결부시키게 되었는지도 모른다. 어느 쪽이든 "내가 들어올 때 오사가 꼬리를 흔드는 것을 보면 오사가 나를 보고 기뻐하는 것이다"라고 말하는 것은 얼마나 타당할까?

이런 설명을 따르면, 오사는 외부세계의 힘에 좌지우지되는 꼭두각시 같은 존재로 축소된다. 오사는 행동하지 않는다. 행동을 당한다. 오사는 생각하지 않는다. 자극을 처리한다. 오사는 긍정적이거나 부정적인 감정을 느끼지 않는다. 보상과 벌에만 응답한다. 이런 축소가 위험한 것은 동물의 행동을 **행동주의** 방식으로 해석할 가능성이 항상 존재하기 때문이다. 행동주의 방식은 정신적 표상이나 내적 현상학에서 한참 떨어져 있다. 배경에 관한 가정과 이론적 약속에 따라서 살아 있는 생명체의 아주 복잡한 행동조차 간단하고 예측 가능한 반응으로 축소시킬 수 있다. 그 와중에 잃게 되는 것들에 괘념치 않는다면 말이다.

하지만 꿈을 꾸는 것은 이 축소를 일으키는 개념 기계 안에 렌치를 던지는 것 같은 일이다. 개가 공을 쫓는 꿈을 꾸거나 고양이가 적과 싸우는 꿈을 꾸는 것이 외부 자연의 명령에 반응하는 것이라고 진심으로 주장할 사람은 아무도 없을 것이다. 왜냐하면 이런 사례에서 반응할 만한 외부 자연은 없기 때문이다. 여기서 공과 적은 동물들이 순수한 정신력으로 만들어낸 내생內生 현상이다. 이것들은 이 동물들의 상상의 산물이다. 그렇기 때문에 여기에는 행동주의의 축소가 할 수 있는 것을 넘어서는 설명이 필요하다. 인지신경과학자 마르티나 판타니Martina Pantani, 안젤라 타지니Angela Tagini, 안토니노 라포네Antonino Raffone가 주장했듯이 꿈은 상상의 산물이다. 이는 내적 정신 상태 전체를 배제하려고 애쓰는 의식 이론들에게는 만만찮은

장애물이 된다.[96]

동물의 의식에 관한 꿈 접근법의 둘째 장점은 우리가 수많은 다른 종들과 공유하는 정신적 자유로 이끈다는 것이다. 평생 꿈 해석의 역사에 열렬한 관심을 가졌던 철학자 미셸 푸코는 우리의 꿈이 우리의 가장 근본적인 자유, 즉 **초월할** 자유를 전면에 내세운다고 주장했다.[97] 꿈은 우리를 직접적인 세계에서 간접적인 세계로, 내재의 영역에서 초월의 영역으로 밀어 보낸다. 푸코는 꿈이 "가상의 표지판 아래에 있는 초월적 경험"[98]이라고 말했다. 이것은 "가장 근원적인 형태의 인간의 자유"다.[99]

솔직히 말해서 푸코가 이것을 쓸 때 동물의 꿈을 염두에 두었던 것은 아니다. 그의 저서에서 동물 초월 이론 비슷한 것을 찾으려면 내용을 샅샅이 뒤져봐야 할 것이다. 하지만 그의 사고방식이 반인간중심주의적 꿈 이론에 들어간다는 걸 확인하는 것은 어렵지 않다. 실제로 우리는 푸코의 동향인 철학자 겸 신경학자 보리스 시륄니크Boris Cyrulnik의 저서에서 더 폭넓고 동물 친화적인 푸코의 주장을 찾아볼 수 있다. 2013년 프랑스 잡지 《르 코크에롱Le Coq-Héron》과의 인터뷰에서 시륄니크는 꿈은 생물체가 지금 여기에서 해방되는 "현실로부터의 탈출구"라고 주장하며 푸코의 뒤를 이었다. 그는 "꿈을 꾸는 생명체는 즉각성으로부터 벗어난다"라고 말했다.[100] 하지만 푸코와 다르게 시륄니크는 꿈의 초월성이 꿈꾸는 사람이 인간이라는 사실에 달려 있는 것이 아니라 꿈을 꾸는 행위 그 자체에 달린 것이라고 생각했다. 우리는 인간이기 때문에 초월하는 것이 아니라 꿈을 꾸기 때문에 초월하는 것이다. 그리고 고양이, 개, 기린 같은 복합

신경체계를 가진 다른 동물들도 그렇다. 그들도 자유로워지는 방편으로 꿈을 꾼다. 그들도 사르트르가 "창조성의 흐름"[101]이라고 부른 것, '무엇일까'를 부정하고 '무엇일 수 있을까'를 긍정하는 것으로 끝나는 흐름과 비슷한 것을 통해, 자는 동안 세상 전체의 유사품을 만든다. 간단히 말해서 그들도 "가상의 표지판 아래"에서 초월을 경험하는 것이다.

꿈이 인간과 비인간, '실존적'과 '생물학적', 초월과 내재 사이의 선이 흐려지기 시작하는 동물 연구의 한계 지점까지 우리를 밀어내는 것은 부인할 수 없다. 이 장에서 우리는 이 한계 중 세 가지, 주관성, 감성, 메타인지를 살펴보았다. 다음 장에서는 한동안 그 위를 조용히 맴돌고 있던 넷째 한계, 바로 상상력을 살펴볼 것이다. 로마의 철학자이자 시인 루크레티우스가 말했듯이, 꿈을 꾸는 것은 자신이 만든 상상의 형상, 멋진 우상들이 "박자에 맞춰 춤을 추는 것"[102]을 마음속에서 보는 것이다.

3장

상상력의 동물학

•

영혼 속의 이 음악이 얼마나 강렬한지!
이것이 무엇이고, 어디에 존재하는지,
이 빛, 이 영광, 이 환하게 빛나는 안개,
이 아름답고 아름다움을 만드는 힘.
- 새뮤얼 테일러 콜리지[1]

상상력의 스펙트럼

지금까지 우리는 꿈에 집중했지만, 꿈은 생물체의 정신적 삶의 나머지 부분에서 독립적으로 존재하는 것이 아니다. 실제로 꿈은 철학자 나이절 토머스Nigel Thomas가 "정신적 상상력의 다차원적 스펙트럼"[2]이라고 부르는 것, 즉 상상, 백일몽, 환영, 선명한 기억, 플래시백, 잠들기 직전이나 깬 직후에 나타나는 입면시 환각과 각성시 환각, 최면 환각, 상상놀이, 그리고 가끔은 심지어 각성 지각 활동까지 포함하는 넓은 범위의 의식 활동의 일부다. 이런 정신의 분출들은 각기 다른 신경을 바탕으로 하고 현상학적 형태도 다르지만, 이것만은 공통이다. 전부 다 상상력의 자손이라는 것이다. 꿈을 포함해서 이 모든 것들이 그들의 집이자 그들의 진실에서 찾을 수 있는 상상력의 더 큰 스펙트럼을 이야기하지 않고서는 논의할 수 없다. 푸코가 말한 것처럼, 가장 괴상하고 가장 단순한 꿈도 "새로운 지평선을 열 수 있다". 그것은 바로 상상의 지평선이다.[3]

불행히도 철학자들과 과학자들은 전통적으로 다른 동물들에게서는 상상의 징후를 보지 못했다. 그들 자신의 상상의 지평선이 너무 좁아서 다른 생물들의 상상력을 받아들일 만한 공간이 없기 때문인지도 모른다.[4] 동물 해방을 향한 전 세계적 운동에서 동물 대변인들이 사용하는 저서들을 쓴 푸코조차도 뻔뻔하게 상상력의 인간중심주의적 이론을 지지했다. 이런 능력들이 인간 존재의 주된 부분이라고 확신한 그는 무려 철학을 "상상력의 인류학"[5]으로 바꿀 것을 종용하기까지 했다.

우리가 동물의 꿈에 관해 지금 아는 것들을 고려할 때, 우리는 더 이상 상상력을 인간의 범위 안에 가두는 인류학적 이론을 지지할 수 없다. 우리에게 필요한 것은 인간세계를 넘어서는 이 능력의 움직임을 기꺼이 따라가고, 그 근원을 동물의 삶이라는 토양까지 추적하는 상상력의 동물학 이론이다. 이 장에서 나는 꿈과 다른 상상 행위, 특히 환각, 상상놀이, 백일몽이 아주 유사하다는 사실을 드러내기 위해 두 가지 사례 연구를 통해 이런 이론을 파고들 것이다. 그중 하나는 영장류에 관한 것이고, 다른 하나는 설치류에 관한 것으로, 인간만이 새뮤얼 테일러 콜리지Samuel Taylor Coleridge가 "영혼 속의 음악"이라고 말하는 상상력을 갖고서 삶을 헤치고 나아가는 생물체가 아니라는 깨달음을 줄 것이다.

사례 연구 1:
원숭이가 보고, 원숭이가 하고

1966년 심리학자 게이 루스Gay Luce는 국립정신건강연구소에 고용되어 미국보건교육복지부DHEW를 위해 〈수면과 꿈에 관한 현재의 연구Current Research on Sleep and Dreams〉라는 제목의 보고서를 썼다. 이 보고서는 수면 및 꿈 연구 분야의 당시 주요 경향을 조사하기 위한 것으로, 보고서의 목표는 불필요한 이중 연구를 막고 심리학, 정신의학, 생리학, 인류학 같은 여러 분야가 서로 협력하도록 고무하는 것이었다.

미국심리학회에서 기자상을 세 번이나 받은 루스는 시작부터 위엄 있는 글로 독자들을 끌어당긴다.

> 우리가 태어난 그 어둠과 우리가 끝나게 될 어둠 사이에 우리의 삶에서 매일같이 밀려왔다 물러나고 우리가 무력하게 굴복하는 어둠의 조수潮水가 있다. 삶의 3분의 1은 잠으로 소비된다. 깨어 있는 세계와 떨어져서 종종 꼼짝하지 않고, 마치 죽은 것 같은 모습으로 살아가는 듯한 대단히 독특하지만 지극히 신비로운 의식의 세계. 왜 모든 것이 잠을 잘까? 왜 동물들이 이 정지 기간에 돌입하는 것일까?[6]

그다음에는 '정신의 천문학자들', 특히 심리학자, 생물학자, 정신과 의사들이 당시 수면과 꿈을 어떻게 이해했는지에 관한 완벽한 그림을 보여준다. 이는 수면의 생리학에 관한 설명과 포유류의 수면

주기 구조, 수면 부족이 미치는 영향, 수면과 관련된 장애의 본질, 그리고 꿈의 추정상의 근원과 원인, 기능으로 가득하다.

●환각을 찾아서

루스는 보고서 80페이지쯤에 있는 'REM의 꿈 상태'라는 제목의 장 중간에 '동물의 꿈'이라는 작은 절을 넣어두고, 우리만이 이 "대단히 독특하지만 지극히 신비로운 의식의 세계"를 오가는 종이 아닐 수도 있다고 지적한다. 이 절에서 그녀는 동물이 자는 동안 깨어 있을 때의 삶의 재연을 경험한다는 최초의 실증적 확인이라고 할 수 있는 것을 설명한다. 1960년대 초에 피츠버그대학교에서 찰스 J. 본Charles J. Vaughan이 수행한 원숭이 환각 실험이다.[7]

본은 붉은털원숭이 한 무리를 감각차단부스에 한 마리씩 차례로 넣고 부스 안쪽에 설치된 화면에 영상이 떠오를 때마다 정해진 속도로 엄지손가락으로 바를 누르도록 훈련했다. 원숭이들이 바를 누르지 않으면 발에 전기충격을 주었다. 원숭이들이 시각 영상이 나타나면 '기준에 맞춰' 바를 누르도록 학습한 후에는 감각 무변화 기간이 주어졌다(각각 약 74시간에서 96시간을 유지했다). 그사이에는 어떤 것도 보지도, 듣지도 못한다. 시각적 자극이 플라스틱 각막 렌즈 삽입으로 차단되고, 백색소음기를 써서 주위 소음을 막았다. 원숭이의 가장 중요한 감각인 청각과 시각을 막고서 시각 영상을 보여주는 것과 관련된 행동이 갑자기 돌아오는지 보는 것이 계획이었다. 원숭이들이 감각이 차단된 동안 기준에 맞춰 바를 누른다면 그들이 어둠 속에서 루스가 말한 것처럼 '무언가를 본다'는,[8] 즉 시각적 환각을 경험하고 있다는 뜻으로 볼 수 있었다.

실험은 끝났지만, 본은 붉은털원숭이들이 깨어 있는 동안 환각을 본다는 증거를 전혀 찾지 못했다. 대신에 훨씬 흥미진진한 사실을 발견했다. 원숭이들이 자면서 '환각을 본다'는 사실이었다.[9] 당연하게도 감각 무변화 기간 동안 원숭이들이 잠이 든 적이 있고, 그때 원숭이 다수가 기준에 맞춰 바를 누르는 모습이 관찰되었다. 이것은 일종의 시각적 경험이 훈련된 반사작용을 유발했다는 뜻이었다. 이 행동은 REM 수면 동안에 일어났다. 루스는 이렇게 설명한다.

> 이 급속안구운동 기간에 원숭이들은 갑자기 빠른 속도로, 걷는 것처럼 재빠르고 규칙적으로 바를 누르기 시작했다. 가끔 녀석들은 바를 누르면서 얼굴을 찌푸리거나, 콧구멍이 넓어지거나, 숨을 깊이 들이마시거나, 심지어는 짖어대기도 했다. 아마도 이 급속안구운동 기간에 녀석들이 '무언가를 보았을' 것이고, 영상과 관련된 충격을 피하려고 했을 것이다. 고립 기간이 끝난 후에 원숭이들이 여전히 영상에 확실하게 반응하는지 확인하기 위해서 훈련 상황에서 시험해보았다. 연구자들은 깨어 있는 동안 딱 한 번 바를 누른 것을 확인했고, 그래서 환각에 관해서는 별로 데이터가 없지만, 원숭이들이 자는 동안 시각 영상을 경험한다는 증거는 대단히 강력하다.[10]

루스는 이것을 원숭이들이 "(자신들의 삶에 관한) 시각적 재연을 경험한다"[11]는 "아주 강력한" 증거로 해석했고, 우리가 "동물 의식의 내적 구조에 관해서" 얼마나 아는 것이 없는지 한탄하며 글을 마무

1960년대의 찰스 J. 본의 감각차단실험은 우연히도 붉은털원숭이들이 자면서 내생의 장면들을 경험한다는 것을 입증했다. 이 연구는 동물 수면의 현상학에 관해 중요한 질문들을 유발했지만, 동시에 심리 연구에 동물을 사용하는 것에 관한 윤리적 의문도 불러일으켰다.

리했다. 연구가 좀 더 이루어지면 이 내적 구조를 더욱 확실히 이해하게 될 것이라고 확신하며 그녀는 이렇게 말한다.

"어쩌면 그다음 단계로 원숭이들이 특정 영상이나 냄새에 반응하도록 훈련한다면 원숭이가 무슨 꿈을 꾸는지 알아내게 될지도 모른다."[12]

나는 본의 실험과 루스의 설명이 다른 종의 정신 표상에 관해 흥미로운 질문을 제기한다고 생각한다. 원숭이들이 감각 자극이 없는 상태에서 어떻게 시각적 영상을 자기 자신에게 정신적으로 표현했을까? 그리고 인지과학과 정신철학 분야의 많은 전문가가 명제적 언어가 정신 표상을 표현하는 전제조건이라고 생각한다는 것을 고려할 때, 언어가 없는 상태에서 녀석들이 어떻게 그런 정신 표상에 도달할 수 있었던 걸까? 이 동물들이 순수한 정신 표상을 만들어낸 적이 한 번도 없을까? 아니면 이 전문가들이 오해한 것일 수도 있을까? 그들의 인간주의 세계관 때문에 언어가 없으면 정신 표상도 존재할 수 없다는 착각을 한 걸까?

나는 풍부한 내적 삶을 위해 언어가 꼭 필요하다고 생각하지 않기 때문에 오해나 착각일 수 있다는 후자의 생각을 선호한다. 지금 우리에게 필요한 질문은 '언어의 틀 바깥에서도 사고가 구현될 수 있을까?'가 아니라 '사고의 현실화를 위해서 언어 말고 또 어떤 틀이 있을까?'다. 현상학 전문가로 의식에 대한 언어적 접근에 비판적인 철학자 디터 로마르Dieter Lohmar는 아주 재미있는 답을 제시했다.

● 영장류의 비언어적 설명

2007년 논문에서 로마르는 인간 능력에 대한 자아도취적 집착에서 탄생한 "세상을 묘사하는 유일한 방법은 언어라는 도구를 통하는 것'"이라는 케케묵은 개념을 넘어설 때라고 주장했다. 당연히 언어는 생물체가 세계를 묘사할 때 사용할 수 있는 하나의 도구지만, 유일한 것은 아니다. 인간도 자신의 환경을 '다양상poly-modally'[13]으로 묘사하며, 이 말은 동시에 여러 가지 묘사 방식을 사용한다는 뜻이다. 단어, 개념, 명제를 사용하는 '언어-개념적 양식', 상상력의 도움으로 시각 장면을 만드는 '장면 양식', 손짓, 신체 신호, 표정을 만들고 해석함으로써 작용하는 '몸짓 양식', 과거의 감정, 기분, 신체적 감각을 회상하는 '감정 양식' 등이다. 그는 인간은 이 모든 양식을 통해서 생각한다고 주장한다.

로마르는 정신 표상을 다양상으로 묘사함으로써 언어 없는 사고의 가능성을 열었다. 인간은 자신들이 사용할 수 있는 표현 양식을 아무것이나 단독으로, 또는 몇 개를 혼합해 사용해서 비언어적으로 세상에 관해 생각할 수 있기 때문이다. 예를 들어, 내가 시각 양식을 사용한다면, 방이나 풍경의 장면처럼 수많은 시각적 모습을 만들어낼 수 있다. 내가 이 양식을 감정 양식과 결합한다면, 강렬한 감정적 반응과 신체적 감정을 불러일으키는 시각적 장면, 예를 들어 범죄 장면이나 나에게 내적 평화를 주는 장소의 모습을 만들 수 있다. 아니면 몸짓 양식을 사용해서 다른 사람들과 내가 의사소통하는 시각 장면을 만들 수 있다. 누군가가 나에게 윙크를 하거나, 머리를 흔들거나, 집게손가락으로 나에게 어떤 것을 가리키는 등의 모습이다. 이 모든 장면에 언어적 내용이나 언어적 구조가 없다 해도 일종의 정신 표상이라는 사실은 남는다고 로마르는 말한다. 이것들이 특정한 물리적·감정적·사회적 현실을 표현하는 한 나에게 의미가 있는 생각으로 유지되는 것이다. 언어적 질서에 속하지 않았어도 이 장면들은 내가 세상을 이해하고, 그 안에서 나의 자리를 파악할 수 있도록 도와준다.

내 목적을 위해서 로마르의 이론의 두 가지 측면을 확실하게 설명해야 할 것 같다. 첫째, 로마르는 자신의 이론이 인간부터 여우원숭이까지, 존재하는 300종 이상의 영장류들에 적용되는 영장류 표상 이론이라고 단호하게 말한다.[14] 둘째, 그는 영장류가 관련된 외적 자극 없이도 이 표상 양식들을 무엇이든 사용할 수 있다고 말한다. 예를 들어, 붉은털원숭이는 주변에 없어서 감각을 통해 받아들일 수 없는 물체를 시각 양식을 사용해 시각화할 수 있다. 같은 이유로 고릴라도 시각·감정·몸짓 양식을 이용해서 한 무리의 고릴라들이 서로 털을 고르는 모습이나 우두머리 수컷 둘이 싸우는 장면을 상상할 수 있다. 물론 이 표상을 영장류가 어떻게 다르게 경험하는지는 그들의 의식 상태에 좌우된다. 그들이 깨어 있으면 표상은 시각적 영상이나 백일몽의 형태를 취할 것이다. 그들이 자고 있다면 표상은 꿈이나 악몽의 형태를 취한다.

이것이 붉은털원숭이들이 본의 실험에서 한 일인 것 같다. 그들은 자면서 시각 및 감정 모드를 작동했고, 결과적으로 시각적·감정적으로 풍성한 정신적 영상들을 보게 되었다. 우리는 이 영상들이 시각 요소를 가졌다는 것을 안다. 원숭이들이 오로지 시각 자극과 연결하도록 배운 특정 반응(바를 누르는 것)을 보였기 때문이다. 또한 우리는 그들이 감정 요소도 가졌다는 것을 안다. 깊은 호흡, 넓어진 콧구멍, 인상 찌푸리기 같은, 흥분을 나타내는 생리학적·인상적 지표들을 보여주었기 때문이다. 이 행동을 모건 준칙에 따라 그들의 얼굴 근육이 '움찔거렸다'고 묘사할 수도 있겠지만, 이 가장 단순한 설명으로는 행동의 복잡성을 전혀 해명하지 못한다. 좀 더 합리적인 설명은 원숭이들이 꿈속에서 각성 상태에서의 경험을 재연한다는 것이다. 어쩌면 그들은 각성 상태와 똑같은 종류의 고립을 겪는 꿈을 꾸고 있고, 어쩌면 이 재연으로 원래의 경험과 연결된, 똑같은 부정적인 감정이 되살아났는지도 모른다. 예를 들어, 발에 전기충격을 받게 될 것을 예상하는 스트레스, 감각차단부스에서 느꼈던 밀실공포, 실험실에 잡혀 있는 데서 오는 좌절감 등이다.[15] 어느 쪽이든 이 사례는 토머스의 정신적 상상력 스펙트럼에 속한 두 요소 사이의 관련성을 강조한다. 그 두 가지는 환각(본이 찾으려 했지만 찾아내지 못한 것)과 꿈(그가 찾을 생각이 없었으나 찾은 것)이다.

●꿈, 상상놀이, 환상

심리학자 로버트 쿤젠도르프Robert Kunzendorf는《의식적 감각, 의식적 상상, 자아감의 진화On the Evolution of Conscious Sensation, Conscious Imagination, and Consciousness of Self》에서 본의 연구를 논하고, 로마르와 마찬가지로 다른 영장류의 꿈은 아마도 다른 정신 활동들과 똑같은 활동의 연속선상에 있으며, 영장류의 의도성을 확고한 현실 영역에서 좀 더 형태가 없는 가능성의 영역으로, 예컨대 각성 상상 같은 것으로 전향시킨다는 결론을 내렸다. 그는 본의 연구에서 붉은털원숭이들이 보인 주기성과 REM을 가리키며 개념적으로 꿈과 각성 상상을 가르는 것이 얼마나 어려운지 상기시킨다.

주기성과 안구운동 둘 다 통계적으로 꿈뿐만 아니라 각성 상상과도 연관이 있다는 사실은 대단히 중요하다. 윌리스와 코코츠카의 주기성 연구(1995)에 따르면, 각성 시 시각적 상상의 선명함은 하루 동안 강해졌다 약해졌다를 반복한다고 한다. 아마도 꿈 주기와 신경체계의 24시간 리듬에 맞추기 때문일 것이다. 랭과 테오도레스쿠의 안구

> 운동 연구(2002)는 이전에 본 자극의 각성 상상 때 인간의 안구운동은 처음 그 시각적 자극을 인지하는 동안의 안구운동을 '재연하는' 경향이 있다고 보고한다. 게다가 시마, 슐테이스, 바르코프스키의 연구(2013)에서는 사람들이 공간탐색 과제를 풀 때도 자발적인 안구운동을 보이지만, 과제를 푸는 동안 시각 영상을 떠올리는 경우에만 그렇고, 영상이 없는 상태라면 안구운동을 하지 않는다고 밝혔다. 비슷하게 우리는 온혈동물이 REM 수면 때 꿈을 꾸는 경향이 있을 뿐 아니라 깨어 있는 동안 상상을 할 수 있을 것이라고 예상한다.[16]

쿤젠도르프의 핵심은 처음에는 서로 전혀 공통점이 없을 것이라고 여겨졌던 정신 활동이었지만, 좀 더 조사하자 중대한 인지적·생리학적 유사성이 있음이 드러났다는 것이다. 예를 들어, 꿈과 각성 상상, 문제 해결 사이에는 큰 차이가 있지만, 이 활동 전부가 정신의 자동적인 영상 생성, 즉 주기적으로 일어나고 종종 REM으로 이어지는 과정을 바탕으로 하는 '시각적 구조'의 제작 활동이다.

쿤젠도르프는 동물들이 모든 방식으로 시각적 구성에 참여한다고 주장했고, 그 예로 상상놀이를 들었다. 상상놀이는 동물들이 실제로는 아니지만 '마치' 어떤 일이 일어난 것처럼 행동하는 것을 말한다.[17] 그는 영장류 동물학의 두 가지 사례를 인용했다. 유인원이 움직이지 않는 물체를 가상의 장난감처럼 이용한 일과 사진 속의 블루베리를 가짜로 먹는 척하는 걸 좋아했던 판바니샤라는 이름의 또 다른 유인원의 사례다. 연구자들은 판바니샤의 행동을 이렇게 설명한다.

> 판바니샤는 블루베리 사진에서 곧장 과일을 따서 '먹는다'. 판바니샤는 입을 사진에 대고서 입술을 다물고, 손을 들고 씹는 것 같은 입 모양을 한다. 이 행동을 몇 번 반복한 다음 판바니샤가 손가락으로 사진에서 '블루베리'를 따서 '받아먹는' 시늉을 했다. 존재하는 블루베리를 가시적 공간에 제시하는(예를 들면 사진에서 꺼내서 입으로 가져오는) 그녀의 정신적 표상을 확장해서 말이다.[18]

이 행동의 복잡성을 이해하기 위해서 판바니샤가 자신의 속임수를 상상놀이로 성공시키기 위해서 무엇을 해야만 했는지 순서대로 생각해보자. 첫째, 판바니샤는 사진 속에 있는 잉크 자국 같은 것을 진짜 블루베리 취급해야 하고, 그럼으로써 현실과 상상 사이에 몇 가지 제반 규칙을 세워야 한다. 그다음에는 마음속에서 진짜 블루베리의 물리적 특성과 인과력을 사진 속에 있는 가상의 블루베리에 투영해야 한다. 또 사진을 다루던 평소 방식을 억누름으로써 현실과의 관계를 변모시켜야 한다. 사진을 사진으로 여기는 것을 그만두고, 이것을 현실 속에서 비현실을 담는 임시 내용물, 다시 말해, 상상이 슬쩍 들어와서 잠시 자신의 세상 일부가 될 수 있는 비밀통로로 취급해야 한다. 마지막으로 적당한 행동을 적당한 방식으로 적당한 순서대로 수행하며(가상의 블루베리를 집어서, 입으로 가져와서, 그걸 먹고, 그다음에 더 집는다) 현실과 상상 사이를 오락가락해야만 한다. 다시 말해, 정신의 눈으로 가상의 시나리오를 진행하고, 그것을 현실 속에 설득력 있게 풀어놓아야 한다. 본의 연구에서 붉은털원숭이들의 꿈이 시각적·촉각적·감정적 상상과 관련되었던 것처럼 판바

영장류는 수많은 형태의 가상행위에 참여한다. 판바니샤는 잡지 사진 속의 블루베리를 먹는 척한다. 판바니샤의 행동은 근육, 미각, 시각적 상상이 관여한 것이다.

니샤의 환영을 보는 것 같은 행동은 "촉각-근육, 미각, 시각적 상상"이 다수 통합되어야만 성공할 수 있다.[19]

영장류 동물학에는 이런 사례들이 가득하다. 일본의 영장류 동물학자 마쓰자와 데쓰로松沢哲郎는 〈나무 인형Log Doll〉이라는 논문에서 기니 보수의 야생지역에 사는 2년 반 된 암컷 침팬지 조크로의 이야기를 해준다. 조크로는 어느 날 호흡기 질환으로 심각하게 앓게 되었다. 어미와 언니가 번갈아가며 조크로를 돌보았고, 마쓰자와는 어미가 아픈 딸을 돌보고 있을 때 조크로의 언니('자'라는 이름의 건강한 암컷 성체)가 '나무 인형'을 들고 다니며 동생처럼 보살피는 것을 보았다.

"자가 어미가 하는 것을 보고서 똑같이 나무 인형을 사용해서 아픈 여동생을 돌보는 척하는 것 같았다."[20]

몇 주 후에 조크로의 상태가 더욱 악화되어서 더 이상 몸을 일으킬 수도, 심지어는 어미를 붙잡을 수도 없게 되었다. 그래도 여전히 어미는 조크로를 어디든 데리고 다녔다. 조크로가 어미의 등에서 팔다리를 맥없이 늘어뜨린 작은 물체에 지나지 않을 때까지 말이다. 마쓰자와는 동생이 죽을 때까지 자가 나무 인형을 사용하던 모습을 동물의 상상놀이 사례로서 집중해서 관찰했지만, 이 이야기에 상상놀이 후보는 또 있다. 조크로의 어미가 딸이 죽은 이후에 한 행동이다. 조크로의 어미는 딸이 죽은 후 2주 동안 등에 조크로의 시체를 계속 업고 다녔다. 자식의 죽음을 마주할 준비가 되어 있지 않았던 어미가 슬픔의 고통 속에서 딸이 아직 살아 있는 '척하는' 행동을 계속한 것으로 보인다.[21]

상상놀이를 이론화하기 위해 침팬지를 이용하는 건 너무 쉬운 일이라는 것은 인정한다. 심리학자 로버트 미첼Robert Mitchell이 관찰한 것처럼, 대형 유인원류는 과학자와 철학자들이 상상놀이 같은 상상력과 관련된 능력을 가졌다고 믿는 유일한 동물이다.

과학자들은 의인화에 빠졌다는 비난을 받을까 봐 동물의 활동을 상상놀이로 설명하는 것을 종종 주저한다. 다윈 이래로 동물의 활동을 심리학적으로 과잉해석하는 것에 대한 반발로 심리행동주의는 과학자들에게 '행동'에만 집중할 것을 가르쳤다. 여기서 행동이란 심리학적 해석이 비교적 적은 동물의 움직임을 의미한다. 많은 심리학자

> 가 엄격한 행동주의에서 벗어나긴 했어도 그들은 여전히 동물이 복잡한 심리작용을 가졌다고 넌지시 비추기만 해도 의심을 받을 것이라고 생각한다. … 대부분의 과학자가 앞에서 이야기한 과잉해석이라는 비난을 두려워한 결과겠지만, 그들은 상상놀이를 제외한 선택지를 찾거나 양가감정을 드러낸다. 철학에서도 똑같은 일이 일어난다. 대형 유인원류만이 과학자들이 상상놀이를 한다고 쉽게 인정하는 종이다.[22]

불행히도 대형 유인원류의 경우에도 저항은 남아 있다.[23]

아이들과 동물들의 상상놀이에 관한 연구사 논문에서 미첼은 상상놀이 행동이 19세기 전체에 걸친 과학적 담론 중 하나였지만, 세기가 바뀌며 동물의 정신 활동에 회의적인 새 이론들이 생물학과 심리학을 포함한 자연과학계에 퍼지면서 유행에서 제외되었다고 설명한다(내가 보기에는 꿈과 아주 비슷한 상황이다).[24] 최근에 전문가들은 이런 행동들이 회의적이라고 무시하기에는 너무 광범위하고 의도적이라는 사실을 깨닫고서 다시 이런 행동에 관심을 기울이기 시작했다. 지배자 수컷을 속이기 위해 거짓 신호를 보내는 코끼리부터 포식자를 유인하기 위해 날개를 다친 척하는 새, 사교적 놀이의 일종으로 거짓으로 싸우는 개, 주변 인간을 흉내 내는 일환으로 담배를 피우는 척하는 돌고래까지,[25] 연구자들은 이제 자연이 가상행위라는 기술에 능숙하다는 사실을 받아들이고 있다.

몇몇 동물의 이런 의도적인 사기와 속임수 사례에서 내가 가장 관심 있는 것은 다시금 이것들이 상상놀이와 꿈, 환각, 딴생각 같은 다른 상상 활동 사이의 관계를 설명해준다는 점이다.[26] 물론 신중할 필요는 있다. 이런 행동들을 서로 합치는 일은 절대로 하고 싶지 않으니까. 판바니샤는 블루베리 꿈을 꾸지 않았고, 조크로의 어미도 딸의 죽음이라는 환각을 본 것이 아니다. 그래도 다른 면에서는 결코 연결되지 않았을 것 같은 현상들을 하나로 이어주는 명백한 선이 있는 것 같다. 그것을 나는 '동물학적 상상력'이라고 부른다. 동물의 왕국에 만연한 이 상상력은 우리가 1장에서 보았던 문어, 개, 고양이들의 꿈과 붉은털원숭이의 환각, 방금 이야기한 유인원들의 환영을 보는 것 같은 행동들을 하나로 묶어준다. 이 상상력은 또한 이 꿈들과 환각, 그리고 최근에 신경과학자들이 쥐에서 발견한 백일몽(또는 딴생각)에 따른 행동을 연결해주는 것이기도 하다.

사례 연구 2:
밤에 꾸는 꿈, 낮에 꾸는 꿈

로마르의 영장류 표상 이론을 논의하면서 나는 많은 과학자와 철학자가 사고는 필연적으로 언어적인 것이라고 믿는다고 이야기했다. 다행히 이 생각은 서서히 사라져 가고, 더 이상 사고가 언어라는 미화된 월계관에 놓여 있지 않다고 생각하는 새로운 이론적 뼈대에 자리를 내주고 있다. 신경생리학자 로런스 바이스크란츠Lawrence Weiskrantz는 《언어 없는 사고Thought Without Language》에서 이 생각의 한계를 고찰하고, 우리가 언어가 사고를 통제한다고 믿는 한 '언어를 소유하기 위해' 설정해둔 임의적인 선을 넘어서지 못하는 생물들의 정신적 복잡성에 계속해서 경악하게 될 것이라고 경고한다. 여기에는 뇌 손상으로 언어 능력을 잃었지만 그래도 다양한 수준의 인지 능력을 유지하는 사람들, 아직 언어를 익히지 못했지만 어쨌든 세상에 관한 생각을 형성할 수 있는 유아, 절대로 명제적 언어를 가질 수 없겠지만 그 섬세함, 호기심, 감각으로 우리를, 그리고 서로를 놀라게 만드는 동물들도 포함된다.

생태학자 마크 베코프Marc Bekoff와 철학자 데일 제이미슨Dale Jamieson은 동물들과 비언어적 사고의 가능성에 관해 이렇게 말한다.

> 사고에는 표상이 필요하다고 추정할 수는 있지만, 표상에 언어가 관련될 필요는 없다. … 언어적으로 표현하는 데 실패하는 것은 언어가 부족한 생물들의 믿음과 욕망에 영향을 미치거나 심지어는 제한할 수도 있지만, 이것이 믿음과 욕망을 갖는 것이나 인지지도를 사용하는 것을 아예 가로막을 이유는 전혀 없다.[27]

그들처럼 나도 동물들이 정신적 표상이나 믿음, 욕망 또는 인지지도 같은 것을 형성하는 데 언어라는 우아함이 필요한 이유를 전혀 모르겠다. 하지만 우리가 사고가 언어 외의 다른 것으로 나타나는 장소에 가고 싶다면, 사고가 언어 없이 어떻게 나타날 수 있는지 설명해야 할 것이다. 사고 형성 과정에서 전통적으로 언어에 할당되어 있던 역할을 하려면 어떤 능력이 필요할까?

상상력이 그 답이 아닐까?

● 설치류 인지지도, 다시 들여다보기

인지지도(종종 이것을 발견한 심리학자 에드워드 톨먼Edward Tolman의 이름을 따서 '톨먼 인지지도'라고도 한다)를 한번 보자. 인지지도는 동물들이 이곳에서 저곳 사이를 계획적이고 영리한 방식으로 갈 수 있게 해주는 내적 정신의 공간 묘사다. 인지지도는 언어의 숙달 문제라기보다 상상력의 문제일 것 같다. 동물들은 그들의 상상력 근육을 움직이고, 그들의 주변 환경과 일치하지 않는 장면을 마음속에 표현할 수 있게 만드는 로마르의 장면-환영 표상 양식과 비슷한 것을 이용해서 인지지도를 만들고, 유지하고, 갱신한다.

상상력이 인지지도를 만드는 데 어떤 역할을 하는지 이해하고 싶다면 **재생적** 상상력과 **생산적** 상상력 사이의 철학적 차이를 염두에 둘 필요가 있다. 재생적 상상력은 기억으로부터 사람, 장소 또는 물건의 영상을 떠올리는 행동이고, 생산적 상상력('구조적 상상력'이라고도 한다)은 사람, 장소 또는 물건을 경험했던 영상을 사용해서 원래 경험했던 것을 넘어서는 완전히 새로운 영상을 만드는 행동을 말한다. 내가 보기에 동물들은 두 가지를 함으로써 통일성 있고 일관된 공간의 정신 표상에 도달한다.

먼저, 단기기억과 장기기억에 이전의 공간 경험을 영상으로 저장해두고, 나중에 관련된 외적 자극이 없을 때 이 영상들을 기억해낸다(재생적 상상력). 그리고 감각을 통해서 직접적으로 그들에게 원래 주어졌던 것을 넘어서는 새로운 공간적 가능성을 만들어낸다(생산적 상상력). 이 저장과 합성의 조합으로 동물들이 사는 공간을 안내하는 인지지도를 만들게 된다. 이 지도는 철저하게 상상의 산물이다. 톨먼이 쥐들과 작업하면서 인지지도의 개념을 도입한 것을 떠올리며 잠깐 이 친근하고 사교적인 동물로 돌아와서, 톨먼 인지지도의 구성에서 상상력이 핵심 역할을 한다고 증명하는 해마 연구에서의 최신 결과들을 살펴보자.

1장에서 우리는 쥐들이 종종 자면서 해마에 있는 특수한 세포를 이용하여 과거의 공간 경험을 반복한다는 것을 보았다. 하지만 뇌전도 기록은 쥐들이 깨어 있는 동안에도, 특히 미로를 돌아다니다가 쉴 때도 경험을 반복한다는 것을 보여주었다. 쥐들이 미로를 탐색할 때 그들의 주의력은 그곳을 빠져나가는 방법을 찾는 데 집중되어 있다. 하지만 휴식할 기회가 생기자마자 그들의 정신은 주위 환경에서 벗어나기 시작한다. 정신이 다른 곳에 팔려 있는 동안 그들은 개인적으로 경험했던 공간구조(재생적 상상력)뿐만 아니라 그들이 한 번도 경험하지 못했던 공간구조(생산적 상상력)를 포함해서 모든 종류의 공간구조 배열을 반복해서 떠올린다. 이 '각성 반복'의 순간에 어떤 일이 일어나는지 이해하기 위해서는 해마의 기능에 관한 신경과학 연구의 몇 가지 핵심 발견들을 살펴봐야 한다.

이야기는 2006년 MIT 피코워 학습 및 기억 연구소의 데이비드 포스터David Foster와 매슈 윌슨이 쥐들이 깨어 있는 동안 머릿속으로 그들이 현재 있는 물리적 장소에서 최근에 겪은 공간 경험을 반복한다는 사실을 발견한 데서 시작된다. 포스터와 윌슨의 연구에서 눈에 띄는 것은 쥐들이 자면서 머릿속으로 반복하는 경험과 다르게 그들이 각성 상태에서 반복하는 것은 '되돌릴 수 있다'는 것이다. 자는 동안에 공간구조 배열은 그들이 원래 경험한 것과 똑같은 순서대로 항상 반복된다. 경로 X-Y-Z는 X-Y-Z로 반복된다. 하지만 깬 상태에서, 특히 쥐들이 '탐색 중 휴식' 상태일 경우에 경로 X-Y-Z는 X-Y-Z나 Z-Y-X로 반복될 수도 있다.[28] 다시 말해서, 진행 순서(현재 위치에서 다른 목적지까지)대로 반복되거나 거꾸로(다른 출발 장소에서 현재 위치까지) 반복될 수 있다. 이것을 '역반복'이라고 한다.[29]

이게 대단한 이야기처럼 들리지 않을 수도 있지만, 포스터와 윌슨의 실험실에 있던 쥐들은 문제의 미로를 절대로 역주행하지 않았었다. 오로지 앞으로만 갔었다. 하지만 낮잠 후에는 종종 거꾸로 경로를 반복했다. 이 말은 각성 반복이 과거의 수동적 되풀이 정도가 아니라는 뜻이다. 이것은 쥐들이 새로운 경험, 즉 할 수도 있었던 가상의 경험을 마음속에 그리게 해주는 창의적인 과정이다. 이 연구의 리뷰에서 토머스 데이비드슨Thomas Davidson, 파비안 클루스터만Fabian Kloosterman, 매슈 윌슨은 이렇게 설명한다.

"이 결과는 반복된 경로가 실제 (그들이 선택한) 경로가 아니라 그들의 현재 위치와 관련된 선택 가능한 미래 또는 과거의 경로임을 암시한다."[30]

역반복 때 이 동물들은 엄청난 인지 능력을 발휘한다. 가진 것에서 상상의 것으로, 실제에서 가능성으로 양식을 뛰어넘는 것이다. 그들은 실제로 일어난 적이 없는 것을 상상한다.

2009년 캘리포니아대학교 샌프란시스코 캠퍼스의 통합신경과학센터 소속 두 명의 신경과학자 마티아스 칼슨Mattias Karlsson과 로렌 프랭크Loren Frank는 쥐들 역시 '원격 반복'이라는 것을 한다는 걸 보여줌으로써 각성 반복에 대한 우리의 이해를 한 차원 높였다. 원격 반복은 동물들이 미로에서 현재 위치와 관련 없는 공간구조 배열을 재연하는 반복의 형태다. 칼슨과 프랭크는 쥐들이 미로의 어느 부분에서 쉴 때 미로의 다른 부분의 공간구조 배열을 반복할 수 있다는 사실을 발견했다. 설령 그들의 현재 위치에 그것을 상기시킬 만한 것이 아무것도 없다 해도 말이다. 원격 반복에서 쥐들은 인지적으로 그들의 주변 환경과 분리되어 있고, "어떤 공간에서 깬 상태로 다른 공간의 경험을 반복한다".[31] 쥐가 직접적인 지각적 접근이나 기억의 도움을 받지 않고 지난 경험을 재창조하기 때문에 여기서 반복과 주변 환경 사이의 관계는 끊긴다.[32] 신경과학자들이 종종 상상력을 주변에 없는 것에 대한 관심이라고 정의한다는 점을 고려할 때, 원격 반복은 타고난 상상 행위라고 볼 수 있다.

우리는 신경학자 아누품 굽타Anoopum Gupta의 연구에서 반복과 상상력 사이의 연결관계를 발견할 수 있다. 2010년 굽타는 미네소타대학교의 전문가 두 명과 함께 팀을 이뤄 쥐의 반복을 연구했다. 그들은 여러 길이 있는 미로에 쥐 한 무리를 넣었고, 쥐들이 미로의 교차로에서 멈출 때 역반복과 원격 반복 두 가지를 다 하지만, 그 밖의 다른 것도 한다는 사실을 발견했다.

쥐들은 전에 경험한 적이 없는, 최소한 실제로 가본 적이 없는 공간구조 배열을 머릿속으로 반복했다. 굽타와 그의 동료들은 'R135'라고 불리는 수컷 쥐의 사례에서 쥐가 전혀 경험한 적이 없고 존재하지도 않는 공간구조 배열을 계속해서 머릿속으로 반복하고 있다고 보고했다. 전기생리학적 기록을 통해 밝혀진 반복의 구조 분석은 이 배열이 두 개의 진짜 길을 혼합한 가공의 혼합물로, 쥐가 현재 있는 위치에서 다른 곳까지 가상의 지름길을 이용해서 가는 경로임을 보여주었다.

이 "경험한 적 없는 새로운 경로 배열"의 구축은 "반복 내용과 과거 경험 사이의 관계가 간단한 것이 아닐 수도 있다"는 증거라고 저자들은 말한다.[33] 반복은 과거의 일에 한정되지 않는다. '앞으로 어떻게 될까'를 보여주기도 한다. 굽타와 그의 동료들은 이 가상의 반복은 쥐들이 "다른 지각을 통해 세상을 의식적으로 탐색하는 능력"인 '자기투영'이 가능할 수도 있다는 것을 보여준다는 주장까지 나아갔다.[34] 공감과 정신의 이론과 관련된 이런 종류의 '조망 수용 능력'은 과학자들과 철학자들이 역사적으로 호모 사피엔스의 특별함과 우월함을 내세우는 데 사용했던 인지 능력 중 하나다.

해마의 기능에 관한 이 모든 연구가 우리에게 가르쳐주는 것은 정신적 반복에 관한 주류적 설명을 개편할 필요가 있다는 것이다. 20세기 대부분의 기간에 심리학자들과 신경과학자들은 반복의 유일한 기능이 단기기억을 장기기억으로 공고화하는 것이라고 추측했다. 동물들이 기억의 인지적 지배를 강화하는 방법으로 과거의 사건을 반복하는 것이라는 게 핵심이었다.

하지만 이 설명은 불완전하다. 반복은 "톨먼 인지지도의 적극적 구축"에도 기여한다.[35] 현재 위치와 관계가 있는 장면과 없는 장면들, 거기에 경험한 게 아니라 상상한 장면들까지 포함해서 과거의 장면을 반복함으로써 쥐들은 환경에 관해 전반적인 정신적 그림을 그린다. 그들은 행동을 인도할 인지지도를 만든다. 이 지도는 경험의 축적, 공고화, 퇴적만을 통해 만들어진 것이 아니다. 이 지도는 경험한 실제와 상상한 가능성의 반복을 통해서, 기억과 상상의 합체를 통해서 만들어졌다. 인지지도는 말하자면 재생적 상상력과 생산적 상상력 사이의 섬세한 춤을 통해 만들어진 것이다. 데이비드슨, 클루스터만, 윌슨이 말하는 것처럼, 모든 인지지도의 근원은 "가상의 지도"다.[36]

● 쥐처럼 생각하고 쥐처럼 백일몽 꾸기

각성 반복을 할 때 쥐들은 무엇을 하는 중일까? 두 가지 해석의 선택지가 있는데, 둘 다 똑같이 흥미롭다.

하나는 쥐들이 생각을 한다는 것이다. 존스홉킨스대학교의 신경과학자 제임스 니어림James Knierim은 각성 반복의 몇 가지 예가 "어떤 외적 감각 입력에서도 분리되어" 있기 때문에 생각 행위로 볼 수 있다고 주장한다.

"이 재활성화 사건들은 길의 다른 부분과 현재 위치 말고도 그 지역에서 겪은 최근 경험들에 관한 … 쥐들의 '생각'과 관련되어 있다."[37] 그리고 그는 이렇게 덧붙인다. "설치류 연구에서 나타나는 과거 경험의 비국소적 표상이 인간이 완전히 새로운 경험을 상상할 때 사용하는 해마 의존적 능력의 전조일 수 있을까?"[38] 나는 안 될 이유가 없다고 본다. 쥐의 상상력을 쥐 자체의 크게 성장한 진화적 현실로 보는 대신에 인간 상상력의 전조로 정의하는 니어림이 좀 놀랍긴 하지만 말이다.

반복되는 발견은 이 해석에 더욱 무게를 실어준다. 여러 실험에서 쥐들이 오래 쉬면 쉴수록 더 복잡한 반복이 일어났음을 증명했

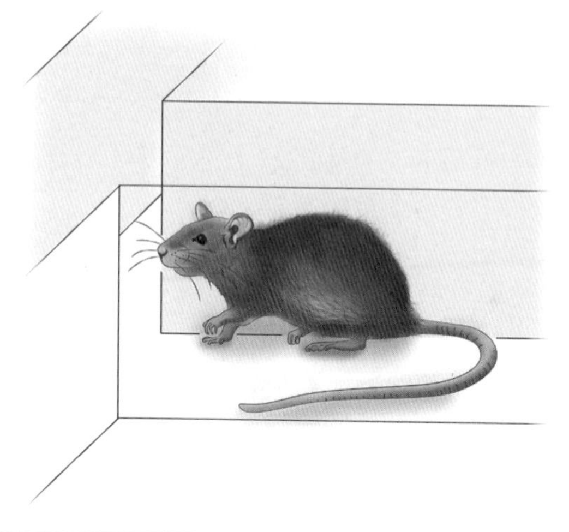

쥐들은 갈림길에 도착하면 멈춰서 생각한다. 이 시간 동안 쥐들은 현재 그들에게 가능한 선택지를 찾고 평가하기 위한 방법으로 과거의 장면들을 머릿속으로 반복한다. 신경과학자 제임스 니어림은 이 멈춘 시간을 생각하는 시간으로 해석하지만, 철학자 디터 로마르는 백일몽의 사례로 본다.

다. 몇 초 정도만 쉴 때 쥐들은 대체로 현재의 위치와 관련된 배열, 그 순간에 그들이 있는 장소로 오는 길과 거기서 가는 길만을 반복했다. 하지만 오랜 시간 휴식할 때는 현재의 물리적 위치와 관련이 없거나 그들이 경험한 적 없는 더 복잡한 인지 활동이 필요한 배열을 떠올리기 시작한다. 다시 말해, 쥐들이 휴식 시간에 쓸 수 있는 시간의 양과 그들이 해내는 고난이도 정신 활동의 복잡함 사이에는 분명히 관계가 있는 것 같다. 니어림은 이 발견을 신경과학자 애덤 존슨Adam Johnson과 데이비드 레디시David Redish의 전혀 다른 발견과 비교한다. 이 두 신경과학자들은 쥐들이 미로에서 '결정의 순간'에 도달했을 때, 그러니까 길에서 갈림길에 도착하거나 이미 저지른 방향 실수를 고쳐야 할 때 의도적으로 멈춰서 선택지부터 고민한 후에 다음 길을 고른다는 사실을 발견했다.[39] 생각하기 위해서 쥐도 사람처럼 시간이 필요한 것으로 보인다.[40] 그리고 시간이 많으면 많을수록 생각은 더욱 복잡해진다.

각성 반복의 또 다른 해석은 쥐들이 백일몽을 꾼다는 것이다. 《언어 없는 사고》에서 로마르는 언어가 없는 이런 반복의 순간에 쥐들이 머릿속으로 여러 다른 공간을 시각적으로 떠올리고, 그래서 정신이 이런저런 생각을 하거나 백일몽을 꾼다고(이 단어들을 어떻게 정의하느냐에 달렸다) 주장한다.[41] 꽤 오랜 시간 동안 신경과학자들과 철학자들은 꿈, 백일몽, 딴생각 사이의 행동적·신경적·현상학적 공통점을 파헤치느라 바빴고, 커져가는 다수 의견은 이런 상태들이 이전에 추측했던 것보다 훨씬 유사하다는 것이었다.[42] 해마의 반복 같은 신경인지 메커니즘이 그 모두와 관련이 있다 해도 놀랄 일은 아니다. 만약 그렇다면 이런 현상들 사이의 몇몇 차이는 이런 메커니즘이 활성화되는 타이밍의 생물의 신진대사 상태로 어느 정도 설명될 것이다. 해마 반복이 수면 중에 일어나면 쥐는 꿈을 꾼다. 각성 상태에서 일어나면 딴생각에 빠지거나 백일몽을 꾼다. 해마의 반복은 상상력이 어떻게 같은 집에서 전혀 다른 정신 상태를 만들어내는지 이해할 수 있는 또 다른 예가 될 것이다.

영혼의 음악

붉은털원숭이들이 자면서 미친 듯이 바를 누르는 것, 유인원이 사진 속 과일을 먹는 척하는 것, 쥐들이 공간에서 비현실적인 길을 떠올리는 것을 고려하면, 우리는 상상력이 특수하고 인간이 갖고 있긴 하지만, 인간에게만 있는 것은 아니라는 결론을 내리게 된다. 인류학적이라기보다는 동물학적 현실이다. 이것은 동물의 영혼의 음악이다.[43]

우리가 그 리듬을, 그 음의 높고 낮음을 귀 기울여 들으면, 이 음악은 우리가 동물을 지각하고 그들과 관련되는 습관적인 방식을 확장하고 바꿔놓을 수도 있다. 심리학자 토머스 힐스Thomas Hills는 이렇게 말했다.

> 만약 (동물이) 상상할 수 있다면, 그런 능력을 위해서 어떤 종류의 인지체계가 필요할까 궁금해질 수밖에 없다. 상상이 어떤 의미를 만들어낼까? 자신의 미래를 생각할 수 있는 동물은 약간의 자유의지를 가질까? 상상할 수 있는 동물은 자신이 상상하고 있다는 걸 알까? 현실과 상상 사이의 차이를 알까? 그러니까 동물은 진짜 자신과 될 수도 있었던 자신의 차이를 알까?[44]

나는 이런 질문에 뭐라고 대답해야 할지 모르겠지만, 동물의 특성으로 창조성과 상상력을 인정하는 것은 게임의 규칙을 완전히 바꾼다. 꿈이 상상력의 지평선으로 이어지는 것처럼, 힐스의 발언은 상상 그 자체가 동물들이 놀랄 만큼 깊은 인지적, 감정적, 그리고 다음 장에서 보겠지만, 심지어는 도덕적 깊이를 가졌다고 여겨지는 더 넓은 지평선으로 이어진다는 것을 암시한다.

4장

동물 의식의 가치

의식을 통해서 우리 주위에 있는 것, 우리 머릿속에 있는 것,
그리고 우리가 의미하는 것을 알 수 있다.
의식 덕분에 우리는 정신을 갖는다.
그리고 의식은 우리 자신과 다른 사람들에 대한 배려의 핵심을 차지한다.
이래도 의식이 중요하다고 생각하지 않는다면, 과연 뭐가 중요할까?
- 찰스 시워트[1]

(의식은) 삶을 살 가치가 있게 만든다.
- 데이비드 차머스[2]

도덕에 유의하기

1970년대 초 윤리학자 도널드 그리핀은 동물들이 자신들의 주변을 인식하는 정신을 가진 존재라고 주장함으로써 생명과학에 큰 논란을 일으켰다. 그리핀은《동물 의식의 문제The Question of Animal Awareness》나《동물의 사고Animal Minds》 같은 책에서 동물들이 내적으로 외부세계를 표현하고, 이 표현을 통해서 유연한 방식으로 그들의 환경을 헤쳐 나간다는 내용의 동물 인지 이론을 발전시켰다. 의식이 인간에게 존재한다면, 다른 종에도 존재해야만 한다.[3] 이 겉보기에 간단한 조건부 서술로 그리핀은 인지윤리

학을 창시했고, '동물 정신철학'이나 '동물 의식의 철학' 같은 학문적 철학의 하위 분야를 만드는 데 일조했다. 이 책에서 나는 수면 중에 표면으로 나타나는 동물 의식의 측면에 집중함으로써, 게이 루스가 말한 것처럼 동물의 정신이 "자기 자신에게만 말을 할" 때 우리가 이 하위 분야에서 진전을 이룰 수 있을 것이라고 주장한다.[4]

하지만 꿈꾸는 것이 동물 의식으로 들어가는 입구라는 나의 주장을 받아들인다 해도, 동물이 의식이 있는지 없는지가 어떤 차이를 만드는지 아직 궁금할 수 있다. 그 답은 윤리적 관점에서 엄청나게 큰 차이를 만든다는 것이다. 철학자 마크 롤랜즈는 이렇게 설명했다.

> 동물의 도덕적 지위를 부인하는 가장 빠른 방법은 … 그들의 정신적 지위를 부인하는 것이다. 그들이 정신적 지위의 대상이라는 걸 부인하거나 정신적 삶이 있다는 걸 부인하는 식이다. 이런 종류의 부인은 보통 사람들에게 말도 안 되는 이야기처럼 느껴질 것이다. 최소한 그들이 동물들이 가득한 거리에 살고 있다면 말이다. 하지만 그렇다고 해서 많은 저명한 철학자들이 이렇게 부인하는 것을 막지는 못했다.[5]

롤랜즈의 뒤를 따라 나는 동물에게 의식 상태가 있다고 인정하는 것은 본질적으로 윤리적인 행위라고 생각한다. 의식을 갖는 것과 도덕적 지위를 갖는 것 사이에는 관계가 있기 때문이다. 그리고 반대로 의식이 없는 것으로 여겨지는 것과 상상할 수 없는 잔인한 행위에 노출되는 것 사이에도 관계가 있다.

그렇다 해도 의식으로부터 도덕적 지위까지 도달하는 것은 쉽지 않은 일이다. 마크 베코프와 데일 제이미슨이 정확하게 지적했듯이 "동물의 정신에 관한 관점에서 동물의 도덕적 지위에 관한 관점으로 즉시 넘어갈 수는 없다. 그사이에 어떤 중대한 추정상의 관계가 성립되어야 하고, 여기에는 논쟁이 필요하다".[6] 이 장에서 나는 꿈의 도움을 받아 그 추정상의 관계를 세워볼 것이다. 꿈은 철학자 네드 블록이 "현상적 의식"이라고 부른 것의 표현형인 한, 지금까지는 인지되지 않았던 도덕적 힘을 갖는다. 나는 이것이 생물의 도덕적 지위의 기반이 된다고 여긴다. 꿈을 꾸는 동물들은 **꿈을 꾸기 때문**에 도덕 공동체의 일원으로 인정받아야 하고, 정성과 위엄, 존경심을 갖고 대해야 마땅한 동료 생물이다.

의식과 도덕

대부분의 서양 도덕론 학파들은 인간만이 다른 의식을 가진 존재들에 대해서 윤리적 의무를 갖는다는 가정에서 시작한다. 의식이 무엇이고 어떤 생물이 의식을 가졌느냐에 대해서는 합의를 못 한다 해도 이 학파들 중에서 행성, 바위, 그림 같은 비의식적 존재에 내재하는 도덕적 가치가 있다고 생각하는 집단은 거의 없다.[7] 학파들 대부분은 의식에 '특별한 가치', 정확하게는 도덕적 가치가 있다는 철학자 데이비드 차머스David Chalmers의 관점을 전적으로 받아들인다.

이 특별한 가치는 의식이 그것을 가진 존재에게 도덕적 지위를 부여한다는 사실에서 기인한다. 우리가 어떤 생물이 의식을 가졌다고 표명하면, 그것은 그저 존재할 뿐 아니라 도덕적 관점에서 중요한 생물로 탈바꿈한다. 윤리학자 메리 앤 워런Mary Anne Warren은 자신의 책《도덕적 지위Moral Status》에서 이렇게 설명한다.

> 도덕적 지위를 갖기 위해서는 도덕적으로 생각할 수 있거나 도덕적 자세를 갖고 있어야 한다. 도덕적 행위자가 도덕적 의무를 갖거나 가질 수 있는 물체여야 한다. 만약에 어느 물체에 도덕적 지위가 있으면 우리는 그것을 우리 마음대로 다룰 수 없을 것이다.[8]

의식은 생물체 그 자체를 중요하게 만들어서, 워런이 도덕적 배려라고 부른 것을 그들에게 제공한다. 의식을 갖는다는 것은 '그것'이 아니라 '그대'가 되는 것, 물건이 아니라 생물이 되는 것이다.[9]

우리는 2장 '동물의 꿈과 의식'에서 의식이 단순하고 균일한 것이 아니라 다양하고 복잡한 현상이라는 것을 보았다. 여기에서 중요한 질문이 나온다. 이 중 어떤 것이 도덕적 지위를 부여하는 걸까? 아니면 모든 종류의 의식적 자각이 이 기능을 동등하게 수행하는 걸까? 도덕적으로 중요해지려면 의식이 있기만 하면 되는 걸까, 아니면 특정 방식으로 의식을 가져야 하는 걸까?

지난 25년 동안 작지만 새로운 생각을 하게 만드는 철학적 연구가 이 의문을 발전시켰다. 시작할 때부터 이 연구의 대부분은 네드 블록의 영향력 있는 의식 이론을 기반으로 삼았고, 이 이론은 의식을 두 종류로 나눈다. '접근적' 의식과 '현상적' 의식이다.

● 블록의 이론: 접근적 의식 대 현상적 의식

블록은 의식철학에서 고전이 된 〈의식의 기능에 대한 혼란에 관하여On a Confusion about a Function of Consciousness〉라는 논문에서 의식에 관한 토론은 개념의 명확성이 부족해서 엉뚱한 방향으로 흘러간다고 한탄했다. 전문가들이 의식이 뭔지, 어디서 나온 건지, 어떻게 작용하는지에 관해서 서로 의견이 갈릴 때는 서로가 깨닫지 못한 채 각자 다른 것에 관해 이야기하고 있을 가능성이 아주 크다.

이런 혼란을 끝내기 위해서 블록은 의식을 두 종류로 나눈다. '접근적' 의식과 '현상적' 의식이다. 접근적 의식은 추론, 의사결정, 언어적 전달처럼 집행 기능에 사용하는 더 넓은 인지체계에서 쓸 수 있는 내용으로 된 표상적 정신 상태를 말한다. 블록은 이 의식적 자각 형태를 다음과 같이 규정했다.

> (정신) 상태는 접근적 의식이다. … 누군가가 접근적 의식 상태에 있기 때문에 만약 그 내용의 표상이 추정상 난잡하다면, 그것은 (1) 추론의 전제로 쓰기 위한 것, (2) 활동을 합리적으로 통제하기 위한 것, 그리고 (3) 언어의 합리적 통제를 위한 것이다.[10]

학문적 철학의 교양 있는 은어와 끔찍한 문법을 걷어내고 보면, 위의 말은 우리가 그 내용을 합리적으로 생각하고, 우리 행동에 관한 의사를 결정하는 데 사용하며, 언어라는 수단을 통해서 다른 사람들과 공유할 수 있다면, 이 정신 상태가 '접근적 의식'이라는 뜻이다. 예를 들어, 내가 복도 끝에 문이 있다고 믿는다면, 그래서 내가 문을 열어놓고 나가면 고양이가 빠져나갈 수 있다는 결론을 내리거나(추론하기), 가서 문을 닫거나(행동을 결정하기), 내 파트너에게 바깥이 추우니까 문을 닫으라고 말한다면(언어적 전달하기), 이 생각은 접근적 의식이다. 우리의 많은 정신 상태가 이런 식으로 접근적 의식이다.

현상적 의식 상태는 분명하게 말하기가 더 어렵지만, 두 가지 중요한 측면에서 접근적 의식 상태와 다르다. 첫째, 이것은 비기능적이다. 현상적 의식 상태는 어떤 특정한 인지 활동의 수행과도 본질적으로 전혀 관련이 없다. 추론도, 자발적 행위도, 의사소통 행동도 이끌어내지 않는다. 둘째, 용어를 보면 알 수 있듯이 그 내용은 표상적이라기보다는 현상적이다. 이 말은 현상적 의식이 확실한 감정과 연관되어 있긴 해도 외부세계에 어떤 것도 드러내지 않는다는 뜻이다. 물체도, 사람도, 장소도, 심지어는 사건의 상태조차도. 우리는 자신이 이 상태 '안에' 있다는 건 알지만, 그것은 어떤 것에 '관한' 것도 아니다.

접근적 의식과 현상적 의식을 구분한 순간부터 블록은 현상적 의식을 규정하는 것이 힘겨운 싸움이 될 것이라는 걸 알았다. 기능성과 표상성이 접근적 의식에 속했기 때문에 현상적 의식 상태가 무엇을 하는지, 무엇과 관련되었는지를 설명을 통해 규정할 수가 없었다. 그는 독자들이 개념을 직관적으로 알아챌 수 있기를 바라며 현상적 의식 상태의 예를 열거해서 이 문제를 해결했다.

그는 대부분의 예를 감각의 세계에서 골랐다. "우리가 보고, 듣고, 냄새 맡고, 맛보고, 고통을 느낄 때마다 우리는 (현상적) 의식 상태에 있다."[11] 왜냐고? 색깔을 보거나, 멜로디를 듣거나, 냄새를 맡거나, 음식을 맛보거나, 특정 종류의 고통을 느끼는 것에 결합된 강한 감정이 있기 때문이다. 이 각각의 정신 상태는 우리가 다른 사람에게 전달할 수 없는 삶의 특성이고, 특히 이런 것을 직접 경험해본 적이 없는 사람에게는 결코 전할 수가 없다. 초록색이 어떤 것인지 선천적 시각장애인에게 어떻게 설명하겠는가? 덜 익은 바나나를 먹었을 때 입에 느껴지는 떫은맛을, 알 수 없는 이유로 모든 맛 수용체와 맛에 관한 모든 기억을 잃어버린 사람에게 어떻게 설명할까? 오로지 2차원만 보는 사람에게 3차원을 보는 경험을 어떻게 전달할까? 철학자 닐 레비Neil Levy는 이렇게 설명한다.

> 불행하게도 현상적 의식을 규정하는 것은 거의 불가능하다. 우리가 할 수 있는 최선은 그 예를 짚어주는 것이다. 현상적 의식은 현상학적으로 의식이 있는 것 같은 어떤 것을 인식하는 종류의 의식이다. 피노누아 와인을 맛보는 것 같은 것, 〈트리스탄과 이졸데〉 도입부를 듣는 것 같은 것, 얼굴에 햇살의 온기를 느끼거나 왼쪽 무릎에 통증을 느끼는 것과 비슷한 것이다. 이 각각의 경험은 개개의 현상적 특성을 갖고 있다. 그 특성은 말로 설명하기가 어렵다. 우리는 종종 이런 특성을 이야기하기 위해서 비유적 언어를 사용하지만("묵직하게 욱신거리는 통증 같아", "날카롭게 찌르는 것 같은 아픔이야", "진하고 선명한 빨간색이야"), 정확히 표현하기 위해서 비슷한 현상학적 특성을 가진 공통의 경험에 의존하는 편이다.[12]

당신이 피노누아 와인을 마셔본 적이 없다면 나는 이것을 비유적으로(예를 들어, "진하고, 약간 유질감이 있고, 과육이 없는 베리 주스 같은데, 거기에 입안을 감싸는 타닌의 느낌이 있어") 설명하거나, 지표적으로(맛을 이해할 때까지 피노누아를 한 모금씩 계속 맛보게 하는 것. 아마도 완전히 취해버리겠지만) 설명하는 수밖에 없다. 하지만 세상의 모든 시적 자유를 동원한다 해도 나의 비유는 어쩔 수 없이 부족할 것이다. 왜냐하면 와인에 관한 나의 1인칭 시점의 경험과 나의 설명 사이에는 언제나 차이가 있기 때문이다. 그 차이는 바로 맛이고, 이것을 알려면 직접 경험하는 수밖에 없다.

고통도 또 다른 예가 된다. 내가 내 파트너에게 거실로 오라고 했는데 그가 오다가 발가락을 가구에 부딪혔다면, 나는 그에게 무슨 일이 있었는지, 어디가 얼마나 아픈지 물어볼 수 있지만, "그 고통은 무엇에 관한 거야? 그게 무엇의 표상이지?"라고 묻는 건 좀 이상할 것이다. 고통은 그 본질상 추상적인 정신 상태로, 세상에 어떤 것도 나타낼 수가 없다. 이것은 무언가에 '관한' 것이 아니다. 오히려 내 파트너는 고통 '속에' 있다. 그는 갑자기 발끝에 강력한 감각을 느끼고서 자신을 둘러싸고 이루어지는 다른 모든 것에 관심이 끊긴 것이다. 그의 존재 전부가 아프다는 감각, 즉 현상에 사로잡힌 상태다.

정신철학자 존 설은 《의식의 신비The Mystery of Consciousness》에서 설령 내 파트너가 발가락을 찧는 순간 수많은 일(그의 신경이 반응하고, 그가 비명을 지르고, 상처를 살펴보는 등)이 벌어졌다 해도, 가장 중요한 것은 그가 고통스러운 감각을 느낀다는 것이라고 말한다. 이 주관적 감정이 고통을 '표상적'이기보다 '현상적'으로 만든다. 왜냐하면

철학자 네드 블록의 의식 이론은 접근적 의식과 현상적 의식을 서로 구분한다. 현상적 의식 상태, 예컨대 피노누아의 맛 같은 것은 기본적으로 거기에 결합된 특징적 감정이 있다. 이 감정은 어떤 인지 기능도 제공하지 않고, 사건의 어떤 내적·외적 상태도 표현하지 않는다. 현상적 의식 상태의 다른 예는 색깔을 보는 것, 멜로디를 듣는 것, 고통을 느끼는 것 등이다.

내 파트너의 고통 경험에 인지적 측면이 있다 해도 거기에는 인지 과정으로 축소시킬 수 없는 것이 있기 때문이다. 그렇다. 내 파트너는 나에게 무슨 일이 있었는지, 어디가 아픈지, 얼마나 아픈지 설명할 수 있겠지만, 고통을 나에게 전달하지는 못한다. 이 고통은 그의 것이다. 내가 아무리 원해도 대신 감당하지는 못한다. 그의 고통은 넘겨줄 수 없고, 헤아릴 수 없고, 설명할 수 없다. 설이 말한 것처럼, "고통에서 핵심적인 부분은 이것이 특정한 내적인 질적 감정이라는 점이다. 철학과 자연과학 양쪽에서 의식의 문제는 이 주관적 감정을 설명하는 것이다".[13]

요컨대 접근적 의식은 정신 표상과 인지 기능과 관련된 반면, 현상적 의식은 예지적 감정과 실제 경험과 관련이 있다. 전자는 우리의 인지 기관을 통한 정보의 이동, 합리적인 생각과 행동 통제, 언어적 표현과 관련되어 있다. 후자는 기능적·표상적으로는 반응이 없지만 현상적·경험적으로는 풍부한 상태의 존재가 느끼는 생생한 감정이다. 고통을 느낄 때 나는 세상의 어느 측면을 표상화하거나 정교한 인지 기능을 수행하는 것이 아니다. 나는 경험을 통해 살아간다. 내가 피노누아 와인을 마실 때, 정원에서 나뭇잎이 흔들리는 소리를 들을 때, 근처에 있는 하수구에서 올라오는 불쾌한 냄새를 맡을 때도 똑같은 이야기가 적용된다.

우리가 블록의 이론의 본질과 관련한 학문적 다툼(이것은 상당히 전문적일 수 있다)이라는 토끼 굴에 빠지지 않도록 핵심으로 돌아가 보자. 여기서 중요한 것은 이 이론이 의식의 도덕적 가치에 관한 학계의 토론에 더 널리 얽혀 있다는 사실이다. 의식에 두 종류가 있다는 블록의 주장에 많은 사람이 도덕적 지위를 얻으려면 둘 중 어느 것이 필요할까 고민하게 되었다. 우리가 올바른 수준의 인지 기능에 도달했기 때문에 도덕적으로 중요한 걸까? 아니면 우리가 올바른 종류의 현상을 가졌기 때문에 중요한 걸까? 무엇이 우리를 더 중요하게 만들까? 이성인가, 실제 경험인가? 접근적 의식인가, 현상적 의식인가?

● 현상적 의식, 도덕적 지위의 기반

우선 내 입장부터 이야기하겠다. 나는 현상적 의식이 도덕적 지위에 매우 중요하다고 생각한다. 내가 보기에 생물체가 도덕성의 보호 아래에 들어오게 된 이유는 그들이 합리적·자발적으로 행동하거나 언어로 표현할 수 있는 능력(블록이 말하는 접근적 의식의 특징)을 가졌기 때문이 아니라 그들이 세상에 관한 현상적 경험을 가지고 있다는 사실, 그들이 감지하고, 느끼고, 인지한다는 사실 때문이다.

정신철학과 윤리학 사이의 관계에 관한 전문가인 찰스 시워트Charles Siewert는 이에 의견을 같이한다. 그는 자신의 입장을 뒷받침하기 위해 철학적 사고실험을 이용했다. 우리에게 좀비가 될 수 있는 선택지가 주어졌다고 상상해보자. 좀비가 된다면, 당신은 현재의 자신과 기능적으로는 동일하지만(즉, 지금 하고 있는 일 전부를 할 수 있고, 아무도 차이를 모를 것이다), 현상학적인 능력은 크게 감소할 것이다(당신은 주변 환경에 대한 의식적 자각을 하지 못하고, 특정 행동을 하는 게 어떤 느낌인지 지각할 수 없을 것이다). 다시 말해, 좀비인 당신은 나무랄 데 없는 움직임으로 가장 친한 친구들조차 잘 속이겠지만, 내적인 삶이랄 만한 것은 전혀 없을 것이다. 와인 한 병을 다 마시고 취한 척 행동하지만 그건 피노누아의 맛이 나지 않는다. 발가락을 가구에 부딪혀서 비명은 질러도 발끝에서 고통이 느껴지지 않는다.[14]

시워트는 만약에 이 선택에 살짝 보너스를 더한다 해도(예를 들어 큰돈을 준다든지) 어느 누구도 이런 일을 하려 하지 않을 것이라고 확신한다. 왜냐하면 우리는 의식이 있기 때문에 우리가 수행할 수 있는 인지 기능만 중요하게 여기는 것이 아니라 의식이 있다는 그 자체도 중요하게 여기기 때문이다. 우리는 주위를 현상적으로 인식하고 있다는 감정, 살아 있다는 감정, 감각을 통해 세상을 받아들이고 있다는 감정을 소중하게 여긴다. 현상성은 우리가 쉽게 포기할 수 있는 것이 아니다. 그것은 '나는 누구인가?', '나는 무엇인가?'

라는 의문의 기반이기 때문이다. 만약 우리가 "모든 걸 고려해봤을 때, 좀비가 되는 것도 꽤 괜찮을 것 같아. 좀비가 되면 고통이나 슬픔을 다시는 느끼지 않을 테니까"라는 말을 들으면 대부분은 이렇게 답할 것이다. "그게 바로 문제라고! 좀비가 되면 고통을 느끼지 않겠지. 왜냐하면 아무것도 느끼지 못할 테니까. 그리고 거기엔 아무 가치가 없어. 난 아무것도 못 느끼는 것보다는 느끼고 살래. 설령 거기에 고통과 괴로움이 가득하더라도 말이야." 우리 모두는 우리를 공감할 만한 대상으로 만드는 것은 우리를 세계에 붙잡아주는 주관적이고, 구체적이며, 정서적인, 즉 한마디로 현상적인 고정임을 뼛속 깊이 느낀다고 시워트는 주장한다. 이런 세상에의 고정이 우리에게 도덕적 의미를 부여한다. 이것이 우리에게 도덕적 지위를 선사한다.[15]

시워트의 입장에는 두 단계가 있다. 첫째 단계는 현상적 의식 그 자체가 실질적 가치가 있다는 것이다. 현상적으로 의식한다는 것은 선천적으로 선량한 것이다. 설령 이로 인해서 우리가 고통과 괴로움을 느낄 가능성에 노출되어 있다 해도 말이다. 둘째 단계는 우리가 현상적 의식 때문에 도덕적 가치를 가졌다는 것이다. 가상의 좀비 되기 사례에서 우리를 오싹하게 만든 것은 좀비가 되면 우리에게 더 이상 도덕적 가치가 없다는 점이다. 우리는 단순히 좀비일 뿐이다. 그래서 우리는 현상학적으로, 그리고 그 사실 때문에 도덕적으로도 가치를 잃는다. 우리가 귀하게 여기는 것을 잃는다는 두려움 이상으로 우리는 우리 자신의 가치를 잃고, 윤리적으로 대할 가치가 있는 존재로서의 정체성을 잃는 것을 두려워한다.

이 두 단계에 철학자 조슈아 셰퍼드Joshua Shepherd의 연구에서 영향을 받은 셋째 단계를 추가할 수 있다.[16] 현상적 의식은 우리가 귀하게 여기는 것이고, 우리에게 가치를 부여하는 것이다. 하지만 이것은 또한 애초에 가치를 부여하는 행동 그 자체가 가능하도록 만드는 것이기도 하다. 이것은 살아 있는 생물이 통상 가치중립적인 우주에 가치를 더할 수 있게 만든다.[17] 현상적 의식이 없는 생물은 세상에 관한 실제 경험이 없고, 지금 여기에서 느끼는 감정이 없고, 무엇이 긍정적이고 무엇이 부정적인지 감지하지 못한다(따라서 좋고 나쁜 것도 알지 못한다). 이런 생물이 인지 기능을 널리 수행할 수 있다고 해도, 그 생물에 결코 가치는 생기지 않는다. 현상적 고정이 없으면 가치의 기반이 없는 셈이고, 선호도, 관심, 욕망을 확립할 바탕이 없는 것이다. 이런 생물에게는 어떤 하나를 다른 것보다 더 좋아할 만한 욕구가 없다. 이런 생물만 사는 우주는 가치를 평가하는 사람이 없고, 그래서 가치 있는 물건이 없을 것이다. 아무런 가치가 없는 우주인 셈이다.

여기서 가장 중요한 철학적 핵심은 현상적 의식이 윤리의 세계에서 접근적 의식보다 우선한다는 것이다. 그리고 현상적 의식만이 도덕적 지위를 부여할 수 있다. 접근적 의식이 인지적·행동적 복잡성을 우리 삶에 더할지 몰라도 이것은 우리의 도덕적 지위의 근원이 아니다. 오로지 현상적 의식만이 그 근원이다. 접근적 의식이 도덕적 가치를 조절할 수는 있어도 만들어낼 수는 없다. 오로지 현상적 의식만이 만들 수 있다.

접근 우선 방식: 논쟁의 반대편

서양 철학자들, 특히 도덕 이론가들이 역사적으로 접근적 의식의 기능들을 숭배했다는 사실은 누구나 알고 있다. 그 기능들 덕분에 인간은 도덕적 보호를 받을 권리가 생겼다. 우리는 합리적으로 생각하고, 합리적으로 행동하고, 언어로 소통하는 생물이기 때문이다. 말하자면 우리는 접근적 의식을 가진 생물이다. 접근적 의식이 없으면 기능들은 서로 다투고, 우리에게는 아무 도덕적 가치도 없었을 것이다. 우리는 '그대' 대신에 '그것'으로 남았을 것이다.

이 도덕적 지위에 대한 접근 우선 방식은 두 가지 형태로 나타난다. 하나는 결과주의자 방식, 다른 하나는 의무주의자 방식이다.

● 결과주의자 방식

원칙적으로 결과주의자들은 도덕적 삶의 최고봉을 행복의 최대화와 고통의 최소화로 보고, 우리의 행동을 세상에 행복의 총량을 증가시켰는지 감소시켰는지에 따라 평가해야 한다고 생각하는 도덕 이론가 집단이다. 하지만 행복을 주는 것은 다양한데, 결과주의자들은 어떤 것이 우선순위에 있는지 어떻게 결정할까? 이와 관련해서는 굉장히 다양한 입장이 있다. 쾌락결과주의자들은 중요한 것은 오로지 쾌락과 고통뿐이라고 주장하는 반면, 선호결과주의자들은 모든 쾌락이 동등하지 않고 그것들에 순위를 매기는 것이 도덕철학의 기능 중 하나라고 강조한다.[18]

역사적으로 존 스튜어트 밀 같은 결과주의자들은 복잡한 인지 과정을 필요로 하는 쾌락(미술 감상, 우정 쌓기, 새로운 지식 획득, 재능 계발 등)을 감각에 주로 결합된 쾌락(장미 향기 맡기, 낮잠 푹 자고 일어나기, 해변에서 일광욕하기 등)보다 '높은' 순위에 올려야 한다는 인지주의자 공식을 사용해서 쾌락에 순위를 매겼다. 우리는 이 공식을 밀의《공리주의》에서 볼 수 있다. 그는 이 책에서 푸시핀(19세기에 인기 있었던 아이들 놀이)을 하는 게 어떤 사람에게는 시를 읽는 것만큼이나 쾌락을 줄 수 있다고 해도 우리는 여전히 시가 객관적으로 푸시핀보다 '높은' 순위에 있다고 말해야 한다고 주장한다. 왜냐하면 시가 더 지적이기 때문이다. 이것은 푸시핀과 시가 누군가를 똑같은 정도로 행복하게 한다면 공리주의적 관점에서 둘 다 똑같이 훌륭하다는 제러미 벤담의 주장과 상반된다.[19]

이게 블록의 의식 이론과 무슨 관계가 있을까? 최근에 영국의 옥스퍼드 신경윤리센터와 제휴한 몇몇 철학자들(특히 가이 카하네 Guy Kahane, 줄리언 사부레스쿠Julian Savulescu, 닐 레비)이 도덕적 지위에 대한 접근 우선 방식을 옹호하기 위해서 선호결과주의에 기반한 논거를 펼쳤다. 이 사상가들은 현상적 의식이 가능하게 해주는 경험, 예를 들어 색깔을 보고, 멜로디를 듣고, 육체적 기쁨을 느끼는 일에 가치가 있다는 것을 인정했다. 하지만 "만족한 돼지가 되는 것보다 불만족한 인간이 되는 것이 낫다. 만족한 바보보다 불만족한 소크라테스가 되는 것이 낫다"는 밀의 유명한 주장에 감화된 그들은 이 현상적 행위에 대한 우리의 선호보다 접근적 의식이 권하는 행위, 예컨대 새로운 것을 배우고, 어려운 문제를 풀고, 합리적 추론을 하고, 우정을 쌓고, 다른 사람들과 소통하는 것에 대한 우리의 선호가 더 중요하다고 주장한다. 그들은 현상적 의식과 접근적 의식의 혜택 사이에서 골라야만 한다면 후자를 골라야 한다고 말한다. 인지적 접근이 없는 삶은 살 가치가 없기 때문이다. 다시 한번 이 철학자들은 현상적 의식을 잃는 것이 나쁜 일이라는 것을 부인하지 않는다. 그들은 그저 접근적 의식을 잃는 것이 도덕적 파탄이나 다름없는 어마어마하게 큰 비극이라고 믿을 뿐이다.[20]

나는 이 입장에 동의하지 않는다. 오해를 피하기 위해서 확실히 해두자면, 인지적 접근은 그것을 가진 사람들에게 대단히 중요하다. 나 역시 새로운 것을 배우는 걸 즐긴다. 나 역시 내 재능을 계발하는 걸 즐긴다. 나 역시 친구들과 좋은 시간을 보내는 걸 즐긴다. 그리고 이런 일들을 내 의지에 반해서 빼앗기게 된다면 고통스러울 게 분명하다. 하지만 문제는 이런 것들이 가치가 있느냐 없느냐가 아니라 이것들이 도덕적 지위의 기반이 되느냐 아니냐다. 이런 행동이 부족한 사람은 결과적으로 도덕적 지위가 떨어질 만큼 이것들이 그렇게 중요할까? 접근 우선 이론가들은 그렇게 믿는다. 그들의 눈에 접근적 의식이 부족한 생명체들은 도덕적으로 부적절하다. 도덕성이 그들에게는 적용되지 않는 것이다.

흥미롭게도 이 사상가들 중 누구도 내가 그들의 관점에서 도덕적으로 문제가 되는 내용이라고 생각하는 부분을 피하려 하지 않는다. 인간과 똑같은 수준의 인지적 교양을 갖지 않았으나 어쨌든 쾌락과 고통을 느낄 수 있는 동물들의 도덕적 지위에 관해 그들은 뭐라고 말할까? 간단하다. 동물에게는 접근적 의식이 없고, 그렇기 때문에 삶을 살 권리가 없다고 말한다.[21] 주위를 둘러싼 세상에 관해 아주 작은 의식만이 남아 있는 오랜 식물인간 환자는 어떨까? 간단하다. 그들은 접근적 의식이 없고, 그렇기 때문에 우리는 그들에게 어떤 도덕적 의무도 없다.[22] 뇌 손상 때문에 소통은 불가능하지만 그들의 자연적·사회적 환경을 계속 의식하고 있는 환자는 어떨까? 관점을 부정확하게 전한다는 비난을 피하기 위해 카하네와 사부레스쿠의 말을 직접 인용해보자. "이 환자들의 삶을 끝내는 것은 단순히 허용되는 정도가 아니라 도덕적으로 필요한 일이다."[23]

이상하게 보이겠지만, 당신이 똑바로 읽은 게 맞다. 뇌 손상을 입은 사람을 죽이는 것이 감내할 일일 뿐만 아니라 도덕적으로 필요한 일이라는 것이다. 왠지 모르지만 그들을 죽이지 않는 게 잘못된 일이라는 주장이다.

도덕적 지위가 다른 사람들이 우리를 자기들 마음대로 다루는 것을 막아준다던 워런의 주장을 떠올려보자. 이것은 심하게 가학적인 학대, 대단히 무분별한 폭력으로부터 우리를 보호하는 처음이자 마지막 방어선이다. 접근 우선 이론은 도덕적 지위를 인지로 축소함으로써 그 인지 요구사항에 들어맞는 사람들에게 그렇지 않은 사람들, 즉 인지장애자, 뇌 손상을 입은 사람들, 그리고 모든 비인간 동물들을 무생물과 똑같이 이용하고, 오용하고, 심지어는 부수어도 된다는 백지 위임장을 주는 셈이다. 그들이 인지적 접근을 도덕적 삶의 모든 것이자 궁극적인 것으로 보기 때문에 그들은 특정 단계의 인지 활동을 하지 못하는 사람들은 전부 버려도 된다는 도덕적으로 혐오스러운 관점을 갖는다.[24]

접근 우선 이론가들은 신경학자 올리버 색스Oliver Sacks의 유명한 환자 '닥터 피Dr. P'를 연상시킨다. 그는 오로지 추상적인 것과 도식적인 것만 볼 수 있고, 구체적인 것과 실물은 볼 수 없다. 접근 우선 이론가들은 인간 존재의 인지적 비계飛階 발판에만 사로잡혀서 그 비계가 서 있는 전前인지적·전언어적 토대는 잊어버렸다. 그들은 프랑스의 실존주의자 모리스 메를로퐁티가 실제 경험의 '토양'이라고 부른 것, 다시 말해 합리, 개념, 언어 등이 침범하기 전에 세상에 대한 우리의 구현화되고 깊게 뿌리박힌 관계를 잊어버렸다. 아니, 더 폭 좁게 이해하고 탄압했다.[25]

조슈아 셰퍼드는《의식과 도덕적 지위Consciousness and Moral Status》에서 접근 우선 이론가들이 인지를 강조하느라 현상성을 비하하는 수준에 이르렀다고 비판했다. 셰퍼드는 모든 의식 상태가 우리 존재에 가치를 주입하는 건 인정하면서도, 우리에게 '영혼을 불어넣는' 것은 블록 식의 접근이 아니라 우리를 현실에 직접 교감하게 만드는 행동, 예를 들어 즐기는 경험, 기분 좋은 상태가 되는 것, 고통을 느끼지 않는 것, 내적 평온의 순간을 갖는 것, 발을 살랑이는 파도를 느끼는 것, 아침 햇살의 축복을 즐기는 것, 평화로운 밤의 고요함에 휩싸이는 것 등이라고 믿는다. 그는 윌리엄 제임스William James의 1899년 수필〈인간의 특정 맹목에 관하여On a Certain Blindness in Human Being〉의 다음 단락을 인용한다.

> 야외에서, 땅 위에 살며 비뚤어졌던 균형의 가로대가 천천히 수평 의 선이 되도록 올라온다. 그리고 과잉감각과 무감각 자체도 사라진다.

> 모든 인위적인 책략과 열기의 장점은 사라지고 바랜다. 그리고 사람의 몸으로 보고, 냄새 맡고, 맛보고, 자고, 용기 내고, 행동하는 일이 늘어나고 또 늘어난다. 야만인들과 자연의 아이들, 우리 자신보다 훨씬 하천하다고 생각했던 그 존재들은 우리가 종종 죽던 곳에서 이선과 함께 확실하게 살아 있다. 그리고 그들이 우리처럼 능숙하게 글을 쓸 수 있다면, 그들은 우리에게 개선에 대한 우리의 조바심, 그리고 인생의 기초적이고 고정적인 선에 대한 우리의 맹목에 관해 감동적인 설교를 할 것이다.[26]

우리의 도덕적 지위는 세상과 우리의 원시적 결합, 우리의 감각과 애정, 감정이 서로 뒤섞여 끝없는 춤을 추는 곳에서 나온다. 경험 속에 있지만 인지의 손이 미치지 않는 곳에 자리한 이 결합은 우리에게서 합리의 추상성과 언어의 도식을 벗겨낸 나머지다. 이것은 우리의 도덕적·실존적 기반이다.

● 의무주의자 방식

도덕적 삶의 최고봉을 행복의 최대화에 놓은 결과주의자들과 달리 의무주의자들은 바꿀 수 없는 타인의 존엄성에 대한 무조건적 존경심에 도덕성을 위치시킨다. 그들에 따르면, 도덕적으로 훌륭한 삶을 살려면 다른 사람들을 '목표를 위한 수단'이 아니라 '그들 자체로 중요하게' 대함으로써 근본적인 품위를 존중해주는 자세가 필요하다.

불행하게도 의무주의자들은 합리성에 기반을 둔 품위를 바탕으로 도덕적 지위를 인지 기능으로 만드는 경향이 있다. 예를 들어, 《윤리형이상학 정초》에서 칸트는 우리의 품위가 우리의 '이성적인 본성'에 의존하기 때문에 오로지 이성적인 존재들만이 도덕적 존경을 받을 가치가 있다고 말한다. 현대의 칸트학파들은 이 관점에 따라 도덕적 지위의 접근 우선 해석을 옹호한다. 이 해석에 따르면, 우리의 도덕적 가치는 현상성(실제로 한 경험)보다 인지적 접근(이성)에 있다.[27]

철학자 유리아 크리겔Uriah Kriegel은 여러 논문에서 이런 움직임에 경고한다. 그는 우리가 칸트학파를 따라 접근 우선의 길을 걸어 수상한 도덕적 결론에 이르기 전에 다시 생각해야 한다고 말한다. 〈승인-존경의 품위와 현상학Dignity and the Phenomenology of Recognition-Respect〉이라는 논문에서 그는 도덕적 지위에 의무론적 접근을 하는 행동의 약점을 드러낸다. 그는 우리를 도덕적 지위를 실험하기 위한 두 명의 가상의 후보에게 소개하고, 우리에게 어느 쪽에 도덕적 존경을 담아 대해야 할지 생각해보라고 말한다. '날씨 관찰자'라는 사람들은 이런 특징이 있다.

> 어떤 활동도 할 수 없는 의식과 감정이 있는 생물 … 이것은 장대 같은 생물로, 완벽하게 움직이지 않고, 바닥에 딱딱하게 달라붙어 있지만, 어쨌든 주위 온도를 감지하고, 그것을 보살피고, 거기에 흥미를 가질 수 있다. 그들은 따뜻한 날씨를 선호하고, 매일 아침 따뜻하기를 소망하며, 따뜻함을 느끼면 신이 나고 따뜻하지 않으면 실망한다. 그러니까 그들은 가장 기초적인 지각적·인지적·감정적 삶을 가졌

지만, 중요한 건 그들에게 활동할 능력이 없다는 것이다. 그 결과, 그들의 의지력이 위축되었다고 추측할 수 있다. 그들은 결정, 의도, 선택 같은 상태를 겪어본 적이 없다.[28]

'자치 로봇'은 그와는 다르다.

반대로 우리의 세상에 특정한 목적이 설정된 자동 로봇이나 좀비가 있다고 상상해보자. 우리의 행동 다수가 무의식적으로 하는 것이라는 데는 의심의 여지가 없고, 이는 우리에게 무의식적인 많은 목표와 목적이 있다는 사실을 의미한다. 그리고 그 안에는 아마 궁극적 목표도 포함되어 있을 것이다. 이제 모든 목표가 무의식적인 생물을 상상해보라. 실제로 그 생물의 정신적 삶 전체가, 대단치는 않아도, 무의식이다. 그것은 어떤 감성이나 감정도 느끼지 않고, 어떤 생각 과정도 없으며, 어떤 육체적·지각적 감각도 없다. 하지만 그 의식 없는 삶은 상당히 활발하고, 우리 삶의 복제로서 합리적이고 목표 지향적인 행동을 하게 된다.[29]

두 후보의 차이는 간단하다. 날씨 관찰자들은 주변 환경에 관해 주관적이고 감성적인 경험을 갖지만, 인지 기능은 전혀 하지 못한다. 그들은 현상적 의식을 가졌으나 접근적 의식은 갖지 못했다. 자치 로봇들은 그 반대다. 그들은 기존의 알고리즘을 바탕으로 결정을 내리기 때문에 합리적이고 논리적이지만, 영국의 철학자 갈렌 스트로슨Galen Strawson이 "정신적 표상"이라고 부른 것이 부족하다.[30] 그들은 접근적 의식을 가졌지만 현상적 의식은 갖지 못했다.

그렇다면 관찰자와 로봇 중에서 누가 진짜 '칸트학파의 상급자' 일까? 크리겔은 이 이야기에서 상급자는 날씨 관찰자라고 말한다. 그들은 세상을 아끼고, 거기에 정서적 흥미를 갖고, 나름의 관점을 가진 지성이 있는 존재이기 때문이다. 그들과 비교할 때 자치 로봇은 내적 삶이 없는 기계다. 로봇은 감정이 없다. 흥분하지도, 고통스러워하지도, 갈망하지도 않는다. 심지어 살거나 죽지도 않는다. 모든 현상에서 제외된 그들은 역사적으로 동물들에 대해 사람들이 생각하던 특성 그대로다. 앙리 베르그송이 말하는 '엘랑 비탈', 즉 삶의 약동이 없는 기계장치, 누군가가 마음대로 조립하고 해체하고 재조립할 수 있는 생명 없는 물체. 도덕적 관점에서 더 중요한 쪽이 날씨 관찰자라는 걸 이해하기 위해서 도덕철학 고급강의를 들을 필요도 없다.

불행하게도 이 답은 접근 우선 방식의 옹호자들에게는 도움이 되지 않는다. 접근적 의식이 도덕적 지위의 기초라고 받아들이는 사람들은 이렇게 주장할 수밖에 없다. 첫째, 날씨 관찰자들은 접근적 의식이 없으므로 우리가 그들을 도구화하는 것은 도덕적으로 허용되는 일일 것이다. 둘째, 정확하게 말해서 자치 로봇은 자기 자신을 다스리는 합리적인 존재이기 때문에 우리가 그들에게 똑같은 행위를 하는 것은 도덕적으로 허용되지 않는 일일 것이다. 하지만 이 로봇들은 크리겔이 말하듯 "안에 아무도 없기"[31] 때문에 이 입장은 도덕적으로 혼란스럽다. 대조적으로 날씨 관찰자들은 우리에 대해 강력한 도덕적 선언을 하는 합리적인 존재다. 바닥에 달라붙은 상태에서도 그들은 우리의 도덕적 호출에 응답한다.

크리겔은 "현대의 로봇청소기"[32]가 더 나은, 그리고 더 따뜻한 미래를 갈구하는 생물보다 도덕적 가치가 클 수 있다고 생각했지만, 누군가가, 심지어 칸트 자신조차 정말로 그 주장을 받아들일 수 있을까 의문이었다. 만약 칸트가 계몽시대 전성기에 사랑스러운 날씨 관찰자와 마주했더라면, 그는 자신의 입장을 좀 더 조정하고, 도덕적 지위를 갖기 위해서(도덕적 사고를 가진 물건이 되는 것)가 아니라 도덕적으로 생각하기 위해서(도덕성의 행위자가 되는 것)는 이성적인 본성이 필요하다고 순화시켰을 수도 있다.[33] 크리겔은 심지어 칸트 도덕철학의 논리적인 구조를 아래처럼 재구축했다.

1. 상급자(품위를 가진 존재)를 수단 대신에 목표로 대할 경우에만 행동은 도덕적으로 옳다.
2. 오로지 현상적으로 의식을 가진 생물만이 상급자가 될 수 있다. 그러므로,
3. 현상적 의식을 가진 생물을 수단보다 목표로 대할 경우에만 행동은 도덕적으로 옳다.[34]

이 재구축에서는 인지가 아니라 현상성이 중요한 역할을 한다. 현상성은 누가 공감의 적절한 수혜자인지 결정한다. 평범한 칸트학파는 그들이 합리적 인지에 부여한 가치 때문에 이 재구축을 잘못된 것으로 매도할 수도 있지만, 크리겔은 생명이 없는 로봇이 기쁨, 희망, 실망 같은 감정을 경험하는 살아 있는 생물에 대해 도덕적 우선

순위를 주장하게 놔둘 생각이 아니라면 존재가 가진 인지에만 도덕적 가치가 자리한다는 도덕론을 바로잡아야 한다고 지적한다.

마지막으로 한 가지만 더 강조하자. 크리겔은 우리의 도덕적 지위의 기반을 그가 세상에 관한 우리의 현상적 경험에서 가장 중요하다고 생각하는 특성에 두었다. 바로 다른 사람들에 대한 철저한 접근불능성, 무조건적인 내 것 정신이다. 누구도 나의 현상적 경험을 빼앗아갈 수 없다. 내가 다른 사람의 것을 빼앗을 수 없듯이 말이다. 하지만 우리가 다른 사람의 현상적 경험 내용에 접근할 수 없다 해도 이 접근불능에 접근할 수는 있다. 다른 사람을 만나면 나는 즉시, 본능적으로 그들의 내적 삶에 접근할 수 없다는 걸 이해하고 그들이 의식을 가졌음을 의식하게 되며, 그로 인해 그 사람이 도덕적으로 침범할 수 없으며, 내가 가장 엄숙한 도덕적 경의를 가져야 할 사람이라고 느끼게 된다.[35]

크리겔은 일상적인 사례를 이용한다. 카페에 들어가서 주위를 둘러보면 온갖 종류의 물건들을 인지하게 된다. 그림, 안쪽에 앉은 남자, 에스프레소 머신, 소화기, 칠판에 쓰인 메뉴, 탁자, 의자, 기타 등등. 이 모든 물건이 나의 지각의 장의 주민이 되어 태양 주위의 행성처럼 내 주위를 빙빙 돈다. 그런데 그중에서 다른 것들과 분명하게 달라서 눈에 띄는 대상이 하나 있다. 바로 카페 반대편에 앉아 있는 남자다. 분명히 남자는 그 앞에 있는 소화기나 그 뒤에 있는 그림처럼 내 지각에 들어온 대상이다. 그를 이 무생물들과 구분하는 것은 그에게 정체성이 두 개가 있다는 사실이다. 그는 내 지각 속의 대상이자 그 나름대로 지각하는 주체다. 그는 내 주위를 도는 행성인

동시에 "그의 주위를 도는 별들과 행성 집단들을 완전히 갖춘" 태양이기도 하다.[36] 현상적으로 말하자면, 그가 내 주위를 도는 것처럼 나도 그의 주위를 돈다.

크리겔의 주장의 핵심은 내가 스스로에게 물은 적이 없는 것이다.

"저기 앉은 남자는 물건일까, 인간일까? 행성일까, 태양일까?"

카페에 들어가서 그 남자를 보자마자 나는 그의 열기를 느낀다. 의심할 시간도 없이 그 열기부터 느낀다. 크리겔은 상호주체성의 구조에 대해 주장하면서 막스 셸러Max Scheler, 비트겐슈타인, 에디트 슈타인Edith Stein, 모리스 메를로퐁티, 에마뉘엘 레비나스를 포함하는 현상학자들의 오랜 전통을 따랐다. 그들은 우리가 다른 사람의 도덕적 지위를 판단할 수 없다고 믿었다. 우리는 그것을 **독자적으로** 지각하기 때문이다.[37] 우리는 웃음 속의 즐거움, 찌푸린 미간의 분노처럼 누군가의 얼굴에서 그 사람의 감정을 보는 것과 마찬가지로 세상 안에 있는 그들의 방식에서 도덕적 지위를 볼 수 있다. 감정처럼 다른 사람들의 내적 빛은 추론하는 것이 아니라 지각하는 것이다. 그리고 이 지각은 공감의 기원이다. 어떤 책에서는 이것이 공감 그 자체다. 내가 좋아하는 공감의 정의 중 하나는 독일 철학자 에디트 슈타인이 1917년에 쓴 책《공감의 문제에 관하여On the Problem of Empathy》에 나온 것이다. 그녀는 공감을 하나의 의식이 다른 의식을 지각하는 방식일 뿐이라고 규정했다. 이것이 크리겔의 관점이기도 하다.

하지만 카페의 남자에게서 내가 도덕적으로 가장 두드러지게 경험한 것은 무엇일까? 내가 해부학적으로 나와 똑같다고 인지한 그의 몸일까? 내 뇌가 진화해서 인간으로 인식하고 친숙하게 느끼게 된 그의 얼굴일까? 그의 도덕적 가치의 표지로 여겨지는 그의 언어 사용일까? 아니, 전부 아니다. 그의 위엄에 내가 존경심을 품게 만든 것은 그의 경험에 대한 접근불능성, 나에게 존재론적 교착 상태가 되는 그의 내적 세계에 대한 나의 경험이다. 카페의 남자는 가슴 속에 나에게 들어오지 않는 온전한 우주를, '합쳐지기를 거부하는' 무한을 갖고 있다.[38] 내가 카페 안으로 들어가 가게 안쪽의 그를 보았을 때, 나는 즉시 내가 부술 수 없는 자물쇠 곁에 있다는 걸, 열 수 없는 금고 앞에 있다는 걸 알았다. 이 거부는 그의 위엄이고, 그의 위엄에 대한 내 경험은 내가 도덕적으로 그에게 설명을 요구하지 않았던 이유다.

이게 반직관적인 이야기처럼 들리겠지만, 크리겔은 현상성이 그것을 채우는 존재가 아니라 거기 맴도는 부재, 사실상 그것을 구성하는 부재를 통해서 도덕적 가치의 기반이 된다고 생각한다. 다른 사람들에 대한 내 경험에 그 사람에 관해 긍정적인 것이 존재하는 게 아니다. 그 사람에 대한 내 경험에 긍정적으로 내놓을 수 없는 것, 다시 말해 그들의 의식, 그들이 있다는 어딘가 불합리한 사실이 주어진 것이다.

꿈의 도덕적 힘

오랫동안 사람들은 꿈을 보호장치로 해석했고, 그래서 꿈이 우리의 가장 은밀한 비밀을 드러낼 가능성이 있다고 여겼다. 플라톤은《국가》에서 꿈속에서 '부자연스러운 욕망'이 해방되는 것을 경고했지만,[39] 《고백》에서 괴로워하는 아우구스티누스는 자는 동안 그를 방문하는 추악한 간통의 꿈에 고뇌한다. 아우구스티누스가 걱정하듯이 죄악의 꿈은 그 자체만으로 신의 눈에 죄일까? 15세기 후에 헨리 데이비드 소로는 꿈이 우리의 진정한 도덕적 특성을 드러내는 게 아닐까 하고 비슷한 의문을 가졌다.《소로우의 강》에서 그는 이렇게 쓴다.

> 꿈속에서 우리는 깬 상태에서 다른 사람들을 보는 것보다 더욱 명확하게 벌거벗고 진정한 모습을 드러내는 우리 자신을 본다. 하지만 변함없고 강력한 미덕은 아주 환상적이고 희미한 꿈마저 항상 깨어 있는 위엄을 존중하게 만들 것이다. 우리가 부주의하게 말하는 것에 익숙해진다 해도 그런 것에 관해서 절대로 꿈을 꿔서는 안 된다. 우리의 가장 진정한 삶은 우리가 꿈속에서 깨어 있을 때다.[40]

아우구스티누스는 우리에게 닥친 '사건(예컨대, 섹스에 관한 꿈)'과 우리가 의식과 의도를 갖고 한 '행동(예컨대, 섹스를 하는 것)' 사이를 구분하는 것으로 자신의 딜레마를 해결하려고 했다. 지옥이라는 개념을 무서워하지 않았던 소로는 아우구스티누스에 정면으로 반대하는 결론을 내놓았다. 우리가 꿈에서 하는 행동은 깨어 있는 동안 우리가 익힌 습관을 반영하고, 그래서 순수하게 우리 성격의 연장인 셈이다. 꿈에서 일어나는 일은 우리의 도덕적 기질의 척도, "우리 성격의 시금석"이다.[41]

꿈의 도덕성에 관해 이런 식으로 생각하는 건 견해의 역사라는 관점에서 흥미롭지만, 나는 플라톤, 아우구스티누스, 소로가 잘못된 각도에서 이 문제에 접근하고 있다고 생각한다. 그들은 모두 우리 꿈의 도덕적 힘이 그 내용에 있고, 이 힘을 제어하는 것은 그 내용이 '도덕적'인지 '비도덕적'인지만 판단하면 되는 간단한 문제라는 가정하에 이야기한다. 이런 점에서 그들은 틀렸다. 꿈에 도덕적 힘이 있다는 생각은 맞지만, 이 힘이 내용에 담겼다는 추측은 틀렸다. 나에게 이 힘은 다른 곳에, 정확하게는 꿈과 현상성이 결합된 곳에 자리한다. 이미 앞에서 현상성이 도덕적 가치의 기반이라고 이야기했고, 그 말은 현상적 의식 상태가 그 상태를 경험한 생명체들에게 도덕적 지위를 부여한다는 뜻이다.

지금부터 나는 꿈이 대단히 현상적 상태라는 이야기를 하려 한다. 사실 꿈을 꾸는 것은 대단히 뛰어난 '바로 그' 현상적 상태일 가능성이 높다. 그러니까 도덕적 힘으로 가득한 것이다.

● 현상적 상태로서의 꿈

1995년 논문에서 블록은 현상적 내용으로 가득하지만 인지적으로 접근은 할 수 없는 의식 상태의 예를 찾음으로써 접근적 의식에서 현상적 의식을 독립시킬 방법을 찾았다. 그는 1950년대에 인지심리학자 조지 스펄링George Sperling이 수행한 부분회상실험에 참여했던 연구 대상들의 경험이 '순수하게' 현상적 상태임을 발견했다고 주장했다.[42] 스펄링의 연구에 대한 블록의 해석에 나는 딱히 이의가 없지만, 블록이 순수한 현상성의 더 명확하고 강력한 사례를 놓쳤다고 생각한다. 그것은 바로 꿈이다. 꿈은 우리에게 현상적 내용을 보여주는 한편 인지적 접근을 막아주는 정신 상태다. 꿈속에서 우리는 블록이 접근적 의식(합리적인 생각, 행동 통제, 언어적 보고성)이라고 규정한 실제적 기능 단계 없이 현상적 의식(이미지, 소리, 냄새, 고통)과 연결한 모든 주관적 상태들을 경험한다.

인지과학 철학자 미겔 앙헬 세바스티안Miguel Ángel Sebastián은 꿈을 인지적 접근을 없앤 현상적 경험으로 보는 해석의 가장 강경한 옹호자다. 꿈의 신경과학을 바탕으로 그는 꿈 상태에서 우리는 주관적 관점에서 '자발적 통제와 반성적 사고'의 급격한 감소를 경험하며, 이는 신경적 관점에서 인지적 접근을 일으키는 뇌의 영역인 배외측 전전두피질(dlPFC)의 활동량도 급격히 감소하는 것과 일치한다고 설명한다. 또한 dlPFC는 계획 세우기, 전략 짜기, 주의 기울이기 같은 고급 인지 기능에 핵심적이라고 여겨진다. 이 부분은 우리의 객관성의 자취를 잃지 않으면서도 현존하는 정보를 일시적으로 저장하고 조작하게 만들어주는 '작업기억'의 중요한 요소다. 그러므로 dlPFC는 접근적 의식과 긴밀하게 관련되어 있는 것으로 보인다. 하지만 꿈을 꾸는 동안에는 차단되어 있어서 이것이 완벽하게 정상적이고 풍성한 꿈 생활에 필수가 아님을 알려준다. 〈꿈Dreams〉에서 세바스티안은 이렇게 쓴다.

> 우리가 꿈을 꾸는 것은 REM 단계라는 것에 전반적으로 동의한다. 물론 전적으로 그런 것은 아니지만 말이다. REM 단계에서 몇몇 부분은 각성 시보다 더욱 활성을 보이는데, 특히 변연계가 그렇다. 피질에서 전방대상피질과 두정엽처럼 편도체로부터 강력한 신호를 받는 부

> 분들 또한 활성화된다. 이것이 꿈이 굉장히 감정적인 부분을 설명해준다. 반면 후두정피질, 쐐기앞소엽, 후방대상피질의 나머지 부분들은 비교적 비활성 상태다. 나의 현재 목적에 더욱 흥미롭게도 dlPFC에서 (각성 시와 비교할 때) 선택적으로 비활성화되는 부분이 있다. … 인지적 접근에서 dlPFC의 역할을 고려하면, 이 결과는 REM 수면 단계에서는 인지적 접근이 부족하다는 사실을 암시한다. 수면 중 인지적 접근에서 뇌의 또 다른 부분이 dlPFC의 역할을 하는 것은 타당하지 않을 것 같기 때문이다. 하지만 우리는 이 단계에서 꿈을 꾼다. 수면의 이 단계에서 깨어나 꿈을 꾸었느냐는 질문을 받으면 최소한 전체의 80퍼센트 정도는 긍정적으로 답한다. 그러니까 꿈은 의식적 경험이다. 그렇지 않은가?[43]

실제로 그렇다. 실증적 증거가 암시하듯이 보통의 꿈은 접근적 의식의 부재 속에서의 현상적 의식의 경험이다.[44] 상황이 다르게 보이는 유일한 때는 우리가 백일몽을 꿀 때뿐이다. 백일몽을 꿀 때 dlPFC는 꿈 발생 과정에 다시 동원되어 자발적 통제와 반성적 사고라는 우리의 주관적 경험을 갑자기 증가시킨다.[45]

각성-수면-꿈의 스펙트럼 전체에서 dlPFC가 어떻게 작동하는지에 관해서는 명백한 논리가 있다. 이것은 우리가 접근적 의식일 때 '켜지고', 우리가 오로지 현상적 의식일 때는 '꺼진다'. 이로 인해 세바스티안은 dlPFC가 현대 신경과학의 성배를 품고 있을 수도 있다고 추측하게 되었다. 바로 접근적 의식과 신경의 상관관계다.

접근적 의식과 현상적 의식을 이론상 분리할 수 있다고 생각했

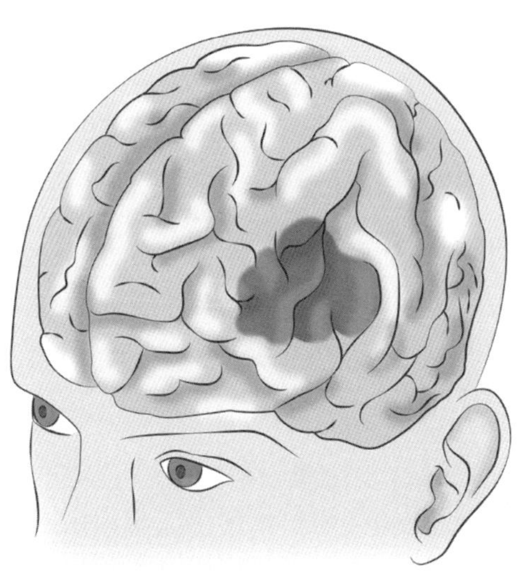

배외측 전전두피질(그림의 진한 회색 부분)은 많은 신경과학자들이 합리적 생각과 실행제어와 관계가 있기 때문에 접근적 의식과 신경학적의 상관관계가 있다고 생각하는 전두엽 부위다. 이 부위는 백일몽 상태가 아닐 때 비활성화되는데, 이것이 그 꿈들이 접근적 의식이 아니라 현상적 의식 상태라는 관점을 뒷받침한다.

던 부분에서 블록은 옳았다. 왜냐하면 꿈은 실제로 그것들을 분리하기 때문이다. 꿈은 '현상학이 인지적 접근으로부터 독립적'임을 나타내는 '순수한' 현상성을 보여준다.[46] 꿈은 꿈꾸는 사람에게 인지적 통제가 빠진 경험적 무대를 제공한다. 그래서 꿈은 두 개의 학문적 거대담론, 즉 의식 경험과 집행 인지를 동일시하는 의식의 인지주의 이론[47]과 과학적 영역보다 철학 영역에서 똑같은 개념적 변화를 만드는 정신의 고차 이론[48]의 단점을 드러낸다. 이 이론들은 접근적 의식이 모든 형태의 의식 경험이 올라앉을 주춧돌이라고 생각한다. 하지만 꿈은 우리에게 몇몇 의식 상태는 현상적 의식에만 의존한다는 것을 보여준다.

● 도덕적 지위

이제 우리는 몇 가지 논쟁을 한데 모아서 다음과 같이 정리할 수 있다.

전제 1: 도덕적 지위의 기반은 현상적 의식이다.
전제 2: 꿈은 현상적 의식 상태다.
결론 A: 그러므로 꿈은 도덕적 지위를 부여한다.
전제 3: 몇몇 동물은 꿈을 꾼다.
결론 B: 그러므로 최소한 몇몇 동물은 도덕적 지위를 가졌다.

하지만 도덕적 지위는 실제적 결론이 결정된 것과는 한참 먼, 흐릿한 철학적 개념이다.[49] 동물에게 도덕적 지위를 부여한다는 게 무슨 뜻일까? 마음에서 우러나오는 선의에서 그들에게 친절해야 한다는 뜻일까? 우리가 그들에게 영향을 미치는 결정을 내릴 때 그들의 이익을 고려해야만 한다는 뜻일까? 그들에게 살아갈 권리, 육체적 자유를 가질 권리처럼 기본적인 법적 권리가 있다고 인정해야 한다는 뜻일까? 그들을 과학 연구에 사용할 수 없고, 동물원과 수족관에 전시할 수 없고, 우리를 위한 육체적·감정적 노동을 시킬 수 없다는 뜻일까? 그들이 가정 내의 친구가 될 수 없다는 뜻일까?

이런 거대한 윤리적 질문을 여기서 다룰 생각은 없지만, 나무를 보다가 숲을 놓쳐서는 안 된다. 도덕적 지위라는 개념은 우리가 실질적인 세부사항을 전부 알아낼 수 없을 때도 아주 중요한 도덕적 작업을 해줄 수 있다. 예를 들어, 동물 윤리학자 데이비드 데그라지아는 동물에게 도덕적 지위를 부여하는 것은 공장식 사육과 침습성 생물의학과 행동 연구 같은, 동물을 억압하는 사회기관을 규탄하는 기반으로 아주 좋다고 설명한다.[50] 도덕적 지위는 동물에게 (그 사람이 결과주의자라면) 동물의 이익을 침해당하는 것과 (그 사람이 의무주의자라면) 편안함, 편리함 또는 진보를 위해서 동물의 위엄이 훼손되는 것을 막아주는 도덕적 권리를 준다. 동물들을 억압하고 약탈하는 기관들은 어떤 합리적인 윤리적 틀이나 결과주의자, 의무주의자도 정당화할 수 없는 도덕적 재앙이다. 공장식 농업과 침습성 과학 연구를 하는 기관들이 절대 넘어서지 못하도록 동물의 도덕적 지위를 인정하게 만들기 위해 모든 윤리적·법적·사회적 영향력을 다 동원할 필요까지는 없다. 도덕적 지위라는 개념은 가장자리는 불안할 정도로 흐릿할 수 있지만, 그 속은 놀랍도록 단단하다.

동물의 도덕적 지위를 인정하면 더 윤리적인 방식으로 인간-동물 관계를 진전시키고, 동물 해방이라는 목표에 더 가까이 다가갈 수 있을 것이다. 하지만 복잡한 주제를 단순화하고 싶은 마음은 없다. 도덕적 지위는 종간 정의를 위한 투쟁에서 강력한 도구가 되겠지만, 우리의 사회적 문제 전부를 해결하는 만병통치약은 아니다. 동물에 대한 우리의 길고 지독한 대접, 아니 푸대접의 역사를 고치는 즉효약도 아니다. 이 개념은 동물들을 우리의 도덕적 우주 안으로 데려올 수는 있지만, 그들이 차지해야 하는 자리가 어디인지까지 우리에게 알려주지는 않는다. 설령 우리가 각다귀부터 흰긴수염고래까지 모든 동물에게 도덕적 지위를 부여했다 해도 여전히 수많은 이론적 작업이 남아 있을 것이다. 우리는 어떤 동물이 어떤 이득을 줄 수 있는지, 어떤 이득에 어떤 보호가 필요한지, 어떤 보호에 어떤 결과가 유발될지 파악해야 한다. 동물 윤리학자 로리 그루엔Lori Gruen이 알아챘듯이 "비인간 동물들이 우리에게 도덕적 불만을 제기할 수 있다는 사실 자체가 그런 불만을 어떻게 평가하고 상충되는 불만을 어떻게 판정할지 본질적으로 알려주는 것은 아니다. 도덕적으로 사려 깊다는 것은 도덕적 레이더 스크린에 나타나는 것과 비슷하다. 스크린에서 신호가 얼마나 강한지와 어디에 있는지는 다른 문제다".[51] 하지만 한 가지만은 분명하다. 동물들이 현재 추방되어 있는 도덕적 우주에 들어오게 하기 전에는 상충된 주장들을 절대로 조정할 수 없을 것이다.

도덕적 지위를 동물들에게 허락해야만 그 접근이 가능하다.

윤리적 종결

우리는 이 시대에 동물의 의식을 부정하는 것에 두려움을 느껴야 한다. 동물의 내면성을 부인하는 태도와 동물의 안녕에 대한 완전한 무관심 사이의 거리는 대단히 가깝기 때문이다.[52] 우리 시대의 주된 윤리적 과제 중 하나는 우리의 생각을 사로잡고 있는 이 부정의 손길을 느슨하게 만들어 동물들을 아무 생각 없는 고깃덩어리로 인지하는 것을 멈추고, 그들을 중요한 의식적 존재로, 존재 그 자체의 미덕에 의해 가치를 갖고 있으며 세상에 가치를 채우는 존재로서 경험하는 것이다.

동물에 '신경 쓰기minding'가 도덕적 전선에서 전진을 이루는 한 가지 방법이다.[53] 나는 이 용어를 좋아한다. 왜냐하면 이중적 의미가 담겼기 때문이다. 여기에는 동물을 인지 행위자로서 보고 대우한다는 뜻과, 그들에게 생긴 일, 그들이 살아온 삶, 그들이 살고 있는 환경 조건 등에 신경 쓴다는 뜻이 동시에 담겨 있다. 나는 또한 그 의미가 서로 맞물려 있다는 점에서 이 용어를 좋아한다. 인지적으로 동물에 신경 쓰기는 그들을 보살피는 것을 윤리적으로 가능하게 해준다. 아니, 최소한 훨씬 쉽게 해준다. 동물들이 생각 없는 악당이라는 관점을 무너뜨리는 프로젝트는 종차별주의자의 폭력이 폭발하는 것을 막아줄 수 있다. 인간으로서 우리의 특별한 입장에서 나온 합법적인 결과인 척 가장하는 이런 폭력은 삶의 아주 많은 영역에서 순식간에 재생산되면서 훨씬 난폭해진다. 우리가 깨어 있는 동물들이 표현하는 눈에 보이는 생각부터 잠이라는 고독 속에서 갖는 숨겨진 생각에 이르기까지, 그들의 정신의 모든 측면에 주의를 기울이지 않는다면 이런 이중적 의미에서 동물에 '신경 쓰기'에 성공할 수 없을 것이다.

에필로그

동물은 주체이고 세상의 건설자다

•

겉보기에는 정말 별것 아닌 것 같은 꿈은
우리를 더 깊고 깊은 철학적 주제로 끌고 가는 신기한 특성이 있다.
– 이언 해킹[1]

우리는 동물에 관해 모르는 것이 아주 많다. 우리의 짧은 일생을 함께 살아가는 이 비인간 생명체는 누구일까? 그들은 우리에게 어떤 존재이고, 우리는 그들에게 무엇일까? 그리고 우리를 가르는 수많은 진짜 문젯거리들(언어의 격차, 다른 마음의 문제, 의인화의 위험성 등등)을 고려할 때, 우리는 똑같이 숫자가 많고 똑같이 진짜이면서 동시에 우리를 다 함께 묶어주는 정반대의 문제들을 어떻게 이해해야 할까?

이탈리아 철학자 파올라 카발리에리Paola Cavalieri는 이것을 "동물 문제"라고 부른다.[2]

우리를 갈라놓는 것

동물의 꿈세계로 들어갔던 우리의 여행은 동물이 인간의 하위 버전이 아니라는 것을 보여주었다. 동물들은 물리적·심리적·진화적·존재론적·영적 성장이 저지된 기묘한 상태에 사로잡혀 있는 것이 아니다. 그들은 그들 나름의 육체 도해, 심리적 구조, 진화의 역사를 가졌다. 또한 그들 나름의 관심, 포부, 동기도 있고, 현실을 형성하고 해석하는 나름의 방식, 세상의 풍부함 자체를 견디고 즐기는 나름의 방식도 있다. 우리는 종종 그들의 경험에 비춰 우리의 경험의 측면을 보기도 하지만, 그들 자체가 우리의 반사상은 아니다. 그들은 우리를 비춰주거나 보완하려고 있는 것이 아니다. 우리를 위해서 존재하거나 우리에게 감사하려고 존재하는 것도 아니다. 그들은 우리가 바라는 모습이 되기 위해서 존재하는 것이 아니라 그들 자체로, 그들의 모습 그대로 존재한다. 그들은 철학자 톰 레건Tom Regan의 용어를 빌리자면 "생명의 주체"다. 이 말은 자신의 삶의 행위자라는 뜻이다.

이 그들다움은 우리를 수많은 한계에 부딪치게 한다. 이것은 그들을 이해하려는 우리의 모든 시도가 우리가 해결할 수 없는 애매함, 우리가 대답할 수 없는, 아니 최소한 잘 대답할 수 없는 질문들에 시달린다는 뜻이다. 그리고 동물들이 꿈을 꿀 때 어떤 일이 생기는지 이해하려는 나 자신의 시도 역시 예외가 아니다.

우리는 다른 동물들이 무슨 꿈을 꾸는지 완전하게 설명한다는 면에서 이 책 처음과 비교해서 전혀 진전을 이루지 못했다. 기껏해야 부분적인 답을 얻어냈을 뿐이다. 우리는 동물들이 깨어 있을 때 경험한 그들의 관심, 호기심, 기쁨을 촉발하는 기분 좋은 것들에 관해 꿈을 꾼다는 것을 알았다. 또한 그들이 심각한 트라우마에 시달릴 때는 아주 끔찍한 것들에 관해 꿈을 꾼다는 것을 알았다. 그리고 해마의 반복에 관한 연구 분석을 통해서 그들의 꿈이 전부 다 과거 경험의 다층적 구조가 아니라는 것도 알았다. 몇몇은 실재하지 않는 현상과 관련이 있었기 때문이다. 그렇다 해도 중대한 질문들은 아직 답을 찾지 못했다. 예를 들어 이런 것들이다.

잠을 자는 동안 경험의 땅에서 동물들의 정신이 정확히 얼마나 높이까지 올라갈 수 있을까?
동물들은 추상적 생각을 꿈꿀 수 있을까?
꿈속에서 동물들이 깨어 있을 때의 생활에 영향을 주는 문제를 해결할 수 있을까?
동물들도 꿈 제어, 거짓 각성, 수면마비를 경험할까?
동물들의 꿈세계는 얼마나 기묘하고, 비논리적이고, 비현실적일까?
쥐들은 고양이가 되는 꿈을 꾼 적이 있을까?
고양이는 꿈에서 쫓기는 편이 되어본 적이 있을까?

짧게 답하자면, 우리는 모른다. 하지만 그들의 꿈이 언제나 과거 사건의 충실한 재방송이 아니라는 사실을 인정한다면, 그들의 꿈이 우리 꿈만큼 터무니없고, 기발하고, 으스스할 수 있다는 가능성을 최소한 생각해봐야 한다. 물론 철저하게 비인간적인 방식으로 터무

니없고, 기발하고, 으스스하겠지만 말이다.[3]

꿈의 내용 외에 이 책에서 해결하지 못하고 놔둔 또 다른 문제는 꿈의 기억이다. 철학자 호세 미겔 과르디아José Miguel Guardia가 1892년에 적었듯이, "동물들이 자신들의 야간의 환각을 기억하는지 못하는지 상당히 궁금하다. 이것은 동물의 영혼을 옹호하거나 반대하는 글을 쓴 작가들이 무시하고 있던 부분이다".[4]

한 세기가 더 지났지만 그것은 여전히 무시되고 있다. 물론 그럴 만한 이유가 있어서일 수도 있다는 건 인정한다. 동물이 자기 꿈을 기억하는지 못하는지 판단하는 것은 굉장히 어렵다. 그래도 우리는 이 가능성을 완전히 일축할 수 없다고 말할 만큼 다른 종들의 기억 체계를 잘 안다. 설령 이 문제에 관해서 아직은 명확히 말할 수 있는 게 없다 해도 말이다. 어쩌면 동물들은 그들의 꿈 일부만을 기억할지도 모르고, 짧은 시간 동안만 기억할지도 모른다. 그렇다 해도 이는 꿈속에서 그들에게 일어난 일이 그들이 깨어 있는 상태에서 생각하고, 행동하고, 살아가는 방식에 영향을 준다는 의미다. 이는 그들의 꿈세계가 그들의 각성세계에 간섭해서 기울어지게 만든다는 뜻이다.

꿈 기억은 또한 그들의 계속되는 자아감과 꿈속 기억을 통합하는 엄청난 과제를 마주하고 있다는 뜻이기도 하다. 왜냐하면, 인지적으로 말하자면, 꿈을 꾸는 것과 꿈을 기억하는 것은 별개의 일이기 때문이다. 꿈 전문가 어니스트 하트만Ernest Hartmann은 이렇게 말했다.

꿈의 이 기초 기능은 꿈을 실제로 기억하는지 아닌지에 따라서 일어난다. 꿈을 기억할 때는 자기 이해, 삶의 결정, 새로운 발견에 유용한 더 넓은 연결관계와 가능성을 드러내는 면에서 더 많은 기능을 갖게 된다.[5]

안토니오 다마지오는 비슷한 관점을 갖고 있다.《데카르트의 오류》에서 그는 '우리가 누구인가'라는 감각은 데카르트가 믿었던 것처럼 위에서, 이성으로부터 오지 않는다고 설명한다. 그것은 아래에서, 꿈 기억을 포함해 감정적으로 다채로운 기억의 느리고 꾸준한 강화로부터 온다. 그러면 우리가 다마지오가 "자전적 자아감"이라고 부르는 과거의 가닥들로부터 빠져나와 계속해서 빙빙 도는 유일한 생물이 아니라고 한다면, 다른 동물들이 꿈을 기억한다는 발견에는 어떤 의미가 있을까?

이 말이 우리를 벼랑 끝으로 몰고 간다는 건 나도 인정한다. 여기서 우리는 대답할 수 없는 질문과 싸움을 하거나, 답이 아예 대놓고 추측성은 아니라고 해도 자신 없고, 애매하고, 포기로 가득한 종류의 질문과 다투게 된다. 하지만 이걸 피해 갈 방법은 없다. 한편으로 이것은 다른 동물을 연구하는 것이 어떤 의미인지를 보여준다. 우리와 그들의 관계를 중재하는 가늠할 수 없는 것, 그리고 확정할 수 없는 것의 흔적과 화해하는 것이다. 다른 한편으로 이것은 꿈을 연구하는 것이 어떤 의미인지를 보여준다. 과학철학자 이언 해킹Ian Hacking이 알아냈듯이 꿈은 그냥 이상하다. 연구 대상으로서 꿈은 해킹이 "진기한 속성"이라고 부르는 것을 갖고 있다. 꿈은 그 환상적인 매력으로 우리를 끌어들인 다음, 우리를 지적 편안함이라는 지역에서 점점 더 멀리 꾀어내서 미지의 나라 깊숙한 곳에서 꼼짝 못 하고 방향을 잃게 만든다. 우리의 꿈이 우리에게 이렇게 멀고 낯설게 만드는 영향을 미친다면, 우리는 진화의 끝없는 힘이 이 세계로 데려온 수많은 다른 존재들의 꿈에 관해서 무엇을 예상해야 할까?

우리는 이 세계의 일부분이 인간의 지배에 협조하지 않는다는 사실에 우울해하고 아쉬워할 수도 있다. 아니면 자연세계의 천성적 불투명성을 반갑게 받아들이고 결과적으로 지적·영적으로 성장할 수도 있다. 동물을 따라 꿈의 아찔한 내륙지역으로 들어가는 경험은 경직된 추측으로부터 우리를 느슨하게 풀어줄 수도 있다. 특히 그들의 정신이 갈 수 있는 높이와 깊이, 그들의 영혼이 갈 수 있는 어마어마한 거리에 관한 우리의 추측을 바꾸어줄 수 있다.

방향상실 다음에는 재방향설정이다.

우리를 한데 묶어주는 것

동물들은 많은 추억을 갖고 있고, 대단히 창의적이고, 매우 체화된 인지를 가졌으며, 꿈은 이 풍부한 것들을 우리에게 조금이나마 보여준다. 좀 더 구체적으로 말하면, 꿈은 우리와 마찬가지로 동물들도 세상에 대한 경험의 구성에서 적극적인 역할을 한다는 걸 깨닫게 한다. 동물들은 주어지는 경험을 수동적으로 받아들이기보다 그들에게 영향을 미치는 혼란스러운 감각 데이터의 흐름을 내부에서 하나의 의미 있고 통일성 있는 현상적 세계로 탈바꿈시킨다.

오늘날 신경과학자들과 철학자들은 모든 의식적 경험이 근본적으로 창의적이라는 데 동의한다. 외부세계가 여러 가지 형태의 물리적 에너지(예컨대 빛, 온도, 압력, 화학물질)를 통해서 우리 감각에 인상을 남기듯이, 우리의 심신은 이 혼란스러운 에너지 패턴을 시공간 좌표가 있는 통일된 현상적 세계, 안정된 지각 표상, 감정적 결합성, 사회 역동성 등으로 바꾼다. 존재하는 매 순간 우리의 심신은 우리의 감각에 퍼붓는 무질서한 데이터 흐름을 "기호론적으로 정리된 … 의미의 장", 즉 우리가 현실이라고 부르는 것으로 구성해내느라 바쁘다.[6] 이 창의적 충동은 우리의 의식적 삶에서 우리가 깨어 있든 꿈을 꾸든 상관없이 항상 독립적으로 작동하고 있다.

하지만 꿈을 특별하게 만드는 것은 꿈이 거의 완전히 감각운동이 차단된 조건에서도 의미의 장을 형성한다는 점이다. 정의에 따르자면, 꿈을 꾸는 것은 외부세계의 인도의 손길 없이 주관적 현실을 존재하게 만드는 마술에 준하는 정신적 속임수를 쓰는 것이다. 실제로 우리의 꿈과 깨어 있는 상태의 생활 사이의 단 하나의 차이는 꿈이 '저 바깥'에 있는 것에 덜 의존하는 반면, 깨어 있는 상태의 경험은 저 바깥에 있는 것들과 직접적으로 끊임없이 대화를 나눈다는 점이다. 앨런 홉슨이 《꿈 약국The Dream Drugstore》에서 말한 것처럼, 꿈은 대단히 "자기 창의적"이다.[7] 꿈은 정신이 혼자서 만들어내는 정신적 예술작품이다. 이 '자기 창의력'은 우리가 아직까지 확실한 답을 갖지 못한 여러 질문을 우리에게 남겨둔다는 점에서 매혹적이고 또한 당황스럽다. 예를 들어 이런 것들이다.

동물의 생활사에서 이 자기 창의력은 언제 처음 나타났고, 왜 나타났을까?
진화의 나무에 있는 수많은 가지 속으로 이것은 얼마나 길고 구불구불한 경로를 거쳐 왔을까?
동물의 정신 안에서 이것은 어떤 불씨를 피워낼까?
이것은 어떤 종류의 주관적 경험을 상정할까?
결국 이것은 어떤 종류의 경험을 가능하게 할까?

동물의 주관성에 관한 완전한 이론을 전개하는 것은 이 책의 영역을 벗어나는 일이지만, 나는 이 자기 창의력이 동물들의 뛰어난 세계 창조의 힘에 관한 실마리를 줌으로써 이런 이론의 개요를 조금이나마 설명해준다고 말하고 싶다. 잠이라는 바다 같은 고요함 속에서도 그들의 존재 가장 깊은 곳으로부터 불가사의하고 상상으로 이루어진 세상을 만들어내는 동물들에 관해서 말이다.[8]

우리는 허영심 때문에 우리만이 이 세계 창조의 힘을 가졌다고 생각하고 싶어 한다. 프리드리히 니체가 1800년대 말에 주장한 것처럼, 우리 인간의 자존심은 우리가 "전 우주를 단 하나의 특별한 소리로부터 무한히 갈라지는 끝없는 메아리로 보게 만든다. 바로 인간의 소리다. 그리고 전 우주를 단 하나의 특별한 영상으로부터 끝없이 증가하는 복제로 보게 만든다. 바로 인간의 모습이다".[9] 하지만 우주는 단순히 우리의 메아리나 복제가 아니다. "우리가 각다귀와 소통할 수 있다면, 우리는 각다귀 또한 똑같이 근엄하게 공중을 날면서 우주의 중심에서 비행하고 있다고 느낀다는 사실을 알게 될 것이다"라고 니체는 말을 이었다. 니체의 설명에 따르면, 모든 동물은 "예술적으로 창조된 주체"로, 그들 자신의 존재에 걸맞은 현상적 현실을 구축한다. 심지어 각다귀도 그들의 소리와 그들의 영상을 우주에 투영해서 각다귀라는 존재로서 각다귀 세계를 만든다. 심지어 그들의 눈도 "사물의 표면을 스치고 '형태'를 본다"[10]고 니체는 말한다.

다윈은 니체보다 몇 년 전에 다른 생명체들의 세계 창조의 힘에 관해서 사실상 같은 결론을 냈다. 그는 독일의 낭만주의자 장 파울Jean Paul의 말을 인용해 《인간의 유래와 성선택》에서 동물의 꿈이 "비자발적인 시적 행위"[11]라고 규정했다. 동물들은 낡은 것과 새것을 쉬지 않고 결합하고 재결합해서 "훌륭하고 새로운 결과"를 창조하는 "우연한 시인"이다. 이러한 정신에 입각해서, 나는 꿈이 주관적 세상 형성이라는 예술을 표상하고, 동물의 정신이 자는 동안 스스로에게 부르는 시라는 생각을 잘 생각해보길 바란다. 이 시에 청중을 데려옴으로써, 심지어 비인간의 입으로 노래할 때도 마찬가지로 우리는 우리의 오만함이 시야에서 감추고 있던 사실을 드러내는 임무에 착수하게 된다. 우리처럼 동물들도 나름의 경험을 쓰는 작가이고, 그들 나름의 현실을 만드는 건축가라는 사실 말이다. 우리처럼 그들은 세계의 건축가다. 새카만 잠의 파도가 그들을 덮쳐서 저 먼 곳까지 날려 보낸 다음에도 말이다.

감사의 말

표지에는 내 이름만 있다 해도 이 책은 신유물론 페미니즘 연구자 캐런 바라드Karen Barad가 "행위적 네트워크"라고 부른 것의 결과물이다. 이것은 한 개인의 의식적 노력이라기보다는 여러 요인이 합쳐져 탄생했다고 이해하면 좋을 만한 복잡한 구조를 뜻하는데, 이 네트워크에서 행위성은 탈중앙화되고 여러 곳으로 분포되어 가장 중앙에 있는 교점들조차 수많은 교점 중 하나에 불과하다.

나는 이 책을 만들 수 있게 해준 많은 교점에 감사를 표하고 싶다. 먼저 그들 자신도 모른 채 이 글을 쓰는 길로 나를 인도해준 두 사람부터 시작하자. 그중 한 사람은 타냐 옥스버그다. 그녀가 2018년 동물연합 회의에서 연설해달라고 초청한 덕분에 나는 다른 종의 밤의 경험에 관한 내 관심을 처음 공개적으로 이야기하게 되었다. 비록 당시 이 관심은 내 정신 한구석에 있는 모호한 아이디어일 뿐이었지만 말이다. 다른 한 사람은 마졸린 올리다. 그녀는 몇 주 후인 2018년 4월에 샌프란시스코대학교에서 강연해달라고 나를 초대했다. 나는 이 기회에 꿈의 과학과 철학을 더 깊이 파헤치고, 그때까지는 제대로 규정되지 않았던 나의 관심사를 일관적인 철학적 주장 비슷한 것으로 다듬었다. 이 강연은 학생과 교수 양쪽 모두에게 호평을 받았고, 그래서 나는 책을 쓴다는 아이디어를 떠올리게 되었다.

하지만 이런 일을 한 번도 해보지 않았기 때문에 내 글 쓰는 방식, 내 작가적 목소리, 내 연구 기술, 그리고 내가 사기꾼이나 다름없다는 사실을 들키면 어쩌나 하는 생각에 공포에 질리고 인정하고 싶지 않을 정도의 불안감에 사로잡혔다. 두려움이 나를 꼼짝 못 하게 만들어서 나는 이 작업을 그냥 아무렇게나 방치해두었다.

마음을 다시 고쳐먹고 도전으로부터 도망치지 말라고 설득한 사람은 라비 헤이지였다. 경험 많고 능숙한 정신상담사로서 내 두려움을 가라앉히고, 글을 쓰라고 격려해주고, 내가 처음 벽에 부딪혔을 때 달래준 사람도 바로 그였다. 그는 파트너로서의 관대함과 전문가로서의 열정으로 신경과학에 관한 내 모든 질문에 답해주고, 내가 거기서 끌어내려 하는 철학적 용도에 관해 그 나름의 어려운 질문으로 나를 몰아붙였다. 슬프게도 이런 친절은 그 자신에게는 역효과였다. 한 해 동안 동물과 동물의 꿈에 관한 잡다한 이야기를 다른 사람이 평생 듣는 것보다 더 많이 들어야 했기 때문이다. 하지만 그는 성자 같은 인내심으로 그 고통을 견뎠다. 이 과정 내내 그는 내 연인이자 친구, 대화 상대, 편집자, 비밀을 털어놓을 사람, 비판자 역할을 모두 해주었다. 이 책은 나만큼이나 그 사람 덕분에 더 나아졌다. 나는 모든 면에서 나의 파트너인 그에게 이 책을 바친다.

글을 쓰는 것은 참을 수 없을 만큼 외로운 일이었고, 이 책의 내용 대부분은 엄격한 고립 상태에서 쓴 것이다. 2020년 프랑스 파리에서의 격리 기간, 이 힘겨운 시기를 나는 내 파트너와 가족, 친구들에게 의지하며 견뎌냈다. 파트너와의 매일의 소통이 나를 잡아주고 견디게 해주었나. 어머니, 형제, 그리고 멕시코에 있는 친척들과의 전화통화는 내 마음을 편하게 만들고 더 넓은 시야를 갖게 해주었다. 우정은 갱신되고 나를 회복시켰다.

이런 우정이 이 책을 쓰는 동안 직접적으로 도움이 되어주었다. 나는 제시카 로크, 오스만 넴리와 매주 만나는 글쓰기 모임을 만들었다. 나는 이 모임에서 힘을 얻고, 목표에서 벗어나지 않고, 정직한 상태를 유지하는 등 대단히 많은 혜택을 얻었다. 책의 여러 장에 관한 그들의 건설적이고 비판적이었던 피드백에 두 사람 모두에게 감사한다. 또한 도움의 손길을 제공한 레베카 롱틴, 조엘 M. 레이놀즈, 알렉스 펠드먼, 마이클 사노, 데보라 골드게이버에게도 감사를 전한다. 그들의 관찰, 비판, 추천은 내 생각과 글에 큰 영향을 미쳤다. 책의 색인 작업을 해주고, 원고를 처음부터 끝까지 편집하고, 중간중간 나의 잘못된 글쓰기 습관으로부터 독자들을 구원해준 레베카 F. 스페라에게 특히 감사를 전한다.

또한 내가 환영받고 협력적인 환경에서 아이디어를 생각할 수 있게 도와준 샌프란시스코 주립대학교에 있는 두 개의 학문 공동체, 내가 아레주 이슬라미와 공동으로 만든 '의식의 역사성' 독서 모임과 로라 마모, 마사 케니, 마사 링컨이 운영하는 STS HUB의 회원들에게도 감사하고 싶다. 또한 언급하고 넘어가야 하는 것은 인문교양대학의 내 동료들이다. 크리스티나 루오톨로, 타냐 옥스버그, 호세 아카시오 데 바로스, 드니스 바티스타, 션 코넬리, 캐런 쿠프먼, 브래드 에릭슨, 마리애나 페레이라, 주디스 프라첼라, 로라 가르시아모레나, 로건 헤네시, 조지 레오나드, 사라 마리넬리, 마리 맥너튼, 피터 리처드슨, 스티브 세비지, 메리 스콧, 닉 수사니스, 크리스토퍼 스터바, 숀 테일러, 롭 토머스, 스테이시 주펜 등에게 감사를 전한다. 교양학 우수자에게 주는 조지 앤 주디 마커스 지원금의 물질적 도움이 없었다면 이 책을 완성할 수 없었을 것이다. 그것은 2020년 봄에 내가 안식년을 쓸 때 경제적으로 도움이 되었다.

마지막으로 프린스턴대학교 출판사의 유능한 팀에 감사의 인사를 하고 싶다. 매트 로알은 유능하고 근사하고 애정 넘치는 편집자로, 나 자신도 이 책의 가능성에 반신반의할 때조차 이 프로젝트를 믿어주었다. 그는 이 책의 잠재력을 보았고, 이를 일반 독자들이 이해하기 쉽게 쓰도록 나에게 조언했다. 이는 나처럼 학문적 철학을 하는 사람들에게는 그리 쉬운 일은 아니었다. 마이클 로센은 훌륭한 카피 편집자로, 세세한 부분을 살피는 그의 매의 눈 덕분에 원고가 근사하게 개선되었다. 알리 패링턴은 광고와 제작 측면에서 원고를 살피고, 전체 작업 진행을 위해 관련 작업자들의 일정을 조율해주었다. 크리스 페런트는 끝내주는 표지를 디자인했고, 엠마 번스는 디미트리 카레트니코프의 협조를 받아서 내지 삽화의 총책임을 맡았다. 그들의 예술적 재능이 이 책에 또 다른 의미를 더해주었다.

나처럼 이 사람들 한 명 한 명은 당신이 지금 손에 들고 있는 책을 탄생시킨 네트워크의 교점이다. 그래도 책에서 나오는 실수는 전적으로 내 책임이다.

주석

프롤로그 | 잠이라는 참호 속에서

1. 카슨(1994), p. 25.
2. '문어: 접촉하다'는 2019년 10월 2일 PBS에서 방영되었다.
3. 산타야나(1940), p. 303.
4. 로마의 철학자 루크레티우스는 기원전 1세기에 쓴 〈만물의 본성에 관하여〉에서 동물의 꿈에 관해 이야기한다. 루크레티우스(1910), pp. 176~177 참조.
5. 할턴(1989), p. 9.
6. 맨저와 시걸의 논문을 제외하면 '꿈'과 '꿈꾸기'라는 용어는 동물의 꿈에 관한 모든 출간논문에 전무하다. 설령 이 출간논문들이 《내셔널 지오그래픽》《인디펜던트》, BBC 뉴스 같은 수준의 미디어에 나왔다 해도 말이다. 중요한 예외는 말리노프스키, 실, 맥클로스키(2021)인데, 불행히도 이 책이 이미 출간된 후에 나왔기 때문에 여기서 이야기하지 못했다. 최소한 일부 동물들이 꿈을 꿀지도 모른다는 개념은 인간의 꿈에 관한 출간논문에 종종 나온다. 이 분야의 전문가들이 그 생각을 좀 더 잘 받아들이는 것 같다. 주베(1962, 1979, 2000)와 하트만(2001)이 좋은 예다. 그런데도 꿈의 심리학과 신경과학 분야의 대부분의 전문가는 여전히 인간의 꿈(경험적 연구에 적합하다고 그들이 주장하는 대상)과 동물의 꿈

(어떤 것도 명백하게 말할 수 없고, 가끔은 그게 존재한다고도 말할 수 없다고 그들이 주장하는 것) 사이에 넓고 들쭉날쭉한 단층이 있다고 생각한다.

7. '몽환행위'는 살아 있는 생물이 자는 동안, 특히 대체로 꿈과 관련된 잠의 단계에서 하는 넓은 범위의 신체 움직임이다. 이 움직임에는 급속안구운동(REM), 수면 중 달리기, 수면 중 싸움, 수면 중 중얼거림 등이 있다.
8. '정신의 반복'은 수면 주기의 여러 단계에서 동물이 보이는 뇌 활동의 패턴을 말하는 것으로, 이것은 깨어 있는 시간의 행동을 재연하는 것 같다.
9. 몽환행위가 인간에게서 관찰될 때는 내적 현실의 외적 표현이라는 의식적 경험과 관련된 행위로 해석된다. 하지만 다른 동물에서 관찰될 때는 종종 주관적 중요성이 결여된 무의식적인 생리학 사건으로 여겨진다. 비슷한 방식으로 인간이 자면서 특정한 신경 활동 패턴을 보이면 이것은 '꿈을 꾸는 것'임을 의심할 여지가 없지만, 이 패턴이 다른 종에서 관찰되면 과학자들은 즉시 방향을 전환해서 '정신의 반복'이라는 용어로 표현한다. 이 용어가 비슷하게 들릴지 몰라도 실은 그렇지 않다. 핵심적인 차이는 꿈이 일종의 의식적 자각을 수반하는 살아 있는 현실인 데 반해 정신의 반복은 (과학자들이 정의하듯이) 의식적 자각 없이 실행 가능한 인지 과정이라는 것이다.
10. 그리핀(1998), p. 13. 동물 연구 전문가들은 멘토포비아의 근원을 여러 가지 역사적 출처까지 추적했다. 즉 서양철학의 인본주의적 편견, 유대-기독교 가치의 인간중심주의적 가르침, 17세기 과학혁명의 기계적 정신 등이다. 도널드 그리핀은 행동주의 심리학의 이론적 헌신까지 추적한 반면(그리핀, 1998), 프랑스 철학자 뱅시안 데스프레는 과학자들이

"아마추어 동물 연구가, 사냥꾼, 동물 번식자, 훈련사, 돌보미, 자연보호주의자"처럼 동물 대상의 권위자로 여겨지는 다른 사회활동가들과 자신을 구분함으로써 '전문가적 정체성'(2016, p. 40)을 세우려고 하던 19세기 말을 문제로 지적한다. 동물 행동 연구에서 의식주의 개념을 버리는 것은 동물에 관해 유일하게 믿을 만한 지식의 근원으로 과학을 첫째로 올리는 더 큰 전략의 일부다. 하지만 이것은 "과학적 실증이 … 아마추어 동물 연구가의 행위로부터 벗어나려고 하는 생각이나 지식을 벗어나려고 하는 일이 없었다면 나타나지 않았을 것이다. … 나는 아마추어 동물 연구가의 실증을 벗어나기 위해서 노력했다"(p. 40).

11. 비학계인들은 동물에게 의식이 없다는 관점을 대놓고 옹호하는 학계인이 있다는 사실을 알면 종종 놀란다. 이쪽에서 가장 유명한 사람은 철학자 피터 캐러더스로, 이 주제에 관해 여러 논문과 책을 썼다(캐러더스, 1989, 1998, 2008 참조). 그에 따르면, 동물들은 우리가 오랫동안 운전을 하다 보면 멍해지는 것처럼, 깨어 있지만 주변을 의식하지 못하는 정신적 어둠의 상태와 같은 어둠 속에서 산다. 이런 입장은 캐러더스 혼자만이 아니다. 감정에 관한 신경과학 분야의 유명한 전문가 조셉 르두는 우리가 두려움과 같은 아주 기본적인 감정조차도 동물에 적용하는 것을 그만두어야 한다고 주장한다. 왜냐하면 우리는 동물이 정말로 이런 감정을 느끼는지 확실히 알지 못하기 때문이다(르두, 2013). 이와 비슷하게, 생물학자 메리언 도킨스도 과학자들에게 동물의 내면활동에 관해서 '강력한 불가지론'적 입장을 권장한다(2012, p. 177).

12. 흥미롭게도 동물이 생각 없는 짐승이라는 노먼 맬컴의 주장은 그의 거대한 인간중심적 활동의 일면일 뿐이다. 또 다른 일면은 그의 책《꿈》

(1959)에서 펼친 꿈의 언어적 해석이다. 맬컴의 입장은 단순히 언어를 가진 생물만이 꿈을 꿀 주관적 능력을 갖는다는 것만이 아니다. 그의 관점에서는 꿈의 내용이 그 언어적 보고서와 같다. 과학철학자 이언 해킹이 날카롭게 관찰한 것처럼 이는 꿈이 기억을 더듬으면 소급적으로 재구성할 수 있는 것처럼 들리고, 우리가 꿈을 기억하지 못한다면 꿈을 아예 꾸지 않았을 것이라는 우스꽝스러운 결론으로 이어진다(2004, p. 232). 맬컴은 동물을 상대로 명백하게 자신의 입장을 무기화하고, 동물이 꿈을 꾸지 못하기 때문에 내용을 말하지 못하는 것이 아니라 내용을 말할 수 없기 때문에 꿈을 꾸지 못하는 것이라고 주장했다.

13. 일반적으로 외면 묘사는 양적 측정과 상호주관적 확증을 목표로 하는 사건에 객관성을 부여한다. 반면 내면 묘사는 경험적 방법으로는 연구하기 어려운 믿음, 의도, 감정 같은 주관적 현실과 관련된다. 동물철학자 엘리사 알토라가 설명하듯이 "내면 묘사는 주관적 경험을 강조하는 반면, 외면 묘사는 기계적 설명을 강조한다. 그러니까 전자는 동물의 경험과 인지 상태를 통해서 의도적으로 보이는 행동을 설명하고, 후자는 기계적 본능, 행동주의, 뇌 생리학 같은 것들을 통해서 설명한다"(2010, p. 71).

14. 생리학자 C. 로이드 모건의 이름에서 딴 모건 준칙은 동물 행동에 관한 복잡한 설명은 단순한 설명보다 더 신빙성이 떨어진다는 믿음이다. 가능한 한 연구자들은 해부학적·생리학적 개념만을 요구하는 저수준 설명만을 받아들여야 한다. 이것을 통합해서 저수준 설명에서는 부족하다고 증명되었을 때만 생리학적·인지적 개념을 포함하는 고수준 설명까지 올라갈 수 있다. 이 준칙의 한 가지 문제는 최소한 이론상으로는 가장

복잡한 의도적·사회적 행동 대부분에 대해 저수준의 설명을 제공할 가능성이 있다는 점이다. 게다가 영장류 동물학자인 프란스 드 발은 이 준칙이 쉽게 자기충족 예언이 될 수 있다는 사실을 깨달았다. 우리는 동물 행동에 대해 저수준 설명을 요구한다. 동물에 복잡한 정신이 없다고 가정하기 때문이다. 하지만 또한 우리는 우리가 보는 모든 곳에서 저수준 설명만을 찾기 때문에 동물들이 복잡한 정신을 갖지 않았다고 믿는다(2016, pp. 42~45).

15. 불행히도 이 철학적 논쟁에 끌린 많은 과학자가 그것을 둘러싼 철학적 문헌에 별로 정통하지 않았다. 그 결과, 그들은 이 논쟁을 지나치게 확고하게 받아들이거나, 이 관점이 그들이 실제로 찬성하고 싶지 않은 입장으로 자신들을 몰아넣는다는 사실을 알아채지 못했다. 예를 들어, 다른 마음의 문제가 동물에게만 적용될까, 아니면 인간에게도 똑같이 적용될까? 이것이 인간에게도 적용된다면, 문화, 종교, 국적에 따라서 각기 다를까? 그리고 언젠가는 해결할 수 있을까? 누군가가 다른 사람의 마음을 아는 날이 올까? 그럴 것 같지는 않다. 이 문제를 엄격하게 적용하는 것은 대다수의 사람이 당연히 거부할 유아론의 극단적인 형태로 곧장 이어질 수 있다. 그렇다면 동물의 의식에 관한 논쟁에서 이 문제는 얼마나 중요할까?

16. 오늘날의 꿈 전문가들은 REM 수면 때 일어나는 꿈을 뇌교(P)에서 시작해 외측슬상체(G)를 지나 후두엽(O)에서 시각적 경험 합성으로 끝이 나는 신경 활동의 짧은 분출로 유발되는 것으로 해석한다. 앨런 홉슨과 로버트 맥칼리가 1970년대 말에 처음 발전시킨 이 '활성화-합성 가설'은 꿈에 관한 신경과학 연구에서 표준 렌즈였다(홉슨과 맥칼리, 1977 참조).

내가 1장에서 설명하는 것처럼 인간 PGO파는 다른 생물들, 예를 들어 제브라피시에서도 찾을 수 있었다.

17. 그렇다고 해서 꿈 과학에서 구두 보고가 전혀 사용되지 않았다는 이야기는 아니다. 그저 오늘날 출간된 꿈꾸는 것에 관한 과학논문 대부분이 꿈의 행동적·신경과학적 측면을 다루고 있다는 이야기다. 게다가 연구자들이 그러한 구두 보고가 기억 소환의 정확도 면에서 많은 결점을 갖는다는 사실을 받아들이면서 구두 보고에 관한 흥분이 사그라졌다.

18. 우리는 다른 동물들이 꿈을 꾸는지 아닌지 백 퍼센트 정확하게는 알지 못할 것이다. 우리에게는 그들의 내면생활에 직접적으로 접촉할 방법이 없기 때문이다. 하지만 과학은 백 퍼센트 확신을 받아들이지 않는다. 기본적으로 과학의 가장 강력한 주장은 확률론적이고 폐기 가능한 판단으로 그 인식 가치는 백 퍼센트 올바른 것에 있는 것이 아니라 더 많은 지지자로부터 나온다.

19. 내가 과학과 철학 사이에 자리하는 데는 과학적 사실의 사회적 구성을 다루는 푸비(1998)의 설명에서 영감을 얻었다.

20. 이 책을 쓰면서 나는 동물이 꿈꾸는 것을 옹호하게 된 다른 학자들의 통찰력에 의존했다. 게이 루스, 미셸 주베, 어니스트 하트만, 켄웨이 루이, 매슈 윌슨, 폴 맨저, 제롬 시걸, 마크 베코프, 보리스 시릴니크 등이다. 나는 그들의 연구를 바탕으로 하면서 세 가지 중요한 방식으로 그 연구들을 넘어선다. 그들 모두가 동물이 꿈을 꾸는 증거를 언급하긴 하지만, 어떤 통합도 내가 1장에서 제시하는 것 같은 종류를 만들어내지 못했다. 게다가 이 책에서 나는 다른 학자들보다 더 체계적으로 동물의 꿈에 관한 철학적 암시를 하는 것을 피했다. 마지막으로 범위의 문제가 남아 있

다. 이 도입은 수베를 제외한 모든 학자가 그 주제에 관해 논문을 출간한 것보다도 이미 길어졌다.

1장 | 동물의 꿈에 관한 과학

1. 다윈(1891), p. 169.
2. 린지(1879), p. 94.
3. 린지(1879), p. 95.
4. 모스와 대너헤이(2017).
5. 칸트는 동물이 '재생적' 상상력을 갖고 있다고 믿었다. 이것은 과거의 사건을 떠올리는 것이다. 그는 동물이 '생산적' 상상력을 갖고 있다는 사실을 부인했는데, 이것은 대부분의 사람이 일상적인 대화에서 상상력이라는 단어를 사용할 때 생각하는 바로 그 뜻이다(피셔, 2017). 생산적 상상력은 새로운 것, 심지어는 직접적으로 체험할 수 없는 것을 창조하는 것이다. 동물의 상상력에 관한 논의는 3장 참조.
6. 로마네스는 상상력에 4단계가 있다고 주장했다. 1단계 상상력은 물체에 대한 인지가 동물에게 인지 활동을 통해서 얻지 못한 물체의 특성을 떠올리게 만드는 것이다(예를 들어, 내가 멀리서 오렌지를 보고 그 냄새를 떠올리는 경우다). 2단계 상상력은 동물이 근처의 어떤 물체를 보고 머릿속으로 근처에 있지 않은 다른 물체를 연상하는 것이다(예를 들어, 내가 물을 보고 와인이 생각나서 머릿속으로 와인 한 잔을 상상하는 경우다). 3단계 상상력은 우리가 자발적으로, 자기 의지로, 주변에서 어떤 신호도 받지 않고 물체를 상상하는 것이다. 마지막으로 4단계 상상력은

"새로운 이상적 조합을 얻으려는 목적 하나만으로 의도적으로 상상하는 경우"다(1883, p. 144). 로마네스는 동물이 '인간 고유'의 4단계 상상력을 가졌다고 생각하지 않았지만, 처음 세 단계의 상상력은 가졌다고 확신했다. 특히 꿈은 외부적 신호 없이 물체를 상상하는 것이기 때문에 3단계에 속한다고 그는 주장했다(p. 148). 3세기 전에 프랑스의 도덕주의자 몽테뉴도 비슷한 주장을 했다. "난폭한 짐승이라 해도 우리처럼 상상력에 지배된다. 개를 한번 보라. 주인을 잃은 슬픔에 죽고, 자면서 짖고 몸을 떨고 달린다. 말은 자면서 발로 차고 힝힝거린다"(몽테뉴, 1887).

7. 로마네스(1883), p. 148.
8. 로마네스(1883), p. 148.
9. 장샤를 후조, 로버트 맥니시, 요한 베크슈타인, 토머스 저든, 조르주루이 르클레르 드 뷔퐁 백작도 언급했다.
10. 철학자들도 이 주제에 많은 관심을 가졌다. 스페인의 철학자 호세 미겔 과르디아는 1892년《프랑스 및 외국의 철학 리뷰》저널에 출간한 논문에서 동물의 꿈에 관해 이야기했다. 이 논문은 정신분석학의 아버지 지그문트 프로이트에게 영향을 미쳐서 그는 나중에 그 유명한《꿈의 해석》에서 동물의 꿈에 관해 언급한다. 산크티스의 연구에 관한 리뷰에서 비네는 미국인 철학자 메리 휘튼 캘킨스의 연구를 언급한다. 캘킨스는 꿈의 통계에 관해 중요한 에세이를 썼고, 미국심리학회와 미국철학학회 양쪽에서 1905년과 1918년에 각각 최초의 여성 회장이 되었다.
11. 20세기 전반에 심리학계를 지배했던 행동주의는 19세기 심리학의 직관주의 방법을 거부하고 심리학을 과학으로 만들기 위해서 밖에서 관찰 가능한 사실, 예컨대 행동을 연구하는 것으로 분야를 한정해야 한다는 태도

를 유지했다. 이는 '정신', '발상', '상징', '스키마', '사고', '감정', '묘사' 같은 심리주의 개념을 피한다는 뜻이다. 1950년대와 1960년대의 인지혁명은 이런 접근법에 저항하고 심리학이 정신의 내적 구조를 파악하는 원래의 임무로 돌아갈 것을 주장했다. 이는 행동주의 심리학자들이 비난했던 모든 개념을 심리학 담론에 다시 도입하자는 뜻이었다. 1970년대와 1980년대에 심리학자들은 행동주의와의 관계를 거의 다 끊고 다시 한번 정신 상태에 관해 토론했다. 하지만 인간의 행동을 연구할 때 행동주의 방침에서 벗어나긴 했어도 많은 심리학자가 동물의 행동 연구에서 이 방법을 계속해서 공개적으로 옹호했다. 그래서 행동주의의 영역은 진화생물학, 동물학, 동물행동학 등의 분야로 넘어갔다. 인지혁명에 관심이 있는 독자들은 역사적 조망에 관해서는 가드너(1987)를, 철학적 옹호론에 관해서는 바스(1986)를 찾아보라.

12. 드 발(2016).
13. 폴크스(1990)의 입장은 주류를 대표한다. 꿈은 인간이 어린 시절에 점진적으로 상징화 능력과 발맞추어 획득하는 것이기 때문에 종종 꿈이 이런 능력에 달려 있다는 가정을 하곤 한다.
14. 뎀퍼트(2019).
15. 금화조의 노래는 음이 모여 음절을, 다시 주제를 만드는 복잡한 음악적 성과다. 이 노래는 선천적인 것이 아니라 배우는 것이다(데레노쿠르와 가르, 2013).
16. 데이브와 마골리어시(2000), p. 815.
17. 데이브와 마골리어시(2000), p. 812.
18. 반복에 현상학이 전혀 수반되지 않았다는 것은, 철학자 토머스 네이글

의 말을 빌리면, 금화조가 반복하고 있는 것에 '비슷하다'고 말할 것은 전혀 없다는 뜻이다. 네이글이 정의했듯이 현상적 의식은 보고, 냄새 맡고, 맛보고, 고통을 느끼는 등 질적 경험과 관련이 있다(네이글, 1974). 네드 블록 또한 개인적인 생각, 욕구, 감정, 기분, 내적 감각 등 외부 자극 감지에 달려 있지 않은 주관적 상태를 이 범주에 포함했다(블록, 1995).

19. 신경생물학은 신경적 사건의 일시성이 중요하다는 것을 알아차렸다. 톰슨(2007)은 발레라(1999)의 신경 활동에서 '10분의 1 크기'와 '1 크기' 사이의 차이를 빌려와서, 10분의 1 크기의 사건(10밀리초와 100밀리초 사이)은 현상적 연관을 갖기에는 너무 빠를 수도 있지만, 1 크기(250밀리초에서 몇 초 사이)로 벌어지는 일은 대상에 지금 무슨 일이 벌어지고 있는 것으로 여길 수 있다고 주장했다. 톰슨은 이렇게 썼다. "이 신경역학적 지금이라는 건 현재의 인식 순간의 신경적 근원이다"(p. 344).

20. 'CA'는 코르누 암몬(cornu Ammon)을 의미하고, 이것은 라틴어로 '암몬의 뿔'이라는 뜻이다. 해마와 그 모양이 닮았다.

21. 데하네(2014)는 이 연구의 일부를 논의하고 있다. 그는 쥐들이 자신들이 생각하는 곳과 다른 위치에 있는 것으로 착각하게 만든다면(예컨대 주위 벽에 칠을 하거나 흙을 바꾸는 등의 방법으로) 해마 세포는 착각이 얼마나 성공적으로 계속되느냐에 따라서 하나로 결정될 때까지 두 가지 해석 사이에서 왔다 갔다 한다고 말한다(p. 207).

22. 루이와 윌슨(2001), p. 154.

23. 루이와 윌슨(2001), p. 146.

24. 루이와 윌슨(2001), p. 149. 그들은 REM 수면 때 해마 활동의 느린 진행이 각성 상태와 수면 상태 사이의 온도차 때문일 수 있다고 지적한다.

"세타파의 진동수는 뇌의 온도에 민감하고, 뇌의 온도는 보통 잘 때 더 낮아지기 때문에 REM 재활성화의 기저에 있는 신경 처리 과정도 비슷하게 느려질 수 있다"(p. 154).

25. 벤더와 윌슨(2012)은 반복 실험을 통해서 쥐의 꿈의 내용을 바꿀 수 있음을 보여주었다. 동물이 자는 동안 여러 자극에 노출시키면 새로운 꿈 체험을 일으키는 것으로 보이는 방식으로 뇌의 활성 패턴이 바뀔 수 있다.
26. 루이와 윌슨(2001), p. 149.
27. 루이와 윌슨(2001), p. 151.
28. 루이와 윌슨(2001), p. 153.
29. 브레러턴(2000)은 REM 수면 때의 해마의 활동이 깨어 있을 때의 해마의 활동과 일치하지만, 비REM 수면 때는 그렇지 않다는 사실을 알아냈다. 로텐버그(1993)를 인용해서 그는 "쥐, 토끼, 고양이의 해마에서 서로 다른 두 가지 대사 활동 상태, 즉 항적 탐색 및 생존 활동 때, 그리고 REM 수면 때 크고 느린 세타파가 존재한다"고 설명했다(p. 387).
30. '시뮬레이션'이라는 단어는 중요하고 인간의 꿈 연구에서 종종 보인다. 특히 꿈에 관한 안티 레본수오의 이론에서 많이 나온다. 이 이론은 꿈이 내적으로 만들어진 현실의 시뮬레이션이라고 말한다(레본수오, 2000, 2005).
31. 렁 외(2019), p. 201. 저자들은 이런 상태들이 별개라는 결론을 내린다. 이것이 수면 박탈에 의해 각기 다르게 영향을 받기 때문이다. 제브라피시가 수면이 부족하면 SBS를 위한 '수면 반동'이 필요하지만, PWS에는 필요 없다. 이는 포유류에서의 수면 박탈의 영향에 관한 연구와 일치한다. 포유류 역시 비REM 수면을 위해서는 수면 반동이 필요하지만, REM

수면 때는 그렇지 않다. 어류의 PWS와 포유류의 REM 수면 사이의 한 가지 차이점은 전자의 경우 REM이 없다는 것이다(p. 201). 하지만 우리는 꿈 경험의 행동주의적 표지가 종에 따라 다양할 수 있으므로 꿈을 꾸지 않는 것이 REM이 없다는 것과 같은 뜻이 아님을 기억해야 한다.

32. 렁 외(2019), p. 203. MCH 신경세포는 MCH(멜라닌 농축호르몬)를 발현하는 뇌실막세포다. MCH_2 신경세포가 손상을 입었을 때 제브라피시가 밤에 잠자는 시간이 전체적으로 준 것을 포함해서 수면 패턴이 망가지는 모습을 보였음이 절제 실험에서 입증되었다. "이 결과는 MCH 신호가 제브라피시의 수면 시간을 조절할 때 PWS 특성을 활성화하는 중요한 역할을 가졌음을 보여준다"(p. 203).

33. 솔름스(2021), p. 26ff.

34. 렁과 그의 팀은 이런 특성들을 '불가지론적 태도'에서만 연구할 것이라고 선언했다(2019, p. 198). 다시 말해, 수반되는 현상학에 대해 아무 입장도 취하지 않는다는 뜻이다. 그들은 SBS와 PWS에 관련된 잠재된 신경요소들의 '불가지론적 식별'이 '양막류의 방산'(포유류, 조류, 파충류, p. 203) 이전에 진화한 현대의 이상(二相)성 수면주기의 깊은 진화적 근원을 이해하는 데 도움이 된다고 주장한다. 나는 동물의 꿈에 관한 이론을 이야기하는 것을 계속해서 가로막는 것이 이 기묘한 불가지론이라고 생각한다. 위의 데이브와 마골리어시의 사례와 마찬가지로, 이런 입장은 렁의 팀이 수면 중 동물의 정신 활동이라는 문제에 관한 그들의 연구 결과가 가진 가능성을 알아보지 못하게 만들었다.

35. 프롤로그, 주석 14 참조.

36. 프레스턴(2019), p. 1.

37. 두 가지 또 다른 사실이 관련되어 있다. 하나는 하이디가 자는 동안 색소 세포 변화 모습이 촬영된 유일한 문어가 아니라는 것이다(스타, 2019). 또 하나는 문어가 공시적으로 통제되고 통시적으로 일관된 모습을 보이는 유일한 종이 아니라는 것이다. 오리너구리도 그렇다. 시걸 외(1999, p. 392)는 오리너구리가 REM 수면에 들어갈 때 이들이 종종 가장 좋아하는 음식 중 하나인 민물 갑각류를 먹을 때 하는 것과 똑같은 저작운동을 보인다는 사실을 알아냈다.
38. 체이스와 모랄레스(1990) 참조.
39. 나는 데리다(2002)의 응답과 반응 사이의 차이를 빌려왔다. 데리다는 의도적인 행동(생물의 관심, 목표, 욕구와 비교해야만 이해할 수 있는 행동)과 무의식적인 반응(현상학적·심리적 개념이라는 참조 없이도 이해할 수 있는 반사반응 같은 기계적 행동)을 구분하기 위해 이것을 썼다.
40. REM 수면처럼 특정한 수면 행동은 널리, 하지만 보편적이지는 않게 꿈 현상학의 행동 목록으로 인정된다. 이런 입장의 비판가 중 한 명이 '개체발생 가설'로 REM 수면은 '절개된' 동물(피질과 뇌간이 끊어진 동물)에서도 일어나기 때문에 특별한 게 전혀 없다고 주장한 블룸버그(2010)다.
41. 프랭크 외(2012), p. 5. 고드프리스미스는 이렇게 썼다. "갑오징어는 우리가 꿈을 꿀 때의 수면처럼 REM 수면 형태를 보인다(2017, p. 73).
42. 프랭크 외(2012), p. 2.
43. 던틀리, 울스, 페렌(2002)과 던틀리(2003, 2004)의 발견과 비슷하다.
44. 프랭크 외(2012), p. 2.
45. 루이와 윌슨은 REM 수면 도중 '런'과 똑같은 신경 패턴이 나타나는 것은 우연일 리 없다고 단호하게 말한다(2001, p. 147).

46. 프랭크 외(2012), p. 5.
47. 프랭크 외(2012), p. 5.
48. 인간에 관해서는 맥윌리엄(1923), 아세르친스키와 클레이트먼(1953), 스나이더 외(1964), 놀린 외(1965), 소머스 외(1993) 참조. 고양이에 관해서는 바첼리(1969), 바우스트와 보네르트(1969), 바우스트, 홀츠바흐, 제클린(1972), 로웨 외(1999) 참조. 개에 관해서는 커비와 베리어(1989), 디커슨 외(1993) 참조. 쥐에 관해서는 세이와 모리타(1996) 참조.
49. 라크람(2002).
50. 렁 외(2019).
51. 로웨 외(1999), p. 845.
52. 코너(2013)는 REM 수면 중 갑오징어의 모습이 각성 상태의 모습과 유사하다고 주장한다.
53. 프랭크 외(2012), p. 5.
54. 프랭크 외(2012), p. 5. 그들은 어린 갑오징어가 REM 수면을 하지 않는다는 사실을 발견했다. 오직 성체 갑오징어만 REM 수면을 한다. 그들은 이 발견을 '신경의 성숙 차이' 때문으로 돌렸다(p. 6).
55. 이 연구, '포획 침팬지의 포괄적 야간 활동 비용'은 센트럴워싱턴대학교에서 무코비의 석사논문 주제였다.
56. 무코비(1995), p. 59.
57. 물론 몇 번의 손 경련으로 수화를 만들지는 못하지만 무코비는 인간이 잠꼬대를 할 때 종종 알아들을 수 없는 말을 중얼거린다는 사실을 상기시켰다. "그러니까 자면서 만들어지는 수화가 깨어 있을 때 만드는 것만큼 정확하기를 기대할 수는 없는 법이다"(1995, p. 58).

58. 무코비(1995), pp. 47~48.
59. 내가 처음 와슈의 수면 중 커피 수화에 관해 읽었을 때 나는 침팬지가 커피가 뭔지 어떻게 아는 걸까 궁금했다. 알고 보니 '침팬지 및 인간 의사소통 연구소'의 침팬지들은 종종 커피를 마셨다. 그리고 커피를 마시기 위해서는 요청을 해야 했다. "부엌에 커피메이커가 있고 부엌과 실내의 침팬지 방 사이에 커다란 창문이 있어서 녀석들이 우리가 음식을 만들고 커피를 따르고 서로 이야기하고 부엌에서 하는 모든 일을 볼 수 있어요. 녀석들이 뭔가를 추가로 원하면 우리에게 알려야 하고, 여기에는 가끔 커피도 포함돼요. 녀석들이 매일 마시는 건 아니지만 종종 마시고, 흥미를 보이면 누군가가 녀석들에게 한 모금 마시게 주곤 해요. 물론 식혀서요"(무코비, 개인 이메일). 무코비의 연구에 쓴 침팬지 여러 마리를 번갈아 키우는 앨런과 베아트릭스 가드너는 녀석들에게 어릴 때 이 개념을 가르쳤다. 밴 캔트포트, 가드너 & 가드너(1989) 참조.
60. 무코비(1995), p. 59.
61. 무코비, 개인 이메일.
62. 그녀는 인간의 잠꼬대에 관한 카라칸, 살리스, 윌리엄스의 1973년 연구를 인용하고 있다. 여기서는 "자면서 말하는 것은 꿈을 꾼다는 또 다른 암시일 수 있다고 결론짓는다"(1995, p. 7).
63. 무코비(1995), p. 59.
64. 무코비(1995), p. 56. 2장에서 동물들의 악몽에 관해 더 이야기할 것이다.
65. 리들리는 우리의 꿈이 동물의 꿈보다 더 "선명하다"고 주장했고(2003, p. 16), 하트만은 동물의 꿈이 우리의 꿈보다 "덜 복잡하고 덜 은유적이다"라고 말했다(2001, p. 211).

66. 주베(2000), p. 2.
67. 주베가 이것을 역설수면이라고 부른 이유는 REM 수면 시 PGO 순환에서 방출되는 빠른 대뇌피질 EEG 활동이 각성 상태에서와 근본적으로 동일하지만, 수면의 이 단계에 있는 사람들은 깬 것처럼 행동하지 않기 때문이다. 사람들은 REM 수면 때를 제외하면 대체로 움직이지 않는다. 주베는 역설수면과 비역설수면의 차이가 전기생리학적(주베, 1962), 개체발생학적(발라와 주베, 1964), 그리고 계통발생학적(클라인, 1963) 증거로 뒷받침된다고 주장했다. 주베(1965b) 참조.
68. 하셀스베르트(2019), p. 3에서 인용.
69. 주베(2000), p. 43.
70. 고양이를 고를 때 주베는 독일 과학자 리하르트 클라우에의 선례를 따랐다. 클라우에의 1930년대 고양이 연구로 REM 수면이 수면의 특정 단계임을 알아냈다.
71. 주베(1965a)는 고양이들이 일어서서 돌아다니고 있어도 여전히 자는 상태임을 강조했다. 이는 "순막이 이완 상태이고 눈동자를 덮고 있다"는 사실을 통해서 확인할 수 있다. 이 고양이들의 비디오 촬영 원본은 https://www.youtube.com/watch?v=Js50Orx94iM에서 볼 수 있다.
72. 주베는 이렇게 쓰고 있다. "그러므로 고양이가 역설수면 도중에 동종에 특징적인 행동(엎드려 기다리기, 공격하기, 화내기, 싸우기, 도망치기, 추적)을 하는 꿈을 꾼다는 가설은 상당히 타당하다"(2000, p. 92).
73. 브레러턴(2000), p. 393.
74. 페이겔과 커슈타인(2017), p. 37.
75. 믿을 수 없는 수면 중 행동의 예로 '근간대 경련'이 있다. 이것은 유아와

배아가 잠잘 때 관찰되는 경련성 움직임을 뜻한다. 하지만 이 용어는 가끔 꽤 넓게 쓰여서 깊은 수면에서 자연스럽게 일어나는 엎치락뒤치락하는 행동이나, 보통 비REM 수면에서 일어나고 거의 꿈은 꾸지 않는 몽유병 산책까지도 포함한다.

76. 맨저와 시걸의 글에서 단공류는 꿈을 꿀 가능성이 낮다. 수면 중에 뇌간과 대뇌피질 사이에 소통이 없기 때문이다. 고래류도 꿈을 꾸지 않을 것 같지만, 이유는 다르다. 고래류는 잠을 잘 때 뇌의 절반은 잠들지 않고, 이 단일반구 수면은 특히 깨어 있는 뇌 반구가 외부세계에 활발하게 참여하고 있다면 꿈을 꾸는 행동과 양립하기 어렵다. 마지막으로 기각류는 고래류와 비슷하지만, 이들은 한 해의 각기 다른 때에 전체 뇌 수면과 단일반구 수면을 서로 바꾼다. 아프리카코끼리, 아라비아오릭스, 바위너구리, 매너티는 수면주기가 대부분의 다른 포유류와 아주 달라서 우리는 그들에게 REM 수면과 비REM 수면의 차이가 적용되는지조차 알지 못한다. 이 문제에 대한 맨저와 시걸의 접근 방식이 흥미롭다고 생각하지만, 나는 그들이 예외로 분류한 것 중 몇 가지는 예외가 아니라고 생각할 여지가 있다고 믿는다. 2장에서 나는 젊은 아프리카코끼리의 악몽에 관해 이야기할 것이다.

77. 맨저와 제롬(2020), p. 4. 문제는 돌고래가 단일반구 수면을 한다는 것이고, 몇몇 전문가들은 단일반구 수면 자체는 꿈과 양립할 수 없다고 믿는다. 이것이 만(2018)과 주베(2000, pp. 20~21)의 관점이다. 하지만 프랭크가 관찰한 것처럼 모두가 이 결론에 동의하는 것은 아니다. 고래류가 REM 수면에 들어갈 수 없다고 확신할 수는 없기 때문이다(1999, p. 28). 제플린(1994)은 고래류가 쉴 때는 REM 수면에 들어가서 REM 행동과

단계별 운동신경 활동, 심지어는 음경의 발기(이는 REM 수면 중 인간 남성에게 아주 흔하다)까지 보인다고 말하는 여러 연구를 언급했다. 비슷하게 셜리 외(1969)도 세계에서 두 번째로 큰 돌고래 종인 거두고래에서 REM과 운동신경 이완이 있었다고 보고했다.

78. 버긴 외(2018).
79. 주베(2000), p. 123.
80. 주베(2000), p. 123.
81. 시걸 외(1998).
82. 니콜 외(2000).
83. 에드거, 데멘트, 풀러(1993).
84. 리아민 외(2002).
85. 데이브와 마골리어시(2000).
86. 레스쿠 외(2011).
87. 스타헬, 메저리언, 니콜(1984).
88. 버저와 워커(1972), 디와스메스 외(1985).
89. 반 트위버와 앨리슨(1972), 버저와 워커(1972), 그라프, 헬러, 라우텐버그(1971), 그라프, 헬러, 사카구치(1983).
90. 라크람(2002), p. 67.
91. 라크람(2002), p. 67.
92. 언더우드(2016).
93. 프랭크(1999), p. 24.
94. 프랭크(1999), p. 24.
95. 프랭크(1999), p. 24.

96. 주베는 어류, 양서류, 파충류를 단호하게 제외했다. 그는 "아직까지 어느 누구도 어류, 양서류, 파충류에서(아마도 악어는 제외하고) 역설수면과 비슷한 상태를 명백하게 기록하지 못했다"라고 주장했다(2000, p. 55).
97. 라크람(2002), p. 51.
98. 던틀리, 울스, 페렌(2002), 던틀리(2003, 2004), 프랭크 외(2012).
99. 고드프리스미스(2017), p. 1.
100 주베는 "아직까지 어느 누구도 어류, 양서류, 파충류에서(아마도 악어는 제외하고) 역설수면과 비슷한 상태를 명백하게 기록하지 못했다"라고 주장했다(2000, p. 55).
101. 카르마노바와 라자레프(1979), 카르마노바(1982) 참조.
102. 코너와 반 데어 토트는 적극적 수면이 "파충류 선조에서 진화해서 조류와 포유류 혈통으로 나누어졌다"(2012, p. 27)고 주장했지만, 갑오징어 연구로 적극적 수면이 평행진화의 예일 수도 있다는 주장이 나왔다.
103. 프라이버그(2020). 주베는 이 관점을 공유해서 이렇게 썼다. "꿈은 박테리아, 굴, 모기에서는 인지하기 어렵다"(2000, p. 55).
104. 하트만은 동물은 꿈을 꾼다고 인정하고, 그들의 꿈에는 "우리와는 다른 감각적 양상의 혼합"이 관련되어 있을 것이라고 단언했다(2001, p. 211).
105. 시각장애인의 꿈 연구는 이 원리를 뒷받침한다. 하트만(2000, p. 211ff) 참조.
106. 웍스퀼(2013).
107. 비트겐슈타인(1958), p. 223.
108. 나는 페이겔과 커슈타인에게서 이 인용구를 빌렸다. "동물이 경험하는

꿈은 비트겐슈타인의 사자에 관한 생각과 아주 비슷할 것이다. … 그들의 꿈은 인간이 꾸는 꿈과 엄청나게 다를 것이다"(2017, p. 40).

109. 로마네스(1883), p. 149.

110. 바슐라르(1963), p. 20.

2장 | 동물의 꿈과 의식

1. 스타이너(1983), p. 6.
2. 앤드루스(2014)는 동물의 의식에 관한 당대의 논쟁을 네 집단으로 나누었다. 첫째, **재현주의자**는 동물이 재현적 정신 상태를 가졌는지를 살펴보라고 주장한다. 둘째, **의식의 신경연관자**는 인간과 비인간 동물들의 중앙신경체계 사이의 구조적·기능적 유사성을 분리해보라고 주장한다. 셋째, **자의식주의자**는 동물의 자기인식과 정신 추적의 증거를 제시하라고 주장한다. 넷째, **비추론주의자**는 동물에 의식이 있는지 추론할 이유가 없다고 주장한다. 우리와 동물들의 상호작용에서 즉시 동물이 의식이 있다는 것을 이해할 수 있기 때문이다. 캄브리아기 대폭발 때 '원시 의식'이 나타났다는 맬럿과 파인버그(2016)의 이론 같은 진화론은 앤드루스의 분류법에 포함되지 않았다. 이 접근법들 모두가 수면 중 동물의 정신이 어떤지에 관해서 그다지 영향을 주지 못했다는 사실은 알아둘 만하다.
3. 나는 꿈을 꾸는 것이 의식을 가졌다는 충분조건이지, 필요조건은 아니라고 규정한다. 의식은 있지만 꿈을 꾸지 않는 개인들도 있기 때문이다.
4. 록(2004), p.186. 몇몇 연구자는 이 가벼운 관계를 거꾸로 돌려보았다. 브레러턴(2000)은 꿈을 꾸는 것이 인간 의식의 출현을 준비하기 위한

사전적응이라고 해석한다.

5. 설(1998), p. 1936.

6. 처칠랜드(1995), p. 214. 이 관점은 당대 신경과학 제거주의 프로그램의 청사진의 바탕이 되었다. 제거주의자들은 알바 노에가 "토대 논쟁"(2009, p. 173)이라고 부른 것을 기꺼이 받아들였다. 이것은 우리가 의식적 자각을 얻기 위해서 필요한 것은 기능적인 뇌뿐이라는 주장이다. 이 관점에서 기능적인 뇌란 "이성의 엔진", "영혼의 좌석"(처칠랜드, 1995 참조)이다. 이 관점을 뒷받침하기 위해 제거주의자들은 꿈을 지목한다. 그들은 우리가 꿈을 꿀 때 수면의 신경화학반응이 몸을 꼼짝 못 하게 만들고 외부 세계와 우리의 감각적 연결을 끊음에도 불구하고 우리는 의식이 있다고 말한다. 이 상태에서 우리는 오로지 기능적 뇌로 의식적 자각을 유지한다는 것이다. 하지만 나는 이 주장에 반대한다. 이것이 "신경적 허무주의"(톰슨, 2015)의 결과라고 해석하기 때문이다. 인지의 4E[체화(embodied), 내장(embedded), 확장(extended), 작동(en-active)]를 찾아보면 의식적 경험에는 세 개의 재료가 필요하다는 것을 알 수 있다. 뇌, 몸, 그리고 세상이다. 이 요소 중 하나라도 없으면 의식적 자각은 발현되지 못한다. 어쨌든 여기서 핵심은 꿈을 꾸는 것이 제거주의자들(처칠랜드, 1995)과 반제거주의자들(노에, 2009)이 모두 동감하는 의식의 충분조건이라는 것이다.

7. 독일의 현상학자 에드문트 후설은 이 관점을 유지했고(코켈먼스, 1994, p. 167), 후에 맬컴(1956, 1959)이 널리 알렸다.

8. 톰슨(2015), p. 14.

9. 톰슨(2015), p. 16.

10. 윈트와 메칭거(2007), p. 194.
11. 물론 꿈 환경은 인식론적인 면에서 '지금 여기'는 아니고, 외부세계에서 펼쳐진 사건의 정신-독립 상태와 일치한다. 이것은 현상학적 감각에서 내가 현실이라고 느끼는 '지금 여기'다. 다시 말해 꿈, 환경은 진짜 '지금 여기'가 아니라 내가 느끼는 '지금 여기'다.
12. 윈트와 메칭거(2007), p. 194.
13. 윈트와 메칭거(2007), p. 195.
14. 밀러(1962), p. 40.
15. 데하네(2014), p. 23.
16. 20세기와 21세기에 많은 의식 분류체계들이 학계 전반에서 악명을 얻었다. 몇몇은 상당히 최근 것인 반면, 어떤 것들은 초기 역사에서 '재발견'되어 다시금 관련되었다. 다음의 예를 생각해보라. 심리학의 창시자 지그문트 프로이트는 '의식', '전의식', '무의식' 정신 상태로 구분했고, 독일 철학자 에드문트 후설은 '독단적 의식'과 '선독단적 의식'으로 구분했다. 미국의 철학자 네드 블록은 '접근적 의식'과 '현상적 의식'으로 구분했고, 포르투갈 출신 신경과학자 안토니오 다마지오는 2~3개의 체계 사이를 오락가락했다(그는 가끔은 의식을 '핵심'과 '자전적' 의식으로, 가끔은 '원초적 자아', '핵심 자아', 그리고 '자전적 자아'으로 나누었다). 물리학자이자 신경과학자인 존 테일러는 '소극적', '적극적', '자의식적', '감정적' 종류로 갈랐고, 언어학자 리처드 슈미트는 '자각', '의도', '지식'으로 나누는 것을 선호했다. 정신과 의사 아서 데이크먼은 '생각', '감정', '기능적 능력', 그리고 '관찰 중심'이라고 했다. 물론 이것은 완전한 목록이 아니고, 의식 있는 삶을 만들기 위해서는 무엇이 필요한지에

관해서 대단히 많은 이야기가 있다. 언급할 만한 사실 하나는 이 분류체계에서 용어적 일관성이 거의 없다는 점이다. 어떤 사람들은 의식의 비슷한 계층으로 보이는 것에 다른 용어를 사용했고('감정'과 '느낌'처럼), 어떤 사람들은 같은 용어를 전혀 다른 계층에 사용했다. 예를 들어, 자하비(2014)는 '자신'이라는 말에는 수천 가지 뜻이 있다고 말했다.

17. 나의 의식 모형은 톰슨(2015)처럼 의식의 여러 상태를 보여주는 것이 아님을 알아줬으면 한다. 이 모형은 의식이 취할 수 있는 여러 형태를 반영한다. 즉, 동물은 깨어 있거나 꿈을 꿀 때 이 중 하나나 두 개, 또는 세 개 모두를 가질 수 있다. 내가 주목하는 부분은 각성 상태, 꿈 없는 수면, 또는 톰슨이 말하는 '순수 자각' 같은 의식의 다른 상태에 관한 질문은 제쳐두고, 이 의식적 자각의 형태들이 꿈 상태를 통해서 어떻게 굳어지는가 하는 것이다.
18. 자하비(2014), p. 14.
19. 자하비(2014), p. 14.
20. 데그라지아(2009), p. 201.
21. 캐러더스(2008)를 비롯한 몇몇 동물 인지 전문가들은 동물이 주관적 의식을 가질 수 없다고 단언한다. 동물은 자신의 정신 상태에 메타인지적 접근을 할 수 없기 때문이다. 하지만 나는 나의 주관적 의식 정의에 메타인지 기능은 넣지 않는다. 생물체가 자신의 정신 상태에 메타인지적 접근을 하지 않고도 자기인식을 할 수 있다고 믿기 때문이다. 몇몇은 동물이 자신의 정신 상태를 파악할 수 있다고 말하지만(앤드루스, 2014), 다른 사람들은 주관적 인식, 특히 자기인식, 공감, 속임수 등 다른 능력들의 증거를 지적한다(갤럽, 1977; 베코프, 2003; 드바레, 2016).

22. 꿈이 일관적인 시공간의 다기관(多岐管)이라는 아이디어를 뒷받침하는 증거는 정신적 이미지와 공간 묘사를 담당하는 뇌 영역인 두정엽에 손상을 입었더니 꿈이 완전히 사라졌다는 발견에서 처음 나왔다. 신경과학자들은 이것이 꿈은, 윌리엄 제임스의 유명한 문구를 빌리자면, "위대하고, 커다랗고, 성가신 혼란"이 아니라는 뜻으로 해석했다. 반대로 꿈은 "경험의 중심에 자신을 놓은 채 움직이고, 느끼고, 행동하는 거대한 시공간의 연속체에서의 경험"이다(보그자란과 데스로리어스, 2012, p. 47).
23. 포괄적 시야라는 개념은 브레러턴(2000, p. 393)에서 나온다.
24. 윈트(2010), p. 304(핵심 첨부).
25. 윈트(2010), p. 297. 이 입장은 또한 보그자란과 데스로리어스(2012, p. 79)도 옹호한다.
26. 톰슨(2015), p. 123.
27. 톰슨(2015), p. 124.
28. 톰슨(2015), p. 127. 현상학적 발판에서 꿈을 자기중심적으로 해석하는 데는 동의하지만, 이 해석은 또한 경험적 데이터에 뒷받침된다. 리나스와 파레(1999) 같은 신경기능론자 이론은 각성 상태와 꿈꾸는 상태가 같은 신경 메커니즘임을 밝혔다. 한편 레본수오(2000) 같은 진화론은 각성 상태와 꿈꾸는 상태 사이, 진화적 기능 단계에 평행하게 위치한다.
29. 윈트(2010, 2015)는 꿈의 내용은 수면 중 꿈꾸는 사람의 몸에 어떤 일이 일어나는지에 영향을 받을 수 있기 때문에 꿈 자아는 현상학적으로, 또한 **기능적으로도** 구현되어 있다고 주장한다. 신체에 특정한 감각을 입력하면 확실한 꿈의 결과물을 얻을 수 있기 때문에 꿈꾸는 것은 "수면 중인 신체와 흥미로우면서도 체계적인 방식으로 연결을 유지하고 있

다"(윈트, 2015, p. xxiii).

30. 사르트르(2004), p. 166.

31. 사르트르, "모든 주의 현상은 운동성 기반을 가졌다"(2004, p. 43). 모든 주의는 감각운동 지식에 의존한다는 점에서 구현되었다. 꿈은 의식적 주의의 특수 사례이기 때문에 운동신경의 움직임에서 그 기반을 찾고, 그래서 육체도해의 소유를 상정한다. 사르트르는 육체도해가 꿈속에서 변할 수 있다는 사실을 부인하지 않는다. 꿈속에서 나는 쉽게 머리 두 개에 키클롭스 같은 하나의 눈, 또는 천여 개의 촉수를 가질 수 있지만, 육체도해가 아예 없는 것은 불가능하다.

32. 레본수오(2005), p. 207.

33. 브레러턴(2000), p. 385.

34. 사르트르(2004)는 이 개념을 독일 출신의 미국 심리학자 쿠르트 레빈에게서 가져왔다. 이 개념은 사르트르의 1943년 저서《존재와 무》의 '생활공간' 논의에서 핵심 역할을 한다.

35. 윈트(2010)가 이 주장을 했다. 비슷하게 톰슨(2015)은 자아가 없는 꿈의 예로 종종 나오는 아이들의 꿈과 우리가 선잠을 자는 동안 꾸는 꿈 같은 내용도 사실 자아 주위로 구성되고, 자아를 바탕으로 하고 있다고 주장한다. 아이들의 꿈은 설령 아이들이 그들의 주관적 구조에 집중하거나 보고할 능력이 없다 해도 자아 중심으로 조직되어 있다(p. 131ff). 마찬가지로 설령 선잠 속의 이미지가 '느슨한 자아 경계'를 가졌다 해도 이는 "'나-자신-내 것'의 기능을 파악하고 자기 것으로 만드는 데서 그리 떨어져 있지 않다"(p. 126). 사르트르(2004)는 선잠 속의 꿈이 "자아가 없는 꿈"이라는 말을 봤을 때부터 이 마지막 부분에 반대한다(p. 166).

36. 고드프리스미스(2016), p. 12.
37. 크릭과 미치슨(1983).
38. 《꿈의 해석》 2장에서 프로이트는 꿈 해석이 긴 문화적·철학적 역사를 가졌으나, 서기 2세기 성경의 요셉의 '기호법'이나 아르테미도로스의 '암호법' 같은 초반 접근법은 비과학적이고 비심리학적이라고 주장했다. 그래서 그것들이 완전히 쓸모없다는 똑같은 한계로 고통을 받는다는 것이다. 꿈이 의미가 있다고 가정하는 면에서는 올바른 길을 따르고 있지만, 의미가 있다는 뜻을 오해한다. 기호법은 그 의미가 미래를 예언하는 그들의 힘에 달렸다고 가정했고(요셉 때처럼), 암호법은 해석가들이 모든 꿈에 같은 방식으로 기계적으로 적용할 수 있는 "제대로 된 열쇠에 따르면" 그 의미를 쉽게 해석할 수 있다고 가정한다.
39. 콘(1974), p. 711. 제2차 세계대전 이후 정신분석의 몰락에 관한 더 자세한 설명은 헤일(1995) 참조.
40. vmPFC가 손상되면 꿈꾸는 것을 멈출 수 있다(록, 2004, pp. 46, 104).
41. 솔름스(2021), p. 27.
42. 브레러턴(2000, p. 391). 꿈을 꾸는 것과 관련된 변연계 구성 부분은 방추이랑(얼굴 인식), 시상(몸의 모습), 소뇌벌레(공간 및 육체의 움직임), 우측두정덮개(공간 위치)다. 베어드, 모타롤림, 드레슬러(2019)의 신경촬영영상 연구는 REM 수면 때 이 부분들에 뇌 혈류가 증가하는 것을 보여준다.
43. 록(2004), p. 122.
44. 보그자란과 데스로리어스(2012), p. 48.
45. 보그자란과 데스로리어스(2012), p. 63. 꿈꾸는 것과 감정 사이의 결합은 굉장히 단단해서, 하트만에 따르면, 꿈은 트라우마를 처리하는 데 정

신적 뼈대를 제공하는 '의사치료 기능'을 가졌다(1995, p. 180). 이 관점은 좀 더 최근에 마크 솔름스가 자신의 책《숨겨진 샘》에서 감정, 느낌, 정서적 충격을 바탕으로 한 의식의 체계적 이론으로 발전시켰다.

46. 다마지오(1999), p. 100.

47. 먹이가 있던 미로의 날개 통로를 탐색할 때 나타나는 신경 패턴과 미로에 들어가기 전 수면 중에 보이는 패턴이나 쌀이 없어진 날개 통로를 실제 탐색할 때의 패턴 사이에는 딱히 관련성이 없다.

48. 올라프스도티르와 공동 저자들은 이렇게 썼다. "이 결과들 모두는 (쥐에서) 미래 경험에 대한 편향된 전(前)활동은 환경이 행동의 동기와 관련이 있을 때에 대한 사례가 된다는 것을 말해준다"(2015, p. 10).

49. 해마의 반복에 관한 많은 연구가 비REM 수면과 선반복을 관련짓는다. 꿈도 횟수는 좀 적지만 비REM 수면 중에 꿀 수 있기 때문에 이 자체만으로는 자동적인 선반복과 꿈이 양립할 수 없다고는 할 수 없다. 게다가 올라프스도티르, 부시, 베리(2018)의 후속 연구는 REM 수면에서도 유의미한 스파이크(그래프가 갑자기 급격하게 치솟는 부분.—옮긴이)가 나왔음을 알려준다. 루이와 윌슨(2001)의 말을 인용하면, 각성 상태 동안에 기록된 스파이크들과 비교해서 REM 수면 중에는 이 스파이크들이 "좀 더 자연스러운 속도로 진행된다"(p. R38). 비REM 수면 때 생기는 스파이크는 약 20배 더 빠르다. REM 수면과 감정, 기억 사이의 결합에 관한 더 많은 증거는 보이스 외(2016)의 세타파 연구에서 찾을 수 있다. 쥐들이 REM 수면을 하고 있을 때 세타파를 저해하면 꿈을 꾸는 동안 물리적 물체와 불쾌한 경험의 기억을 포함해서 이전 사건의 기억들을 통합시킬 가능성이 낮아진다(p. 815). 이런 흐름에서 우리는 쥐에서 해마의 반

복 패턴이 "실제 경험 때 걸린 시간과 비슷한 시간 동안 나타난다"는 칼슨과 프랭크(2009, p. 7)의 연구 결과를 봐야 한다. 이 주장은 겔버드사기프 외(2008)와 파스탈코바 외(2008)에서 입증되고, 니어림(2009, p. 422)에서 잠깐 언급된다.

50. 볼테르(1824), p. 118.

51. 번트슨과 제이콥슨(2008, p. 1093), 올라프스도티르, 부시, 베리(2018)는 선반복 때 쥐들이 "앞으로의 행동을 계획한다"고 단호하게 말한다(p. R43). 3장에서 상상력에 관해서 더 이야기하겠다.

52. 프로이트(1938), p. 215.

53. 프로이트(1938), p. 215.

54. 연구자들은 쥐들이 굉장히 공감 능력이 뛰어난 동물로 에르난데스-랄멍 외(2020)가 보여주듯이 다른 개체가 고통을 겪는 것을 보면 굉장히 힘들어한다는 사실을 악용했다.

55. 유빈 외(2015), p. 11.

56. 유빈 외(2015), p. 9. 1장에서 우리는 많은 동물 수면 전문가들이 자신들이 찾은 결과의 현상학적 관점을 종종 거부하는 것을 보았다. 이 사례에서도 같은 일이 벌어진다. 저자들은 이렇게 쓴다. "쥐들이 실제로 깜짝 놀라 깨기 전에 트라우마적 기억을 떠올렸는지 명백하게 말할 수는 없다"(2015, p. 10). 그들의 논문 제목에 '악몽'이라는 단어가 들어갔는데 이렇게 주장하는 건 굉장히 의아하다.

57. 반 데어 콜크(2015), p. 84.

58. 유빈 외(2015), p. 9. 저자들은 다음 해(2016년)에 후속 연구에서 결과를 재현했다. 하지만 이번에는 놀람각성의 신경화학물질을 살폈다. 후

속 연구에서의 핵심 발견 한 가지는 트라우마를 가진 쥐들이 수면주기 중에 생물이 잠에서 자연스럽게 깨는 것을 도와주는 신경펩티드인 오렉신이 낮은 수치일 때 놀람각성을 한다는 사실이었다. 오렉신이 낮은 수치임에도 불구하고 쥐들이 겁에 질려 깨어난다는 것은 그들이 깨어나는 것이 트라우마가 없을 때의 일반적인 각성 절차와는 범주가 다르다는 것을 암시한다(유빈 외, 2016). 이것은 생리적이기보다는 정신적인 각성이다. 트라우마에 시달리는 그들의 정신이 육체를 잠에서 잡아채는 것이다.

59. 쥐들은 트라우마가 시작된 후 최대 21일 동안 꼼짝 못 하는 행동과 놀람각성을 보였다. 우리는 이 행동이 얼마나 오래 계속될지는 알 수 없다. 이후 실험 과정에서 뇌를 꺼내 분석하기 위해 쥐들을 죽였기 때문이다.
60. 베라르디 외(2014), p. 8.
61. 캠벨과 저메인(2016), 반데르하이덴 외(2015, pp. 2343~2345).
62. 커메이어(2009), p. 5.
63. 브래드쇼(2009), 벨콤(2010, p. 59), 카발리에리(2012, p. 130).
64. 페냐구즈만(2018), p. 16.
65. 메이슨(2009), p. 45. 이 고아원에 관한 논의는 시버트(2011) 참조.
66. 킹(2011), p. 77.
67. 브래드쇼(2009), p. 139.
68. 킹덤(2017). 코끼리의 악몽에 관한 보고서는 거짓 음성의 위험을 강조한다. 포유류의 꿈에 관한 연구에서(1장에서 이야기했다) 맨저와 시걸(2020)은 코끼리들이 그 특이한 수면주기 때문에 좋은 연구 대상이 아니라고 주장했다. 이것은 우리가 동물의 꿈에 관해 생각할 때 인간의 수

면을 기본 참고 자료로 사용하면 얼마나 엇나갈 수 있는지를 보여주는 사례다.

69. 모린(2015), 벤더(2016).
70. 잊을 수 없는 마이클의 수화 동영상은 www.youtube.com/watch?v=DXK-sPqQ0Ycc에서 볼 수 있다.
71. 켈리(2018).
72. 보테로(2020), p. 4.
73. 보테로(2020), p. 4.
74. 어미와의 분리는 생리학적 통제 불능, 뇌의 스트레스 취약 영역의 비정상적 과대화, 몸 흔들기, 자해, 불안, 체계적이지 못한 애착 방식, 병적 감정 발달, 그리고 당연히 무서운 악몽 등을 유발한다. 처너스는 트라우마를 얻은 침팬지들, 특히 어린 나이에 어미에게서 강제로 떨어진 침팬지들에게 일어나는 정신 붕괴를 관찰한다. 그녀의 분석에는 어미를 잃고, 팔려서 우리에 갇히고, 학대받고, 결국에 스페인 북부의 MONA 보호소에 구조된 침팬지 다섯 마리(로미, 와티, 사라, 니코, 판코)의 과거사가 포함된다. 어미와의 분리가 끼치는 영향은 개체별로 다르고, 아마도 "내적 성격 차이, 어미와 분리되었을 당시 침팬지의 나이, 기간, 천성, 학대와 방치의 강도, 이들을 차츰 동종과 새로운 물리적 환경에 소개하는 관리자들의 세심함 같은 요소들이 영향을 줄 것이다"(2008, p. 458).
75. 두다이(2004).
76. 해킹(2001), pp. 252~253 인용.
77. 아리스토텔레스는 기원전 4세기에 〈꿈에 관하여〉에서 자각몽을 설명했지만, 사람들은 19세기가 되어서야 이것을 두 명의 프랑스 작가들의 저

서 덕택에 정신적 현상으로 진지하게 받아들이기 시작했다. 데르베 드 생드니(1822~1892)와 알프레드 모리(1817~1892)였다. '자각몽'이라는 용어는 네덜란드의 정신과 의사 프레데릭 반 에덴이 20세기 초에 만든 것이다. 그는 이것을 가장 명백한 특징이 메타인지적으로 우리를 손상시키지 않는 것인 희귀한 꿈 경험을 일컫는 데 사용했다. 500건의 개인의 꿈을 철저하게 기록하고 분석한 에덴은 그중 상당량, 정확하게는 352건이 '특정한 종류'임을 발견했다. 그는 이렇게 말했다. "나는 잠든 상태에서도 나의 일상생활 전체를 회상했고, 자발적으로 움직일 수도 있었다." 1913년《정신 연구를 위한 사회 기록》에 실린 에세이에서 에덴은 이 꿈들이 보통의 꿈과 상당히 다르기 때문에 그 나름의 이름을 붙여야 한다고 주장했다. 그는 그 꿈들이 워낙 달라서 다른 사람들이 그 존재를 의심하거나 그걸 꿈으로 여기려 하지 않을 수도 있다고 걱정했다. "누군가가 정신의 그런 상태를 꿈이라고 부르는 걸 거부한다면 다른 이름을 제안해야지. 내 입장에서 그건 그냥 이런 형태의 꿈일 뿐이고, 난 이걸 '자각몽'이라고 부르지. 그것은 나에게 가장 열렬한 관심을 불러일으키고, 나는 아주 신중하게 그걸 기록해놨어." 에덴의 걱정은 그럴 만한 근거가 있었다. 그 '환상적인' 특성 때문에 자각몽은 과학의 여백에 밀려나 있었다. 하지만 이 현상을 다시 과학계 담론의 영역 안으로 끌어들인 두 권의 책, 키스 헌의《자각몽》(1978)과 스티븐 라버지의《루시드 드림》(1985)의 출간 덕분에 1970년대 말과 1980년대 초가 되어서 과학계의 태도가 변하기 시작했다. 이 책들은 과학자들에게 자각몽이 실험실 환경에서 연구하고 통제하고 조작할 수 있는 진짜 현상이라는 걸 납득시켜 주었다.

78. 윈트와 보스(2018), p. 388.
79. 월시와 본(1992), p. 196.
80. 필레비히 외(2015), p. 1082.
81. 카한(1994), p. 251.
82. 보스와 홉슨(2014), p. 16.
83. 보스와 홉슨의 입장에는 상세한 설명은 없지만, 그래도 많은 정신 철학자들이 언어와 사고 사이의 관계에 대해 결론 내린 것, 즉 언어가 감각의 문을 통해 구체적인 물건(예컨대, 이 소나무, 이 플라타너스, 이 수양버들)을 넘어서는 추상적 정신 개념(예컨대 **나무**)을 형성하게 만들어준다는 주장을 반복하고 있다. 이 개념들은 보편성 아래에 상세성을 포함함으로써(예컨대 '여기, 이것은 나무다') 형태 'X는 Y'라는 **정신적** 판단을 이루는 힘을 준다. 보스와 홉슨의 관점에서 꿈꾸는 사람과 자각몽을 꾸는 사람 사이의 유일한 차이는 후자가 꿈을 꾸면서 특정한 정신적 판단, 즉 '여기, 이것은 꿈이다'와 같은 판단을 내릴 수 있다는 점이다.
84. 윈트와 메칭거(2007)에게 'C-꿈속 자각'은 'A-꿈속 자각' 더하기 추가 요소다. 그런 면에서 모든 'C-꿈속 자각'은 논리적으로 'A-꿈속 자각'을 수반하지만, 그 역은 거짓이다.
85. 동물의 개념성에 관해서는 앨런(1999), 글록(1999, 2000, 2010), 스티븐(1999), 뉴웬과 바틀스(2007)를 참고하라. 동물의 논리에 관해서는 헐리와 너즈(2006), 와타나베와 후버(2006), 콜(2006), 앨런(2006), 에르되헤기 외(2007), 슈미트와 피셔(2009), 페퍼버그(2013), 펠리페 데 수자와 슈미트(2014)를 보라. 동물의 수학에 관해서는 보이슨과 홀버그(2000), 올도프와 로버츠(2000), 웨스트와 영(2002), 킬리안 외(2003), 해

리스, 베란, 워시번(2007), 오스트 외(2008), 마츠자와(2009), 레스콜라(2009), 울러와 루이스(2009), 다다 외(2009), 페퍼버그(2012), 본크와 베런(2012) 참조.

86. 윈트와 메칭거(2007), p. 222.

87. 내가 공원을 가로질러 가는 도중에 멀리 흐릿한 물체를 봤다고 가정하자. 처음에 나는 그게 물체라는 건 알아도 어떤 종류의 물체인지는 모른다. 그 물체에 대한 나의 경험은 흐릿하고 부정확하다. 자전거일까, 사람일까? 동상일까, 음수대일까? 가까이 다가가며 나는 물체의 특성을 깨닫기 시작하고, 가는 동안 특정한 선택지를 제외한다. 물체가 움직이니까 동상이나 음수대는 아니다. 얼굴이 있으니 자전거도 아니다. 그러면서 나는 생각한다. '사람이구나!' 정신 철학자들에 따르면, '사람이구나' 하는 이 생각이 판단이다. 왜냐하면 주어('이것')와 술어('사람이다')가 명제 구조를 이루고 있고, 이는 내가 정신적으로 연결동사('이다')를 통해 보편성('사람'이라는 개념) 아래에 상세성(내가 본 특정 물체)을 포함했음을 알려주기 때문이다.

88. 메타인지의 전인지 형태를 이야기하는 게 역설적으로 보일 수도 있겠지만, 이것은 단순히 주체가 언어적 형태나 발전한 개념적 내용을 필요로 하는 깊은 생각 없이 자신의 정신 상태를 생각하거나 모니터링하는 것이다.

89. 이 꿈속 자각의 전개념 경험이 어떻게 일어나는지 생각하려면 깨어 있는 장의 구조적 특성 중 하나가 **투명성**임을 상기하라. 깨어 있을 때 우리의 인지 장은 우리가 그것을 장이라고 인식하지 못한다는 면에서 투명하다. 장이 '자동은폐'되는 것이다. 하지만 자각몽에서는 이 장이 그 투

명성을 잃는다. 갑자기 '눈에 보이고', 우리 인식의 대상으로 자기주장을 하는 것이다. 이렇게 될 때 우리의 인지 장은 그것을 통과해서 보지 못하고 그 자체를 보게 된다는 면에서 불투명해진다. 동물들이 꿈을 꾸는 중에 자신들의 인지 장을 통과하는 대신에 그 자체를 본다는 감각을 느낀다면, 그들의 경험은 꿈속 자각의 하나가 될 것이다.

90. 롤랜즈(2009), p. 210.

91. 여기서 나는 윈트와 메칭거의 이론에 집중했지만, 다른 꿈속 자각 전문가들도 자각몽을 느끼는 순간과 그다음 그것을 판단하는 순간을 구분했다. 라버지와 데그라지아(2000)는 꿈속 자각이 두 단계로 일어난다고 설명했다. 첫째, 우리는 메타인지 통찰력의 순간을 거친다. 이것은 "(우리) 상태에 대한 자아성찰, 그리고 직접적인 경험적 깨달음"이다. 우리는 자각몽이라는 사례로 우리 상태를 해석하여 이 통찰력을 의미체계에 통합한다. 이 단계들이 보통 인간의 자각몽과 공존하긴 해도 이것은 분리될 수 있다. 꿈꾸는 사람은 자신의 상황에서 뭔가 '잘못됐다'는 사실을 더 높은 지적·해석학적 활동에 집어넣지 않고서도 그저 깨달을 수 있다. 그러니까 동물이 언어나 개념성을 갖지 않았다는 사실이 그들이 자각몽을 경험하는 데 장애가 될 수는 없다. 메칭거가 주장한 것처럼 꿈 경험을 꿈으로 '범주화'할 능력이 없다 해도 사람들은 "꿈꾸는 상태에서 행위성과 안정된 주의 PMIR(phenomenal model of the intentionality relation, 의도적 관계의 현상학적 모델)을 되찾는다는 면에서 자각몽을 경험할 수 있다"(2003, p. 532).

92. 스미스와 워시번(2005), 코넬, 선, 테라스(2007), 스미스(2009), 콜(2010), 스미스, 카우치먼, 베런(2012).

93. 톰슨(2015), p. 158. 톰슨은 배측면 전두엽 피질에 집중했지만, 베어드, 모타롤림, 드레슬러의 최근 연구에 따르면, 자각몽은 여러 뇌구조의 상호연결에 달려 있다. 하지만 저자들은 자각몽은 신경 단계에서 분명하게 알아챌 수 있다고 적고 있다. 왜냐하면 자각몽은 아주 다양한 신경회로를 통해서 유발될 수 있기 때문이다(2019, p. 12). 이는 뇌구조가 인간과 똑같거나 심지어는 비슷하지 않은 동물이 꿈을 자각할 수 없다고 말할 수는 없다는 뜻이다.
94. 홉슨과 보스(2010), p. 164. 홉슨과 보스는 자신들의 분석을 윈트와 메칭거(2007)의 'A-꿈속 자각'과 'C-꿈속 자각' 사이의 차이에 집어넣지는 않았으나, 그들은 꿈속 자각을 "꿈을 꾸고 있다는 사실에 관한 통찰력"(2010, p. 155)이라고 정의했고, 이것은 윈트와 메칭거의 'A-꿈속 자각'의 정의와 같다. 에덜먼(2003, 2005)의 1차 의식과 2차 의식 사이의 차이를 이용하여 그들은 꿈을 꾸는 것이 단순한 인식(다시 말해, 지각적·감정적 경험을 통한 것)이 특징인 1차 의식의 표현이라고 제시했다. 반대로 그들은 각성 상태의 경험을 1차 의식과 2차 의식의 조합으로 보았다. 이 말은 단순한 인식과 '인식함을 인식함'의 혼합(다시 말해, 메타인지의 혼합)이라는 뜻이다. 처음에 홉슨과 보스는 꿈속 자각을 비인간 영장류까지만 확장했으나, 결국에는 조류 역시 후보자라고 인정했다. 또 다른 논문에서 보스는 다시 영장류를 언급했지만, 조류는 이야기하지 않았다(2010, p. 52).
95. 맨저와 시결(2020), p. 2.
96. 판타니, 타지니, 라포네(2018), p. 176.
97. 푸코(1986), p. 53.

98. 푸코(1986), p. 45.
99. 푸코(1986), p. 53.
100. 시뤌니크(2013), p. 143.
101. 사르트르(2004), p. 15.
102. 루크레티우스(1910), p. 170.

3장 | 상상력의 동물학

1. 콜리지(2004), p. 123.
2. 토머스의 모델에는 세 개의 축이 있다. "부재-존재(좀 더 쉽게 표현하면 자극 통제), 의지(또는 자발적 통제에의 복종), 그리고 오래된 흄학파 차원의 '쾌활함'이나 '생동감'"(2014, p. 159). 그래서 꿈은 지각보다 첫째 축의 '부재' 쪽에 더 가깝다. 외부적 자극에 의존하지 않기 때문이다. 그리고 상상력의 의도적인 활동보다 '의지' 축의 더 아래쪽에 위치하는데, 그 이유는 꿈이 합리적인 통제 아래에 있지 않기 때문이다(자각몽일 경우는 제외한다. 이 경우에는 더 높은 쪽에 위치할 것이다). 비슷하게, 꿈꾸는 것은 기억하는 것보다 생동감이 강하지만 인식보다는 약하다.
3. 푸코(1985), p. 40. 하지만 모두가 꿈이 창의적 활동이라는 데 동의하는 것은 아니다. '정통 관점'의 지지자들은 꿈이 수면 중에 만들어진 믿음이라는 주장을 고수한다. 이 관점의 가장 유명한 지지자는 르네 데카르트다. 이것은 두 가지 다른 관점의 도전을 받게 된다. '환각 관점'은 꿈이 현상학적으로 믿음보다 환각에 훨씬 가깝다고 여긴다. 꿈은 믿음보다 이미지로 가득하고, 믿음이 하지 못하는 지각 현실로 우리를 끌어들인다.

'상상 관점'은 꿈이 환각보다 상상에 더 가깝다고 주장한다. 2장에서 나는 제니퍼 윈트와 에반 톰슨의 연구를 언급했다. 전자는 환각 관점을 고수한다. 후자는 상상 관점을 지지한다. 상상 관점의 다른 지지자로는 월튼(1990), 폴크스(1999), 이치카와(2009), 소사(2005) 등이 있다. 나는 상상 관점을 선호하지만, 내 입장은 꿈, 상상, 그리고 환각이 모두 상상력이라는 같은 스펙트럼의 일부라는 쪽이다.

4. 1장에서 나는 칸트가 창의적 상상력이 전적으로 인간에게만 있다고 믿는다는 사실을 지적했다. 이것은 고대부터 현재까지, 몇 개의 예외를 빼면 흔한 경향이었다. 동물이 상상력을 가졌다고 인정하는 철학자들조차도 대체로 동물의 상상력은 우리와 비교하면 극히 낮다고 규정하거나(동물에게 오로지 실용적 상상력만 있다고 생각한 아리스토텔레스의 경우처럼) 본능의 영역에 집어넣는다(동물도 상상하지만 오로지 본능에 의한 것일 뿐이라고 말한 아우구스티누스의 경우처럼). 철학사 전체에서 동물들의 배제에 관한 설명이 필요하다면 시몽동(2011)을 참조하라.
5. 푸코(1985), p. 33.
6. 루스(1966), p. 1.
7. 이 과정은 새프턴(1995), 하트만(2001), 폴크스(1999), 맨저와 시걸(2020) 등이 인용했다.
8. 루스(1966), p. 86.
9. 설령 본의 환각 연구가 아무 결과도 내지 못했더라도 이후의 실험들이 앞선 가설을 입증했다. 붉은털원숭이는 각성 상태에서, 특히 암페타민의 영향 아래에서 환각을 본다. 시걸(1973), 시걸, 브루스터, 자빅(1974),

시걸과 자빅(1975), 브로워와 시걸(1977), 엘리슨, 닐슨, 라이온(1981), 리들리 외(1982), 캐스트너와 골드먼라키치(1999, 2003), 비산지 외(2006) 참조. 환각은 쥐와 비둘기, 고양이에서도 보고되었다(엘린우드, 수딜로프스키, 넬슨, 1973). 이 논문의 리뷰를 보려면 로빈스(2017)를 보라.

10. 루스(1966), p. 86.
11. 루스(1966), p. 85.
12. 루스(1966), p. 86.
13. 로마르(2007), p. 58.
14. 로마르는 일부 영장류(특히 인간)가 언어-개념 양식을 발동해서 이 시각적 경험에 언어의 옷을 입힐 수 있다는 사실을 부인하지 않았지만, 이것은 생각하는 동물이 언어 없이 세상을 정신적으로 표현할 수 없다는 주장과는 한참 멀다. 동물들은 세계를 표현할 수 있고, 진화적으로 언어보다 앞서는 다른 양식들을 이용해서 그들의 삶의 여러 장면을 재연할 수 있다(2007, p. 61). 게다가 로마르는 영장류를 염두에 두고 자신의 이론을 발전시켰지만, 모든 "두뇌가 발달한" 동물들에게 적용할 수 있을 것이라고 인정했다. 다른 동물들에 적용하기 위해서는 물론 로마르의 원래 네 개 목록에 들어 있지 않았던 표상의 양식들(후각, 촉각, 청각 등)을 포함해야 한다.
15. 쿤젠도르프(2016)는 영장류의 상상력에 관해 우리가 실험적으로 아는 모든 것을 고려할 때, 본이 알아낸 것에 놀랄 이유가 없다고 말한다.
16. 쿤젠도르프(2016), pp. 38~39.
17. 릴러드(1994)는 상상놀이에는 여섯 가지 요소가 관련된다고 규정한다.

가장하는 인물(1)은 특성 현실(2)에 빠져 있고, 그다음에 정신적 표상(3)을 이 의도적인 현실(4)과 자각(5)에 투영(6)한다.

18. 린, 그린필드, 새비지럼보(2006), p. 208.
19. 쿤젠도르프(2016), p. 39.
20. 마쓰자와(2011), p. 133. 린, 그린필드, 새비지럼보는 또 다른 흥미로운 행동을 보고했다. 그들이 침팬지 판바니샤에게 포도를 강아지 인형에게 먹여보라고 하자 판바니샤는 포도 그릇을 한 손으로 강아지 입으로 가져가서 거기에 대고 있었다. 그런 다음 다른 손으로 인형의 머리를 잡고 그릇으로 누르며 "마치 먹는 것처럼" 보이게 했다(2006, p. 208). "'먹는' 척하기 위해서 강아지 인형의 머리를 움직이는 행동은 강아지 인형에게 먹이는 척하던 사육사의 초기 행동을 확장하는 능력을 보여주는 것일지도 모른다. … 이런 확장은 놀이의 '하는 척하는' 본질을 이해하고 있음을 암시한다"(p. 208). 연구의 또 다른 침팬지였던 판판지는 같은 강아지 인형의 "털을 고르고" 자신이 강아지 몸에서 "떼어낸" 벌레를 먹이는 척했다. 고메즈와 마틴안드레이드(2005)는 원숭이들의 이런 상상놀이의 사례를 많이 들었다. 영장류의 상상놀이의 증거는 20세기 초까지 거슬러 올라간다(키너먼, 1902). 원숭이들 사이의 물건 놀이의 증거 리뷰를 찾는다면 램지와 맥그루(2005)를 참조하라.
21. 범죽음학(Pan-thanatology)이라는 하위 분야는 영장류가 죽음을 이해한다고 주장하는 이런 종류의 보고서들을 바탕으로 발전했다. 나는 이 논문의 몇 군데를 페냐구즈만(2017)에서 논의했다.
22. 미첼(2016), pp. 333~334.
23. 게슈탈트 심리학자 볼프강 쾰러가 20세기 전반기에 침팬지들에게 했던

실험에 관해 쓰면서 철학자 피터 캐러더스는 침팬지들이 쾰러가 그들에게 내준 공간탐색 과제에 조금의 의식적 자각 없이 혁신적인 해법을 도출했다고 주장한다(캐러더스, 1996). 미첼(2016)은 캐러더스의 주장을 이해할 수 없다고 말했다.

24. 미첼의 개인사에서 핵심 인물은 독일의 철학자이자 진화 이론가 카를 그로스로, 동물의 놀이에 진화의 원리를 도입한 인물이다. 그로스는《동물들의 놀이》(1898)에서 놀이 행동이 어린 동물들이 미래를 대비하는 것을 도와주는 어른의 행동을 무심코 따라 하는 것이라고 설명한다. 하지만 미첼이 지적한 것처럼 놀이하는 동물 전부가 어린 것은 아니다. 이 문제를 인지한 그로스는 성체의 지위로 보아 그들은 이미 생존에 필요한 기술에 능숙하므로 이와 관련된 연습이 필요하지 않고, 그렇기 때문에 성체의 놀이 행동은 의도적인 가장극으로 이해해야 한다고 주장한다. 그는 동물의 상상놀이에 관한 몇 안 되는 전문가들이 최근에 이야기하는 것은 현실과 상상 사이를 이쪽저쪽으로 오가는 '유쾌한 특성'임을 알아챘고, 다윈의 발자취를 따랐다. 수십 년 전에 다윈은《인간의 유래와 성선택》에서 동물들이 가끔 자신들의 희생양들이 애를 쓰는 것을 보는 단순한 재미를 위해서 상상놀이를 이용한다고 적었다(동물판 골탕 먹이기). 그로스의 동물 놀이 이론에 반하여 C. 로이드 모건은 나중에 자신의 유명한 저서에서 분명하게 설명했고, 덕분에 과학자들은 동물의 정신 활동에 관한 이야기를 그만두게 된다.

25. 처음 테일러와 세이먼(1973)이 발표한 이 돌고래의 행동은 암기 반복을 넘어선다. 쿤젠도르프에 따르면, 여기에는 "변형할 수 있는 자연에 대한 시각적 상상력"이 관여한다(2016, p. 39).

26. 철학자 켄들 월튼은 꿈을 상상놀이의 하위 분야, '가장극 게임'으로 규정한다(1990). 《동물의 정신 진화》에서 로마네스 역시 꿈과 가장을 상상력과 비교할 만한 사례로 들었다.
27. 베코프와 제이미슨(1991), p. 20.
28. 이것은 오닐, 시니어, 치치버리(2006)와 오닐 외(2008)로 입증되었다.
29. 포스터와 윌슨(2006), p. 504.
30. 데이비드슨, 클루스터만, 윌슨(2009), p. 504.
31. 칼슨과 프랭크(2009), p. 2.
32. 칼슨과 프랭크는 이렇게 썼다. "각성 반복의 연상 내용은 사실상 위치와 관련이 없다"(2009, p. 7).
33. 굽타 외(2010), pp. 695~696.
34. 굽타 외(2010), p. 702.
35. 더디크먼과 윌슨(2009), p. 503.
36. 데이비드슨, 클루스터만, 윌슨(2009), p. 503.
37. 니어림(2009), p. 422. 데이비드슨, 클루스터만, 윌슨(2009)은 원격 반복에 관해 "동물의 현재 위치와 관련이 없다"고 똑같은 주장을 한다.
38. 니어림(2009), p. 422.
39. 이 중요한 교차로에서 쥐들은 세상과의 적극적인 관계를 일시적으로 멈추고, 길을 골라 가기 전에 앞에 있는 가능한 모든 경로를 "간접적으로" 재구축함으로써 의식적으로 경로를 계획한다. 존슨과 레디시(2007)는 이 "고비용의 선택지"에서 그들이 관찰한 신경상의 경로 살피기는 동물의 위치에서 출발하는 것이지, 그 위치까지 도착하는 것으로 이루어지지 않았고, 이는 동물들이 과거의 행동을 기억해내기보다는 미래의 행동을

계획한다는 것을 암시한다고 지적한다. 그들은 이렇게 썼다. "동물의 뒤가 아니라 앞에서 재구축하는 것은 정보가 최근 있었던 일의 반복이라기보다는 미래의 경로의 표현과 관련된 것임을 알려준다"(p. 12183). 그들은 또한 동물이 여러 대안을 생각하면서 다시, 또다시 살펴보는 동안 빠르게 머리를 옆으로 흔드는 동작을 보인다는 점도 명시했다. 이 경로 살피기는 동물들에게 가능한 미래에 관해 중요한 정보를 제공한다. 경로 살피기는 동물들에게 "(그들의) 행동의 결과를 예측하고, 목표를 평가하고, 의사결정을 하도록" 해준다(p. 12184).

40. 니어림(2009), p. 421. 칼슨과 프랭크는 그들이 발견한 것이 실제 경험에 걸린 시간과 비교하기에는 너무 짧았다고 말하지만, 다른 사람들이 깨어 있는 삶에서 걸린 시간과 일치하는 반복 사건을 해마에서 찾아냈다고 지적한다(2009, p. 7). 윌렛(2014)은 영장류 동물학자 바버라 스머츠가 쥐 외의 동물에서도 비슷한 현상을 관찰했다고 설명한다. 스머츠는 탄자니아 곰베 국립공원에서 개코원숭이 무리가 연못에 도착해서 완벽하게 침묵에 잠긴 것을 보았다. 모든 동물, 심지어 시끄러운 청소년기의 동물들까지 "말 없는 사색"에 잠겼다. 스머츠는 이것을 "개코원숭이의 샹가"의 한 형태로 해석했다. 샹가(shanga)란 공동체의 연계를 뜻하는 산스크리트어다. 이 해석을 바탕으로 윌렛은 이것을 "깨우침의 휴식"이라고 불렀다(p. 102).

41. 로마르의 2016년 책은 아직 영어로 번역되지 않았다. 독일어 전체 제목은《Denken ohne Sprache: Phänomenologie des nicht-sprachlichen Denkens bei Mensch und Tier im Licht der Evolutionsforschung, Primatologie und Neurologie》이다.

42. 사례로는 본탄제로(2012), 오키오네로와 키코냐(2016), 돔호프(2017), 엘레스 외(2020) 등이 있다.
43. 동물의 상상력에 관해 쓴 몇몇 과학자들과 철학자들은 동물들을 포유류로 보는 경향이 있다. 하지만 꿈이 상상하는 행위라면 비포유류의 꿈은 이 관점에 이의를 제기한다. 창의력과 상상력은 포유류가 최소한 조류와 공유하는 특성으로 보인다(애커먼, 2016).
44. 힐스(2019), p. 1.

4장 | 동물 의식의 가치

1. 시워트(1994), p. 200.
2. 차머스(2018), p. 12.
3. 그리핀(1976), p. 15.
4. 루스(1966), p. 1.
5. 롤랜즈(2009), p. 176.
6. 베코프와 제이미슨(1991), p. 15.
7. 도덕적·법적 지위를 나무와 강 같은 무생물까지 확장함으로써 이 관점을 밀어붙이는 환경윤리 분야도 있다. 무생물들의 경우에 논쟁은 도덕적 지위보다 법적 지위 쪽으로 향한다. 브레넌(1984)과 스톤(2010) 참조.
8. 워런(1997), p. 3(셰퍼드, 2018, p. 14에도 인용).
9. 유대인 철학자들은 이런 사고방식에 동조하는 방식으로 윤리에 관한 글을 썼다. 한 가지 예가 마르틴 부버의 대화의 철학이다(부버, 1970 참조).

10. 블록(1995), p. 231.

11. 블록(1995), p. 230.

12. 레비(2014), p. 128.

13. 설(1997), p. 98. 이것은 고통에 전적으로 인지가 존재하지 않는다는 이야기, 다시 말해, 고통에 관한 우리의 모든 경험이 고립된 감각으로 우리의 감정 상태, 이전의 믿음, 심지어는 사회적·문화적 배경에 아무 영향도 받지 않는 상태라는 이야기가 아니다. 내 발가락을 찧은 강도는 내가 졸릴 때 고통으로 인해 번쩍 잠이 깨는 것이나, 내가 일에 너무 몰두해서 거의 움찔하지도 않는 것과는 다르다. 사회적·인지적·심리적·실존적 요소들이 고통의 의미를 빚어낸다. 내 말의 핵심은 접근적 의식이 고통이라는 현상을 감소시킬 수는 없다는 것이다. 내 고통이라는 경험에는 어떤 인지적 설명도 아우를 수 없는 차원이 있기 때문이다. 나의 고통이 나에게 어떻게 느껴지는지, 내가 특정한 순간에 그것을 어떻게 경험하는지라는 정성적 차원이다. 블록은 우리가 실제 겪은 세상 경험은 접근적 의식이라는 그물로는 잡아낼 수 없는 상기적 측면을 가졌음을 설명하기 위해서 고통을 이용했다. 고통의 표상주의자 이론의 비판을 보려면 콜린 클라인의 논문을 보라.

14. 이 논쟁은 시워트(1998)에 등장했고, 시워트(1994)를 기반으로 했다.

15. 시워트(1994), p. 216. 블록의 현상적 의식 개념이 비논리적이라고 생각하는 철학자들도 있지만, 인지심리학과 실험철학의 연구들은 블록의 접근적 의식과 현상적 의식 구분과 아주 비슷한 것이 통속심리학으로 발전하고 있음을 알려준다(노브와 프린츠, 2008). 휴브너에 따르면, "통속적 판단 구조에 내포된 차이는 현상적 정신 상태와 비현상적 정신 상태

사이의 차이와 비슷한 것을 보여주는 듯하다"(2010, p. 135).

16. 조슈아 셰퍼드는 그의 책《의식과 도덕적 지위》에서 비슷한 논지를 옹호한다. 현상적 의식은 본질적 가치를 지니고 있다. 왜냐하면 이것을 가진 모든 생물종에 사물이 긍정적인지 부정적인지, 매력적인지 혐오스러운지를 평가하게 해주는 '평가적 공간'을 만들어주기 때문이다. 이 공간을 만듦으로서 현상적 의식은 삶을 가치 있게 만드는 정서적·평가적 경험을 가능하게 만든다. 어느 개체에 도덕적 가치가 있는지 아닌지를 결정할 때 윤리학자들은 "이 개체가 영리한지, 아니면 이성적이거나 자기 인식을 하는지"에 주의를 기울여야 하는 것이 아니다(p. 92). 그들은 그것의 감정, 그 개체가 사물을 평가하는지 아닌지, 그리고 자기 관점이 있는지에 집중해야 한다. 책의 둘째 장부터 〈도덕적 지위〉라는 제목의 마지막 장까지 셰퍼드는 자신의 현상적 가치 이론을 동물들에게 적용하고, 도덕적 가치가 우리가 예상하는 것보다 훨씬 많은 동물에게 적용될 것이라는 결론을 내렸다. 그는 "철학자의 선긋기 열망"에서 빠져나가지 못한 존재들은 "(어쩔 수 없이) 진화의 계급에서 상당히 낮은 부분에 선을 그려야 한다"고 말한다(p. 99).

17. 생물체는 그들의 존재를 의미로 채우기 위해서 가치화 행동을 한다는 사실을 의식할 필요는 없다. 생물이 매력적인 자극을 찾고 혐오스러운 자극을 피하는 식으로 행동하는 등 선호도를 표현하자마자 그들은 평가 행위를 한 셈이다. 왜냐하면 생물은 자극에 반응해서 유인가(끌거나 미는 힘. 정적 유인가는 접근 행동을 유발하고, 부적 유인가는 회피 행동을 유발한다.—옮긴이)를 갖기 때문이다.

18. 동물 윤리에 관한 결과주의자의 원리 중 가장 유명한 것은 싱어(1995)다.

19. 결과주의자들의 도덕적 우주의 처음이자 끝(즉, 고통과 즐거움)은 그들 자신의 현상적 상태기 때문에 도덕적 지위의 근간은 현상적 의식이라고 주장할 수도 있을 것이다. **쾌락결과주의자들**은 이런 입장(또는 이것의 몇 가지 변형)을 기꺼이 받아들이는 반면, **선호결과주의자들**은 거부한다. 선호결과주의자들은 우리의 고통과 즐거움에 대한 경험에 도덕적 무게를 두지 않고, 우리의 선호도의 만족에 더 무게를 둔다. 그들 다수에게 접근 우선 방식은 훨씬 매력적이다. 그들이 보기에 접근적 의식을 가진 존재만이 선호도를 구성할 수 있기 때문이다. 여기서 나는 결과주의의 유형에 집중한다. 이것은 나의 입장에 아주 큰 문제를 제기하는 것이기 때문이다.

20. 이 접근 우선 방식을 지지하는 카하네와 사부레스쿠(2009), 레비와 사부레스쿠(2009)는 '지혜'를 기반으로 한 주관적 선호도가 '감각'을 기반으로 한 것보다 더 낫다고 주장한다. 레비(2014)도 전례를 따른다. 그는 현상적 의식의 상실은 시워트가 믿는 것보다 훨씬 덜 비극적이라고 말하며 시워트의 좀비화 위험에 대한 경고를 격하시킨다. 레비에 따르면, 우리의 경험에서 우리가 소중하게 여겨야 하는 측면이 많이 있다는(예를 들어, 색깔, 미적·감각적 즐거움, 사람 간의 친밀함, 자아감, 심지어 고통의 경험) 면에서 시워트는 옳을 수 있지만, 이것을 현상적 의식에 집어넣으려 하는 것은 잘못됐다. 현실에서 그들은 접근적 의식에 의존한다. 레비는 좀비가 된 나 자신은 여전히 접근적 의식의 모든 기능(사고, 활동, 담화)과 현상성 우선 이론가들이 실수로 현상적 의식에 부여한 모든 경험을 수행할 것이라고 말한다. 그러니까 좀비로서의 삶은 다른 사람들이 생각하는 것보다 덜 비극적이고 덜 무력하다. 불행히도 레

비는 시워트와 이 분야의 대부분의 전문가가 현상적 의식에 부여한 모든 것을 접근적 의식으로 옮김으로써 시워트의 입장을 무너뜨렸을 뿐이다. 좀비가 된 나 자신이 현상적 의식이 없음에도 불구하고 고통과 즐거움, 예술의 아름다움을 경험하고, 우정의 즐거움을 인식하고, 성적 즐거움을 경험한다는 그의 주장은 비합리적이다. 좀비에게는 내적 삶이 없기 때문이다(현상학이 없다). 어떤 좀비에게 자아라는 게 있을까? 어떤 좀비가 우정을 키우고 오키프나 자코메티의 작품을 감상하러 뉴욕현대미술관에 갈까? 어떤 좀비가 오르가슴을 느낄까? 레비가 현상적 의식과 접근적 의식 사이의 핵심 차이를 오판했고, 거기에 그가 논의하던 현상적 상태의 비인지적 차원을 인식하는 데 실패했을까 봐 걱정이다.

21. 레비와 사부레스쿠(2009), p. 367.
22. 레비와 사부레스쿠(2009), p. 367.
23. 카하네와 사부레스쿠(2009), p. 21.
24. 《인지장애와 도덕철학에 대한 도전》에서 장애를 가진 철학자 에바 페더 키테이와 리시아 칼슨은 결과주의자들의 즐거움을 줄 세우는 행동이 무지와 편견이라는 오싹한 혼합물을 바탕으로 한다고 지적한다(키테이와 칼슨, 2010). 접근 우선 방식도 도덕적 지위에 대해 똑같은 상황을 견지한다. 이 접근법의 지지자들은 나를 깊이 괴롭히는 도덕적 입장을 옹호한다. 줄리언 사부레스쿠는 우리가 인지장애와 낮은 IQ를 가진 아기를 낳는 것을 적극적으로 방지해야 할 도덕적 의무가 있다고 주장하며 생명윤리학에서 경력을 쌓았다. 그의 글에서 우생학 이데올로기의 분명한 울림을 감지한 사람은 내가 처음이 아닐 것이다. 사부레스쿠의 장애인 차별에 관한 비판을 알고 싶다면 스패로(2010)와 홀(2015, pp. 20~23)

참조.

25. 밀의 현대의 제자들은 도덕적으로 망가진 나침반을 가졌을 뿐 아니라 치명적인 인식론적 문제를 마주했다. 만족한 돼지보다 불만족한 인간이 되겠다고 호언장담했지만, 만족한 돼지가 된다는 게 어떤 건지 밀이 얼마나 알까? 아마 아는 게 별로 없을 것이다. 비슷하게 동물과 장애를 가진 사람들의 삶이 정상적인 사람들의 삶보다 객관적으로 더 적은 것들을(또는 좀 덜 좋은 것들을) 갖는다고 주장하는데, 레비와 카하네, 사부레스쿠는 어떤 지적 근거에서 그런 말을 하는 걸까? 그들이 구현화할 수 없는 삶, 그들이 살지 않는 세계의 삶의 형태에 관해서 어떤 자격으로 그렇게 자신만만하게 말하는 걸까? 이 문제는 피할 수 없다. 불만족한 소크라테스가 되는 것이 만족한 바보가 되는 것보다 정말로 낫다고 누가 말하는 걸까? 철학자 밀에게는 그 답이 있다. 하지만 바보에게 또 다른 답이 있을지도 모른다.

26. 셰퍼드(2018), pp. 98~99 인용. 셰퍼드는 그냥 쉽게 헬레니즘시대 철학자 에피쿠로스의 말을 인용할 수도 있었다. 그는 행복[에우다이모니아(eudaimonia)]의 핵심은 아리스토텔레스가 설교한 것처럼 이론적 이성[테오리아(theoria)]의 실행에 의존하지 않고, 단순한 평정[아타락시아(ataraxia)]을 유지하는 것에 있다고 이야기한다. 이것은 불필요한 소란이 없는 상태로 사는 삶이다.

27. 칸트학파의 동물 윤리에 관한 접근법은 오닐(1997)과 코스가드(2018) 참조.

28. 크리겔(2017), p. 127.

29. 크리겔(2017), p. 127.

30. 크리겔은 스트로슨(2012)에게서 날씨 관찰자의 이미지를 빌렸다.
31. 크리겔(2017), p. 127.
32. 크리겔(2019), p. 516.
33. 많은 칸트학파 사람들이 도덕적 행위자와 도덕적 피행위자를 구별하는 이 입장을 받아들였다.
34. 크리겔(n.d.), p. 27.
35. 크리겔의 분석은 분명하게 레비나스적인 분위기가 있다.《전체성과 무한》《존재와 다르게》 같은 책에서 유대인 철학자 에마뉘엘 레비나스는 다른 존재들에 대한 급진적인 외부성, 또는 그가 선호하는 단어인 타자성을 기반으로 하는 윤리철학을 발전시켰다. 이 타자성은 외부자를 찾기 어렵게 만든다. 외부자는 나의 어떤 범주에도 포함될 수 없고, 어쨌든 간에 내가 도덕적으로 책임을 갖고 있다. 레비나스(1979, 1981) 참조.
36. 크리겔(2017), p. 31.
37. 크리겔(2017), p. 133.
38. 크리겔(2017), p. 131.
39. 《국가》에서 소크라테스는 글라우콘에게 법이 없는 쾌락은 "우리 모두에게서 찾을 수 있다"고 말한다. "어떤 욕망을 말씀하시는 겁니까?" 글라우콘이 묻자 소크라테스는 이렇게 대답한다. "잠자는 동안에 깨어나는 영혼이지. 나머지 영혼은, 합리적이고 상냥하고 지배적인 부분은 잠이 들지만 불쾌하고 야만적인 부분은 음식과 와인을 실컷 먹고 뛰어놀며 잠을 떨쳐내고는 밖으로 나오고 자신의 본능을 만족시키려고 애를 쓰지. 이런 경우에 모든 수치심과 모든 이성으로부터 풀려났으니 돌아다니며 못 할 일이 없다는 걸 자네도 잘 알지? 이 영혼은 상상 속에서 어머니나

다른 사람 누구든, 남자든 신이든 짐승이든 상관없이 함께 침대에 들려고 하는 행동을 막지 않아. 피가 튀는 지저분한 일을 할 준비도 되어 있어. 음식도 전혀 자제하지 않지. 간단히 말해서 어리석음과 뻔뻔함이 넘쳐나는 거지"(플라톤, 2000, 571d).

40. 이것은 드라이버(2007)를 참조했다.

41. 꿈의 내용과 도덕성 사이의 관계 문제는 1980년대에 저명한 저널《철학》에서 두 개의 논문을 실으면서 다시 부상했다. 매슈스(1981)와 만(1983)은 사람들이 자신의 꿈에 도덕적으로 책임이 있는지에 관해서 논의했다. 이 논문의 내용이 궁금하면 드라이버(2007)를 참조하라.

42. 스펄링은 사람들에게 세 줄의 글자가 있는 카드를 보여주고 제일 위, 중간, 아래 줄의 숫자를 떠올려보라고 말하는 방식으로 사람들의 작업기억을 시험했다. 실험 대상들은 어느 한 줄은 성공적으로 기억했으나(접근적) 모든 줄을 기억하지는 못했다. 특정 줄을 떠올리자마자 다른 것에 대한 인지적 접근은 사라진다. 블록은 이것을 자극과 기억 사이의 시간 동안 실험 대상이 카드를 전체로('아이콘'으로) 보고 시각적으로 이해하게 되지만 아직은 구성요소에 접촉하지는 못했다는 뜻으로 해석했다. 실험 대상은 현상학적으로 의식적이지만, 한 줄 한 줄에 대한 의식에 접촉하지는 못했다. 블록은 이렇게 썼다. "이것이 내가 생각하기에 옳은 것들과 내 가설을 증명하는 데 필요한 설명이다. 나는 모든(또는 거의 모든. 이 단서는 생략하겠다) 글자들을 한꺼번에 현상적으로 의식하고, 흐릿하거나 모호한 글자로서가 아니라 특정한 글자로서(또는 최소한 특정 모양으로) 인식한다. 하지만 그 모든 것을 합동으로, 전부 한꺼번에 접근하지는 못한다"(1995, p. 244).

43. 세바스티안(2014a), p. 276.
44. 꿈을 꾸고 있는 뇌는 가상세계 유사물에 우리를 끌어들이느라 바쁘다. 하지만 이 활동 중 어떤 것도 dlPFC에서 일어나지 않는다. 대부분은 1차 시각이나 청각피질처럼 기본적인 감각 지각이 형성된 곳에서 일어난다.
45. 세바스티안은 이렇게 설명한다. "내가 계속 주장했듯이 dlPFC가 인지적 접근에서 핵심적인 역할을 한다면, 자각몽 때 그 활동이 증가하는 것은 당연하고, 이는 내 주장을 더 강하게 뒷받침한다. 이 가설에 관한 예비 실증적 증거가 여러 연구를 통해서 나왔다. 예를 들어, fMRI를 사용해서 자각몽 때 뇌 영역의 활성화를 조사한 웰 외(2005, 2007)의 논문은 자각몽을 꿀 때 비자각몽에 비해서 전두엽뿐 아니라 측두엽과 후두엽도 크게 활성화된다는 것을 보여준다. 보스 외(2009)는 훈련된 참가자가 자각몽을 꾸는 것은 뇌전도의 증가와 관련이 있음을 보여준다. 특히 전두엽에서 40-Hz 범위에서 증가한다. 마지막으로 드레슬러 외(2012)는 상반된 자각과 비자각 REM 수면 때 얻은 자각몽의 신경 연관성에 관한 책을 출간했다. 당연하게도 dlPFC(브로드만 영역 46)는 활성이 크게 증가하는 영역 사이에 있다고 기록되었다(2014a, p. 278).
46. 꿈의 현상학적 해석을 옹호하면서 세바스티안(2014a, pp. 276~277)은 칸트, 러셀, G. E. 무어, 지그문트 프로이트를 포함해서 똑같은 일을 했던 유명한 서양 철학자들과 자신을 같이 놓았다(세바스티안, 2014b 참조). 그는 또한 이치카와(2009), 이치카와와 소사(2009), 메칭거(2003, 2009), 레본수오(2006), 소사(2005)처럼 이 해석을 공유하는 현대 꿈 연구자들 무리에도 끼었다. 판타니 외(2018) 역시 꿈 현상학의 이런 해석을 공유했지만, 그들은 꿈이 다마지오(1989)가 뇌의 수렴-발산 영역이

라고 부르는 곳에서, 특히 중앙처리가 가능하게 바뀌기 전에, 다시 말해, 바스(1997)가 말한 "통합작업공간"으로 이어지는 병목 부분으로 정보를 전달하기 전에 감각 경험의 통합을 책임지는 뇌의 영역에서 만들어졌다고 믿는 점은 달랐다.

47. 실례로 버나드 바스의 통합작업공간 이론과 스타니슬라스 데하네의 의식적 접근 이론이 있다.

48. 실례로 데이비드 로젠탈의 메타인지 이론과 마이클 타이의 의식의 '패닉' 이론이 있다.

49. 이 책에서 계속해서 나오는 중심적인 문제는 도덕적 지위가 모 아니면 도의 문제인지, 아니면 각기 다른 동물이 도덕적 지위를 더 많이, 또는 더 적게 가지는 정도의 문제인지 하는 것이다. 이게 모 아니면 도의 문제라면 누가 '모'를 갖고 누가 '도'를 가질까? 그리고 정도의 문제라면 각기 다른 종, 심지어는 같은 종의 다른 일원들이 갖는 도덕적 지위의 정도를 어떻게 결정할까? 이 지위는 어떻게 측정하고 할당할까? 데그라지아(2009)는 도덕적 지위가 정도에 따른다고 확언하는 두 가지 방식을 구분했다. 하나는 모든 인간이 백 퍼센트의 도덕적 지위를 가졌고 다른 모든 동물은 그보다 적은 양을 가졌다는 **2단계 모델**이다. 다른 하나는 각기 다른 동물이 '어떤 종류의 존재냐'에 따라서 각기 다른 정도의 도덕적 지위를 가졌다고 주장하는 **차등제 모델**이다.

50. 데그라지아(1991), p. 49.

51. 그루엔(2017), p. 1.

52. 나는 피터 캐러더스, R. G. 프레이, 조셉 르두 같은 사람들을 생각해본다. 예를 들어, 캐러더스는 동물들이 의식이 없다는 주장에서 동물들이 "우

리의 공감을 끌어낼 합리적 주장을 하지 못한다"는 주장으로 아주 빠르게 넘어갔다(1989, p. 268).

53. 현대 동물권운동의 역사를 살펴보면서, 마크 베코프와 데일 제이미슨은 피터 싱어의 《동물 해방》이 20세기의 마지막 수십 년 동안 그토록 영향력이 컸던 이유는 심리학과 인지과학 분야의 탈행태주의자의 발달이 그것을 받아들일 길을 이미 닦아 놓았기 때문이라고 설명한다. 이런 발달들이 싱어의 위치를 확고하게 만들었던 것은 아니다. 그들이 동물의 정신에 관해서 우리의 집단적 관점을 바꿔주었고, 싱어의 위치를 문화적으로 이해하기 쉽게 만들었다. 그런 발달이 자리를 잡지 못했다면 싱어의 메시지는 아마도 발판으로 삼을 문화적 기반이 없어서 실패하고 말았을 것이다.

에필로그 | 동물은 주체이고 세상의 건설자다

1. 해킹(2004), p. 233.
2. 카발리에리(2003).
3. 《꿈의 해석》에서 프로이트는 내용에 따라 꿈을 세 종류로 분류했다. 우리가 현실에서 겪을 수 있는 일상적인 상황이 나오고 깨어 있을 때의 삶에 끼워 넣어도 아무런 문제가 없을 듯한 현상적으로 일관성 있고 실존적으로 평범한 꿈(예를 들어, 내가 수업을 가르치는 꿈)이 있다. 그리고 현상적 내용이 "눈에 띄게 서로 연결되어 있지만" 이야기 내용은 우리의 자기인식과 어긋나는, 현상적으로 일관성 있지만 실존적으로 이상한 꿈(예를 들어, 내가 가족과 성행위를 하는 꿈)이 있다. 상황은 완벽하게 질

서정연하지만 나는 꿈속에 표현된 욕망을 내 것으로 받아들이기가 어렵다. 나는 이 꿈이 나의 자기인식에 들어맞는다고 생각하지 않는다. 마지막으로 모든 면에서 일관성이 없는 꿈(예를 들어, 내가 하늘을 나는 다리 열 개 달린 도마뱀이자 러시아의 왕이고 그러다 갑자기 곰이 되는 꿈)도 있다. 프로이트는 특히 마지막 두 종류의 꿈에 관심이 있었다.

4. 콰르디아(1892), p. 226.
5. 하트만(2008), p. 53.
6. 울프(2013), p. 94.
7. 홉슨은 꿈 상태가 모든 주관적 경험을 가장 단순하고 순수한 형태로 움직여서 깨어 있는 상태보다 "기능적으로 더 우수하게" 만드는 '자기 창의력'을 구현한다고 설명한다(2001, p. 9).
8. 〈동물의 삶과 현상학〉이라는 에세이에서 스페인의 철학자 하비에르 산 마르틴과 마리아 루즈 핀토스 페냐라다는 현상학적 철학 전통이 역사적으로 인간 경험 연구에서 특권을 가졌었지만, 주관성의 현상학적 개념을 동물에게까지 확장할 수 있다고 주장한다. 후자는 "구성적 존재"이기 때문이다(산 마르틴과 핀토스 페냐라다, 2001).
9. 피어슨과 라지(2006), p. 119.
10. 피어슨과 라지(2006), p. 115.
11. 도마시(2020), p. 108에서 인용.

참고문헌

• Aaltola, E. (2010). Animal minds, skepticism, and the affective stance. *Teorema: Revista Internacional de Filosofía* 20: 69–82.

• Ackerman, J. (2016). The *Genius of Birds*. New York: Penguin.

• Adrien, J. (1984). Ontogenese du sommeil chez le mammifere. In *Physiologie du sommeil,* Benoit, O. (ed.), 19–29. Paris: Masson.

• Allen, C. (1999). Animal concepts revisited: the use of self-monitoring as an empirical approach. *Erkenntnis* 51: 537–544.

———. (2006). Transitive inference in animals: reasoning or conditioned associations. In *Rational Animals?*, Hurley, S. and Nudds, M. (eds.), 175–185. Oxford: Oxford University Press.

• Andrews, K. (2014). *The Animal Mind: An Introduction to the Philosophy of Animal Cognition*. New York: Routledge.

• Aust, U., Range, F., Steurer, M. and Huber, L. (2008). Inferential reasoning by exclusion in pigeons, dogs, and humans. *Animal Cognition* 11: 587–597.

• Austin, J. H. (1999). *Zen and the Brain: Toward an Understanding of Meditation and Consciousness*. Cambridge: MIT Press.

• Baars, B. J. (1986). *The Cognitive Revolution in Psychology*. New

York: Guilford Press.

———. (1997). In the theatre of consciousness: global workspace theory, a rigorous scientific theory of consciousness. *Journal of Consciousness Studies* 4: 292–309.

- Bachelard, G. (1963). *Le matérialisme rationnel*. Paris: Presses Universitaires de France.
- Baird, B., Mota-Rolim, S. A., and Dresler, M. (2019). The cognitive neuroscience of lucid dreaming. *Neuroscience & Biobehavioral Reviews* 100: 305–323.
- Balcombe, J. (2010). *Second Nature: The Inner Lives of Animals*. New York: Macmillan.
- Bekoff, M. (2003). Consciousness and self in animals: some reflections. *Zygon* 38: 229–245.
- Bekoff, M., and Jamieson, D. (1991). Reflective ethology, applied philosophy, and the moral status of animals. In *Perspectives in Ethology: Human Understanding and Animal Awareness*, Bateson, P. G., and Klopfer, P. H. (eds.) 1–32. New York: Plenum Press.
- Bender, K. (2016). What is your cat or dog dreaming about? A Harvard expert has some answers. *People Magazine*. October 13, 2016. https://people .com/pets/what-is-your-cat-or-dog-dreaming-about-a-harvard-expert-has-some-answers/.
- Bendor, D., and Wilson, M. A. (2012). Biasing the content of hippo-

campal replay during sleep. *Nature Neuroscience* 15: 1439–1444.

- Bentham, J. (1843). *The Works of Jeremy Bentham*, Bowring, J. (ed.). London: William Tait.
- Berardi, A., Trezza, V., Palmery, M., Trabace, L., Cuomo, V., and Campolongo, P. (2014). An updated animal model capturing both the cognitive and emotional features of post-traumatic stress disorder (PTSD). *Frontiers in Behavioral Neuroscience* 8: 1–12.
- Berger, R. J., and Walker, J. M. (1972). Sleep in the burrowing owl (*Speotyto cunicularia hypugaea*). *Behavioral Biology* 7: 183–194.
- Berntsen, D., and Jacobsen, A. S. (2008). Involuntary (spontaneous) mental time travel into the past and future. *Consciousness and Cognition* 17: 1093–1104.
- Block, N. (1995). On a confusion about a function of consciousness. *Behavioral and Brain Sciences* 18: 227–247.
- Blumberg, M. S. (2010). Beyond dreams: do sleep-related movements contribute to brain development? *Frontiers in Neurology* 1: 140.
- Bogzaran, F., and Deslauriers, D. (2012). *Integral Dreaming: A Holistic Approach to Dreams*. Albany: SUNY Press.
- Botero, M. (2020). Primate orphans. In *Encyclopedia of Animal Cognition and Behavior*, Vonk, J., and Shackelford, T. K. (eds.), 1–7. New York: Springer International Publishing.
- Boyce, R., Glasgow, S. D., Williams, S., and Adamantidis, A. (2016). Causal evidence for the role of REM sleep theta rhythm

in contextual memory consolidation. *Science* 352: 812–816.

- Boysen, S. T., and Hallberg, K. I. (2000). Primate numerical competence: Contributions toward understanding nonhuman cognition. *Cognitive Science* 24: 423–443.
- Bradshaw, G. A. (2009). *Elephants on the Edge*. New Haven: Yale University Press.
- Brennan, A. (1984). The moral standing of natural objects. *Environmental Ethics* 6: 35–56.
- Brereton, D. P. (2000). Dreaming, adaptation, and consciousness: the social mapping hypothesis. *Ethos* 28: 379–409.
- Brower, K. J., and Siegel, R. K. (1977). Hallucinogen-induced behaviors of free-moving chimpanzees. *Bulletin of the Psychonomic Society* 9: 287–290.
- Buber, M. (1970). *I and Thou*. New York: Scribner.
- Burgin, C. J., Colella, J. P., Kahn, P. L., and Upham, N. S. (2018). How many species of mammals are there? *Journal of Mammalogy* 99: 1–14.
- Calkins, M. W. (1893). Statistics of dreams. *American Journal of Psychology* 5.3: 311–343.
- Call, J. (2006). Inferences by exclusion in the great apes: The effect of age and species. *Animal Cognition* 9: 393–403.

———. (2010). Do apes know that they could be wrong? *Animal Cognition* 13: 689–700.

- Campbell, R. L., and Germain, A. (2016). Nightmares and post-traumatic stress disorder (PTSD). *Current Sleep Medicine Reports* 2: 74–80.
- Carruthers, P. (1989). Brute experience. *Journal of Philosophy* 86: 258–269.

———. (1996). *Language, Thought and Consciousness: An Essay in Philosophical Psychology*. Cambridge: Cambridge University Press.

———. (2008). Meta-cognition in animals: A skeptical look. *Mind & Language* 23: 58–89.

- Carson, A. (1994). The glass essay. *RARITAN* 13: 25.
- Castner, S. A., and Goldman-Rakic, P. S. (1999). Long-lasting psychotomimetic consequences of repeated low-dose amphetamine exposure in rhesus monkeys. *Neuropsychopharmacology* 20.1: 10–28.
- Castner, S. A., and Goldman-Rakic, P. S. (2003). Amphetamine sensitization of hallucinatory-like behaviors is dependent on prefrontal cortex in nonhuman primates. *Biological Psychiatry* 54: 105–110.
- Cavalieri, P. (2003). *The Animal Question: Why Nonhuman Animals Deserve Human Rights*. Oxford: Oxford University Press.

———. (2012). Declaring whales' rights. *Tamkang Review* 42: 111–137.

———. (2018). The meta-problem of consciousness. *Journal of Con-*

sciousness Studies 25: 6–61.

- Chase, M. H., and Morales, F. R. (1990). The atonia and myoclonia of active(REM) sleep. *Annual Review of Psychology* 41: 557–584.
- Chernus, L. A. (2008). Separation/abandonment/isolation trauma: An application of psychoanalytic developmental theory to understanding its impact on both chimpanzee and human children. *Journal of Emotional Abuse* 8: 447–468.
- Churchland, P. M. (1995). *The Engine of Reason, the Seat of the Soul: A Philosophical Journey into the Brain*. Cambridge: MIT Press.
- Coleridge, S. (2004). *The Complete Poems of Samuel Taylor Coleridge*. London: Penguin.
- Conn, Jacob H. (1974). The decline of psychoanalysis: The end of an era, or here we go again. *JAMA* 228.6: 711–712.
- Corner, M. A. (2013). Call it sleep—what animals without backbones can tell us about the phylogeny of intrinsically generated neuromotor rhythms during early development. *Neuroscience Bulletin* 29: 373–380.
- Corner, M., and van der Togt, C. (2012). No phylogeny without ontogeny—a comparative and developmental search for the sources of sleep-like neural and behavioral rhythms. *Neuroscience Bulletin* 28: 25–38.
- Cortés Z. C. (2015). Nonhuman animal testimonies: a natural histo-

ry in the first person? In *The historical animal*, Nance, S., Colby, J., Gibson, A. H., Swart, S., Tortorici, Z., and Cox, L. (eds.), 118–32. Syracuse: Syracuse University Press.

- Crick, F., and Mitchison, G. (1983). The function of dream sleep. *Nature* 304: 111–114.
- Crist, E. (2010). *Images of Animals*. Philadelphia: Temple University Press.
- Cyrulnik, Boris. (2013). Les animaux rêvent-ils? Quand le rêve devient liberté. *Le Coq-Héron* 4.215: 142–149.
- Dadda, M., Piffer, L., Agrillo, C., and Bisazza, A. (2009). Spontaneous number representation in mosquitofish. *Cognition* 112: 343–348.
- Damasio, A. R. (1989). Time-locked multiregional retroactivation: A systems-level proposal for the neural substrates of recall and recognition. *Cognition* 33: 25–62.

———. (1999). *The Feeling of What Happens: Body and Emotion in the Making of Consciousness*. New York: Houghton Mifflin Harcourt.

- Darwin, C. (1891). *The Descent of Man and Selection in Relation to Sex*. London: John Murray.
- Dave, A. S., and Margoliash, D. (2000). Song replay during sleep and computational rules for sensorimotor vocal learning. *Science* 290: 812–816.
- Davidson, T. J., Kloosterman, F., and Wilson, M. A. (2009). Hippo-

campal replay of extended experience. *Neuron* 63: 497–507.

- Dawkins, M. S. (2012). *Why Animals Matter: Animal Consciousness, Animal Welfare, and Human Well-being*. Oxford: Oxford University Press.
- de Waal, F. (2016). *Are We Smart Enough to Know How Smart Animals Are?* New York: WW Norton & Company.
- DeGrazia, D. (1991). The moral status of animals and their use in research: A philosophical review. *Kennedy Institute of Ethics Journal* 1: 48–70.

———. (2009). Self-awareness in animals. In *The Philosophy of Animal Minds*, Lurz, R. W. (ed.), 201–217. Cambridge: Cambridge University Press.

- Dehaene, S. (2014). *Le code de la conscience*. Paris: Odile Jacob.
- Derdikman, D., and Moser, M. (2010). A dual role for hippocampal replay. *Neuron* 65: 582–584.
- Derégnaucourt, S., and Gahr, M. (2013). Horizontal transmission of the father's song in the zebra finch (*Taeniopygia guttata*). *Biology Letters* 9: 20130247.
- Derrida, J. (2002). The animal that therefore I am (more to follow). *Critical Inquiry* 28: 369–418.
- Despret, V. (2016). *What Would Animals Say If We Asked the Right Questions?* Minneapolis: University of Minnesota Press.
- Dewasmes, G., Cohen-Adad, F., Koubi, H., and Le Maho, Y.

(1985). Polygraphic and behavioral study of sleep in geese: Existence of nuchal atonia during paradoxical sleep. *Physiology & Behavior* 35: 67–73.

- Domash, L. (2020). *Imagination, Creativity and Spirituality in Psychotherapy: Welcome to Wonderland*. New York: Routledge.
- Domhoff, G. W. (2017). *The Emergence of Dreaming: Mind-wandering, Embodied Simulation, and the Default Network*. Oxford: Oxford University Press.
- Driver, J. (2007). Dream immorality. *Philosophy* 82: 5–22.
- Dudai, Y. (2004). The neurobiology of consolidations, or, how stable is the engram? *Annual Review of Psychology* 55: 51–86.
- Dumpert, J. (2019). *Liminal Dreaming: Exploring Consciousness at the Edges of Sleep*. Berkeley: North Atlantic Books.
- Duntley, S. P. (2003). Sleep in the cuttlefish sepia officinalis. *Sleep* 26: A118.

———. (2004). Sleep in the cuttlefish. *Annals of Neurology* 56: S68.

- Duntley, S. P., Uhles, M., and Feren, S. (2002). Sleep in the cuttlefish sepia pharaonic. *Sleep* 25: A159–A160.
- Edelman, Gerald M. (2003). Naturalizing consciousness: A theoretical framework. *Proceedings of the National Academy of Sciences* 100.9: 5520–5524.

———. (2005). *Wider than the Sky: A Revolutionary View of Consciousness*. London: Penguin.

- Edgar, D. M., Dement, W. C., and Fuller, C. A. (1993). Effect of SCN lesions on sleep in squirrel monkeys: Evidence for opponent processes in sleep-wake regulation. *Journal of Neuroscience* 13: 1065–1079.
- Eeles, E., Pinsker, D., Burianova, H., and Ray, J. (2020). Dreams and the daydream retrieval hypothesis. *Dreaming* 30: 68–78.
- Ellinwood, E., Sudilovsky, A., and Nelson, L. M. (1973). Evolving behavior in the clinical and experimental amphetamine (model) of psychosis. *American Journal of Psychiatry* 130: 1088–1093.
- Ellison, G., Nielsen, E. B., and Lyon, M. (1981). Animal model of psychosis: Hallucinatory behaviors in monkeys during the late stage of continuous amphetamine intoxication. *Journal of Psychiatric Research* 16: 13–22.
- Erdőhegyi, Á., Topál, J., Virányi, Z., and Miklósi, Á. (2007). Dog-logic: Inferential reasoning in a two-way choice task and its restricted use. *Animal Behaviour* 74: 725–737.
- Felipe de Souza, M., and Schmidt, A. (2014). Responding by exclusion in Wistar rats in a simultaneous visual discrimination task. *Journal of the Experimental Analysis of Behavior* 102: 346–352.
- Filevich, E., Dresler, M., Brick, T. R., and Kuhn, S. (2015). Metacognitive mechanisms underlying lucid dreaming. *Journal of Neuroscience* 35.3: 1082–1088.
- Fisher, N. (2017). Kant on animal minds. *Ergo, an Open Access*

Journal of Philosophy 4: 441–462.

- Foster, D. J., and Wilson, M. A. (2006). Reverse replay of behavioural sequences in hippocampal place cells during the awake state. *Nature* 440: 680–683.
- Foucault, M. (1985). Dream, imagination, and existence. *Review of Existential Psychology and Psychiatry* 19:1: 29–78.
- Foulkes, D. (1990). Dreaming and consciousness. *European Journal of Cognitive Psychology* 2: 39–55.

———. (1999). *Children's Dreaming and the Development of Consciousness.* Cambridge: Harvard University Press.

- Frank, M. G. (1999). Phylogeny and evolution of rapid eye movement (REM) sleep. In *Rapid Eye Movement Sleep*, Mallick, B. N., and Inoue, S. (eds.), 17–38. New York: Narosa.
- Frank, M. G., Waldrop, R. H., Dumoulin, M., Aton, S., and Boal, J. G. (2012). A preliminary analysis of sleep-like states in the cuttlefish Sepia officinalis. *PLoS One* 7: e38125.
- Freiberg, A. S. (2020). Why we sleep: A hypothesis for an ultimate or evolutionary origin for sleep and other physiological rhythms. *Journal of Circadian Rhythms* 18: 2–6.
- Freud, S. (1938). The interpretation of dreams. In *The Basic Writings of Sigmund Freud*, Brill, A. A. (ed.), 181–549. New York: Random House.
- Gallup, G. G. (1977). Self-recognition in primates: A comparative

approach to the bidirectional properties of consciousness. *American Psychologist* 32: 329–338.

- Gardner, H. (1987). *The Mind's New Science: A History of the Cognitive Revolution*. New York: Basic Books.
- Gardner, R. A., Gardner, B. T., and Van Cantfort, T. E., eds. (1989). *Teaching Sign Language to Chimpanzees*. Albany: SUNY Press.
- Gelbard-Sagiv, H., Mukamel, R., Harel, M., Malach, R., and Fried, I. (2008). Internally generated reactivation of single neurons in human hippocampus during free recall. *Science* 322: 96–101.
- Gioanni, H. (1988). Stabilizing gaze reflexes in the pigeon (*Columba livia*). *Experimental Brain Research* 69: 567–582.
- Glock, H. J. (1999). Animal minds: Conceptual problems. *Evolution and Cognition* 5: 174–188.

———. (2000). Animals, thoughts and concepts. *Synthese* 123: 35–64.

———. (2010) Can animals judge? *Dialectica* 64: 11–33.

- Godfrey-Smith, P. (2016). *Other Minds: The Octopus, the Sea, and the Deep Origins of Consciousness*. New York: Farrar, Straus and Giroux.

———. (2017). The mind of an octopus. *Scientific American*, January 1, 2017. https://www .scientificamerican.com/article/the-mind-of-an-octopus/.

- Gómez, J. C., and Martin-Andrade, B. (2005). Fantasy play in apes. In *The Nature of Play: Great Apes and Humans*, Pellegrini, A. D., and Smith, P. K. (eds.), 139–172. New York: Guilford Press.

- Graf, R., Heller, H. C., and Rautenberg, W. (1981). Thermoregulatory effector mechanism activity during sleep in pigeons. In *Contributions to Thermal Physiology*, Szelenyi, Z., and Szekely, M. (eds.), 225–227. Oxford: Oxford Press.
- Graf, R., Heller, H. G., and Sakaguchi, S. (1983). Slight warming of the spinal cord and the hypothalamus in the pigeon: effects on thermoregulation and sleep during the night. *Journal of Thermal Biology*, 8.1–2: 159–161.
- Griffin, D. R. (1976). *The Question of Animal Awareness: Evolutionary Continuity of Mental Experience*. New York: Rockefeller University Press.

———. (1998). From cognition to consciousness. *Animal Cognition* 1: 3–16.

- Groos, Karl. (1898). *The Play of Animals*. Boston: D. Appleton and Company.
- Gruen, L. (2017). The moral status of animals. *Stanford Encyclopedia of Philosophy*. Accessed July 23, 2020. https://plato .stanford.edu/entries/moral-animal/.
- Guardia, J. M. (1892). La personalité dans les rêves. *Revue Philosophique de la France et de l'Étranger* 34: 225–258.
- Gupta, A. S., van der Meer, M. A., Touretzky, D. S., and Redish, A. D. (2010). Hippocampal replay is not a simple function of expe-

rience. *Neuron* 65: 695–705.

- Hacking, I. (2001). Dreams in place. *Journal of Aesthetics and Art Criticism* 59: 245–260.

———. (2004). *Historical Ontology*. Cambridge: Harvard University Press.

- Hale, N. G., Jr. (1995). *The Rise and Crisis of Psychoanalysis in the United States: Freud and the Americans, 1917–1985*. Oxford: Oxford University Press.
- Hall, M. (2016). *The Bioethics of Enhancement: Transhumanism, Disability, and Biopolitics*. Lanham, Maryland: Lexington Books.
- Halton, E. (1989). An unlikely meeting of the Vienna school and the New York school. *New Observations* 1: 5–9.
- Harris, E. H., Beran, M. J., and Washburn, D. A. (2007). Ordinal-list integration for symbolic, arbitrary, and analog stimuli by rhesus macaques (*Macaca mulatta*). *Journal of General Psychology* 134: 183–197.
- Hartmann, E. (1995). Making connections in a safe place: Is dreaming psychotherapy? *Dreaming* 5: 213.

———. (2001). *Dreams and Nightmares: The Origin and Meaning of Dreams*. Cambridge: Perseus Publishing.

———. (2008). The central image makes “big” dreams big: The central image as the emotional heart of the dream. *Dreaming* 18: 44–57.

- Haselswerdt, Ella. (2019). The Semiotics of the Soul in Ancient Medical Dream Interpretation: Perception and the Poetics of Dream Production in Hippocrates' "On Regimen." *Ramus* 48.1: 1–21.
- Hearne, K.M.T. (1978). *Lucid Dreams: An Electro-physiological and Psychological Study*. Doctoral dissertation, Liverpool University.
- Hernandez-Lallement, J., Attah, A. T., Soyman, E., Pinhal, C. M., Gazzola, V., and Keysers, C. (2020). Harm to others acts as a negative reinforcer in rats. *Current Biology* 30: 949–961.
- Hills, T. (2019). Can animals imagine things that have never happened? *Psychology Today*. Accessed October 22, 2019. https://www .psychologytoday.com/us/blog/statistical-life/201910/can-animals-imagine-things-have-never-happened.
- Hobson, J. A. (2001). *The Dream Drugstore: Chemically Altered States of Consciousness*. Cambridge: MIT Press.
- Hobson, J. A., and McCarley, R. W. (1977). The brain as a dream state generator: An activation-synthesis hypothesis of the dream process. *American Journal of Psychiatry* 134: 1335–1348.
- Hobson, A., and Voss, U. (2010). Lucid Dreaming and the Bimodality of Consciousness. In *New Horizons in the Neuroscience of Consciousness*, Perry, E. K., Collerton, D., LeBeau, F.E.N., and Ashton, H. (eds.), 155–168. Amsterdam: John Benjamins

Publishing Company.

- Huebner, B. (2010). Commonsense concepts of phenomenal consciousness: Does anyone care about functional zombies? *Phenomenology and the Cognitive Sciences* 9: 133–155.
- Hurley, S. E., and Nudds, M. (2006). *Rational Animals?* Oxford: Oxford University Press.
- Ichikawa, J. (2009). Dreaming and imagination. *Mind & Language* 24: 103–121.
- Ichikawa, J, and Sosa, E. (2009). Dreaming, philosophical issues. In *The Oxford Companion to Consciousness*, Bayne, T., and Wilken, P. (eds.). Oxford: Oxford University Press.
- Inwood, B, and Gerson, L. P. (1994). *The Epicurus Reader*. Cambridge: Hackett Publishing.
- Johnson, A., and Redish, A. D. (2007). Neural ensembles in CA3 transiently encode paths forward of the animal at a decision point. *Journal of Neuroscience* 27.45: 12176–12189.
- Jouvet, M. (1962). Recherches sur les structures nerveuses et les mécanismes responsables des différentes phases du sommeil physiologique. *Archives italiennes de biologie* 100: 125–206.

———. (1965a). Behavioral and EEG effects of paradoxical sleep deprivation in the cat. In *Proceedings of the 23rd International Congress of Physiological Sciences* (Vol. 4), Noble, D. (ed.). Excerpta Medica.

———. (1965b). Paradoxical sleep—a study of its nature and mechanisms. *Progress in Brain Research* 18: 20–62.

———. (1979). What does a cat dream about? *Trends in Neurosciences* 2: 280–282.

———. (2000). *The Paradox of Sleep: The Story of Dreaming*. Cambridge: MIT Press.

- Kahan, T. L. (1994). Lucid dreaming as metacognition: Implications for cognitive science. *Consciousness and Cognition* 3: 246–264.
- Kahane, G., and Savulescu, J. (2009). Brain damage and the moral significance of consciousness. *Journal of Medicine and Philosophy* 34: 6–26.
- Karlsson, M. P., and Frank, L. M. (2009). Awake replay of remote experiences in the hippocampus. *Nature Neuroscience* 12: 913–918.
- Karmanova, I. G. (1982). *Evolution of Sleep: Stages of the Formation of the "Wakefulness-sleep" Cycle in Vertebrates*. Basel: Karger.
- Karmanova, I. G., and Lazarev, S. G. (1979). Stages of sleep evolution (facts and hypotheses). *Waking and Sleeping* 3: 137–147.
- Kelly, D. (2018). The untold truth of Koko. *Grunge*. June 22, 2018. https://www.grunge.com/126879/the-untold-truth-of-koko/.
- Kilian, A., Yaman, S., von Fersen, L., and Güntürkün, O. (2003). A bottlenose dolphin discriminates visual stimuli differing in nu-

merosity. *Animal Learning & Behavior* 31: 133–42.

- King, B. J. (2011). Are apes and elephants persons? In *Search of Self: Interdisciplinary Perspectives on Personhood*, Van Huyssteen, J. W., and Wiebe, E. P. (eds.), 70–82. Grand Rapids: Eerdmans Publishing.
- Kingdom, S. (2017). The elephant orphans of Zambia. *Africa Geographic*. Accessed September 26, 2019. https://africageographic .com/blog/elephant-orphans-zambia/.
- Kinnaman, A. J. (1902). Mental life of two Macacus rhesus monkeys in captivity. Part II. *American Journal of Psychology* 13: 173–218.
- Kirmayer, L. J. (2009). Nightmares, neurophenomenology and the cultural logic of trauma. *Culture, Medicine, and Psychiatry* 33: 323–331.
- Kittay, E. F. (2009). The personal is philosophical is political: A philosopher and mother of a cognitively disabled person sends notes from the battlefield. *Metaphilosophy* 40: 606–627.
- Kittay, E. F., and Carlson, L., eds. (2010). *Cognitive Disability and Its Challenge to Moral Philosophy*. Hoboken: John Wiley & Sons.
- Klein, C. (2007). An imperative theory of pain. *Journal of Philosophy* 104: 517–532.
- Klein, M. (1963). Etude polygraphique et phylogénétique des différents états de sommeil. Thèse de Médecine. Lyon.
- Knierim, J. J. (2009). Imagining the possibilities: ripples, routes,

and reactivation. *Neuron* 63: 421–423.

- Knobe, J., and Prinz, J. (2008). Intuitions about consciousness: Experimental studies. *Phenomenology and the Cognitive Sciences* 7: 67–83.
- Kockelmans, J. J. (1994). *Edmund Husserl's phenomenology*. West Lafayette, Indiana: Purdue University Press.
- Kornell, N., Son, L. K., and Terrace, H. S. (2007). Transfer of metacognitive skills and hint seeking in monkeys. *Psychological Science* 18.1: 64–71.
- Korsgaard, C. (2018). *Fellow Creatures: Our Obligations to the Other Animals*. Oxford: Oxford University Press.
- Kriegel, U. (2017). Dignity and the phenomenology of recognition-respect. In *Emotional Experience: Ethical and Social Significance*, Drummond, J. J., and Rinofner-Kreidl, S. (eds.), 121–36. Lanham, Maryland: Rowman & Littlefield.

———. (2019). The value of consciousness. *Analysis* 79: 503–520.

———. (n.d.). The value of consciousness: A propaedeutic. Accessed July 23, 2020. https://uriahkriegel .com/userfiles/downloads/propaedeutic.pdf.

- Kunzendorf, R. G. (2016). *On the Evolution of Conscious Sensation, Conscious Imagination, and Consciousness of Self*. New York: Routledge.
- LaBerge, S. (1985). *Lucid dreaming*. New York: Tarcher.

- LaBerge, S., and DeGracia, D. J. (2000). Varieties of lucid dreaming experience. In *Individual Differences in Conscious Experience*, Kunzendorf, G., and Wallace, B. (eds.), 269–307. Amsterdam: John Benjamins Publishing Company.
- Lacrampe, C. (2002). *Dormir, rêver: Le sommeil des animaux*. Paris: Iconoclaste.
- LeDoux, J. E. (2013). The slippery slope of fear. *Trends in Cognitive Sciences* 17: 155–156.
- Lee, A. (2019). Is consciousness intrinsically valuable? *Philosophical Studies* 176: 655–671.
- Lesku, J. A., Meyer, L. C., Fuller, A., Maloney, S. K., Dell'Omo, G., Vyssotski, A. L., and Rattenborg, N. C. (2011). Ostriches sleep like platypuses. *PloS One* 6: e23203.
- Leung, L. C., Wang, G. X., Madelaine, R., Skariah, G., Kawakami, K., Deisseroth, K., and Mourrain, P. (2019). Neural signatures of sleep in zebrafish. *Nature*, 571.7764: 198–204.
- Levinas, E. (1979). *Totality and Infinity: An Essay on Exteriority*. New York: Springer.

———. (1981). *Otherwise than Being or beyond Essence*. New York: Springer.

- Levy, N. (2014). The value of consciousness. *Journal of Consciousness Studies* 21: 127–138.
- Levy, N., and Savulescu, J. (2009). Moral significance of phenome-

nal consciousness. *Progress in Brain Research*, 177: 361–370.

- Lillard, A. S. (1994). Making sense of pretence. In *Children's early understanding of mind: Origins and development*, Lewis, C., and Mitchell, P. (eds.), 211–234. New York: Psychology Press.
- Lindsay, W. L. (1879). *Mind in the Lower Animals in Health and Disease*. New York: Appleton.
- Llinás, R. R., and Pare, D. (1991). Of dreaming and wakefulness. *Neuroscience* 44.3: 521–535.
- Lohmar, D. (2007). How do primates think? Phenomenological analyses of non-language systems of representation in higher primates and humans. In *Phenomenology and the Non-human Animal*, Painter, C. and Lotz, C. (eds.), 57–74. New York: Springer.

———. (2016). *Denken ohne sprache: phänomenologie des nicht-sprachlichen denkens bei mensch und tier im licht der evolutionsforschung, primatologie und neurologie*. New York: Springer-Verlag.

- Lopresti-Goodman, S. M., Kameka, M., and Dube, A. (2013). Stereotypical behaviors in chimpanzees rescued from the African bushmeat and pet trade. *Behavioral Sciences* 3.1: 1–20.
- Louie, K., and Wilson, M. A. (2001). Temporally structured replay of awake hippocampal ensemble activity during rapid eye movement sleep. *Neuron* 29.1: 145–156.
- Luce, G. (1966). Current research on sleep and dreams. Public

Health Service Publication No. 1389. National Institute of Mental Health.

- Lucretius, C. T. (1910). *On the Nature of Things*. Bailey, C. (trans.). Oxford: Oxford University Press.
- Lyamin, O. I., Shpak, O. V., Nazarenko, E. A., and Mukhametov, L. M. (2002). Muscle jerks during behavioral sleep in a beluga whale (*Delphinapterus leucas L.*). *Physiology & Behavior* 76.2: 265–270.
- Lyn, H., Greenfield, P., and Savage-Rumbaugh, S. (2006). The development of representational play in chimpanzees and bonobos: Evolutionary implications, pretense, and the role of interspecies communication. *Cognitive Development* 21.3: 199–213.
- Malcolm, N. (1956). Dreaming and skepticism. *Philosophical Review* 65: 14–37.

———. (1959). *Dreaming*. New York: Routledge.

- Malinowski, J. E., Scheel, D., and McCloskey, M. (2021). Do animals dream? *Consciousness and Cognition* 95: 103214.
- Mallatt, J., and Feinberg, T. E. (2016). Insect consciousness: Fine-tuning the hypothesis. *Animal Sentience* 1.9: 10.
- Manger, P. R., and Siegel, J. M. (2020). Do all mammals dream? *Journal of Comparative Neurology* 528: 1–39.
- Mann, J. (2018). *Deep Thinkers: Inside the Minds of Whales, Dolphins, and Porpoises*. Chicago: University of Chicago Press.
- Mann, W. E. (1983). Dreams of immorality. *Philosophy* 58: 378–385.

• Masson, J. M. (2009). *When Elephants Weep: The Emotional Lives of Animals*. New York: Delta.

• Matsuzawa, T. (2009). Symbolic representation of number in chimpanzees. *Current Opinion in Neurobiology* 19.1: 92–98.

———. (2011). Log doll: Pretense in wild chimpanzees. In *The Chimpanzees of Bossou and Nimba*. Matsuzawa, T., Humle, T., and Sugiyama, T. (eds.), 131–135. New York: Springer.

• Matthews, G. B. (1981). On being immoral in a dream. *Philosophy* 56: 47–54.

• Merleau-Ponty, M. (2013). *Phenomenology of Perception*. New York: Routledge.

• Metzinger, T. (2003). *Being No One: The Self-model Theory of Subjectivity*. Cambridge: MIT Press.

———. (2009). *The Ego Tunnel: The Science of the Mind and the Myth of the Self*. New York: Basic Books.

• Miller, G. A. (1962). *Psychology: The Science of Mental Life*. London: Pelican Books.

• Mills, W. (1889). *A Textbook of Animal Physiology: With introductory chapters on general biology and a full treatment of reproduction, for students of human and comparative (veterinary) medicine and of general biology*. Boston: D. Appleton and Company.

• Mitchell, R. W. (2016). Can animals imagine? In *Routledge Hand-*

book of Philosophy of Imagination, Kind, A. (ed.), 326–338. New York: Routledge.

- Montaigne, M. (1877). *The Complete Essays of Michael de Montaigne*. Cotton, C. (trans.), Hazlitt, W. (ed.). https://gutenberg.org/files/3600/3600-h/3600-h.htm.
- Montangero, J. (2012). Dream thought should be compared with waking world simulations: A comment on Hobson and colleagues' paper on dream logic. *Dreaming* 22: 70–73.
- Morin, R. (2015). A conversation with Koko the gorilla: An afternoon spent with the famous gorilla who knows sign language and the scientist who taught her how to talk. *Atlantic*. August 28, 2015. https://www .theatlantic.com/technology/archive/2015/08/koko-the-talking-gorilla-sign-language-francine-patterson/402307/.
- Morse, D. D., and Danahay, M. A., eds. (2017). *Victorian Animal Dreams: Representations of Animals in Victorian Literature and Culture*. New York: Routledge.
- Mukobi [previously Williams], K. (1995). Comprehensive Nighttime Activity Budgets of Captive Chimpanzees (*pan troglodytes*). Master's thesis, Central Washington University.
- Nagel, T. (1974). What is it like to be a bat? *Philosophical Review* 83: 435–450.
- Newen, A., and Bartels, A. (2007). Animal minds and the possession of concepts. *Philosophical Psychology* 20.3: 283–308.

- Nicol, S. C., Andersen, N. A., Phillips, N. H., & Berger, R. J. (2000). The echidna manifests typical characteristics of rapid eye movement sleep. *Neuroscience Letters* 283.1: 49–52.
- Noë, A. (2009). *Out of Our Heads: Why You Are Not Your Brain, and Other Lessons from the Biology of Consciousness*. New York: Macmillan.
- O'Neill, J., Senior, T. J., Allen, K., Huxter, J. R., and Csicsvari, J. (2008). Reactivation of experience-dependent cell assembly patterns in the hippocampus. *Nature Neuroscience* 11.2: 209–215.
- O'Neill, J., Senior, T., and Csicsvari, J. (2006). Place-selective firing of CA1 pyramidal cells during sharp wave/ripple network patterns in exploratory behavior. *Neuron* 49.1: 143–155.
- O'Neill, O. (1997). Environmental values, anthropocentrism and speciesism. *Environmental Values* 6.2: 127–142.
- Occhionero, M., and Cicogna, P. (2016). Phenomenal consciousness in dreams and in mind wandering. *Philosophical Psychology* 29.7: 958–966.
- Ólafsdóttir, H. F., Barry, C., Saleem, A. B., Hassabis, D., and Spiers, H. J. (2015). Hippocampal place cells construct reward related sequences through unexplored space. *Elife* 4: e06063.
- Ólafsdóttir, H. F., Bush, D., and Barry, C. (2018). The role of hippocampal replay in memory and planning. *Current Biology* 28.1: R37–R50.

- Olthof, A., and Roberts, W. A. (2000). Summation of symbols by pigeons (*Columba livia*): The importance of number and mass of reward items. *Journal of Comparative Psychology* 114.2: 158.
- Pagel, J. F., and Kirshtein, P. (2017). *Machine Dreaming and Consciousness*. Cambridge: Academic Press.
- Pantani, M., Tagini, T., and Raffone, A. (2018). Phenomenal consciousness, access consciousness and self across waking and dreaming: bridging phenomenology and neuroscience. *Phenomenology and the Cognitive Sciences* 17.1: 175–197.
- Pastalkova, E., Itskov, V., Amarasingham, A., and Buzsáki, G. (2008). Internally generated cell assembly sequences in the rat hippocampus. *Science* 321.5894: 1322–1327.
- Pearson, K. A., and Large, D. (2006). *The Nietzsche Reader*. Hoboken: Blackwell.
- Peña-Guzmán, D. M. (2017). Can nonhuman animals commit suicide? *Animal Sentience* 20.1: 1–24.

———. (2018). Can nondolphins commit suicide? *Animal Sentience* 20.20: 1–22.

- Pepperberg, I. M. (2012). Further evidence for addition and numerical competence by a Grey parrot (Psittacus erithacus). *Animal Cognition* 15.4: 711–717.

———. (2013). Abstract concepts: Data from a grey parrot. *Behavioural Processes* 93: 82–90.

• Plato. (2000). *The Republic.* Ferrari, G. (ed.). Cambridge: Cambridge University Press.

• Poovey, M. (1998). *A History of the Modern Fact: Problems of Knowledge in the Sciences of Wealth and Society*. Chicago: University of Chicago Press.

• Preston, E. (2019). Was Heidi the octopus really dreaming? *New York Times*, October 8, 2019.

• Ramsey, J. K., and McGrew, W. C. (2005). Object play in great apes. In *The Nature of Play: Great Apes and Humans*. Pellegrini, A. D., and Smith P. K. (eds.), 89–112. New York: Guilford Press.

• Raymond, E. L. (1990). *An Examination of Private Signing in Deaf Children in a Naturalistic Environment*. Doctoral dissertation, Central Washington University.

• Regan, T. (2004). *The Case for Animal Rights*. Berkeley: University of California Press.

• Rescorla, M. (2009). Chrysippus' dog as a case study in non-linguistic cognition. In *The Philosophy of Animal Minds*, Lurz, R. (ed.), 52–71. Cambridge: Cambridge University Press.

• Revonsuo, A. (2000). The reinterpretation of dreams: An evolutionary hypothesis of the function of dreaming. *Behavioral and Brain Sciences* 23: 877–901.

———. (2005). The self in dreams. In *The Lost Self: Pathologies of the Brain and Identity*, Feinberg, T. and Keenan, J. P. (eds.), 206–219. Oxford: Oxford University Press.

———. (2006). *Inner Presence: Consciousness as a Biological Phenomenon*. Cambridge: MIT Press.

• Ridley, Matt. (2003). *Nature via Nurture: Genes, Experience, and What Makes Us Human*. New York: Harper Collins.

• Ridley, R. M., Baker, H. F., Owen, F., Cross, A. J., and Crow, T. J. (1982). Behavioural and biochemical effects of chronic amphetamine treatment in the vervet monkey. *Psychopharmacology* 78.3: 245–251.

• Robbins, T. W. (2017). Animal models of hallucinations observed through the modern lens. *Schizophrenia Bulletin* 43.1: 24–26.

• Rock, A. (2004). *The Mind at Night: The New Science of How and Why We Dream*. New York: Basic Books.

• Romanes, G. (1883). *Mental Evolution in Animals*. London: Kegan Paul Trench & Co.

• Rosenthal, D. (1997). A theory of consciousness. In *The Nature of Consciousness*, Block, N. and Flanagan, O. J. (eds.), 729–754. Cambridge: MIT Press.

———. (2005). *Consciousness and Mind*. Cambridge: Clarendon Press.

• Rotenberg, V. S. (1993). REM sleep and dreams as mechanisms of the recovery of search activity. In *The Functions of Dreaming*,

Moffitt, A., Kramer, M., and Hoffmann, R. (eds.), 261–292. Albany: SUNY Press.

- Rowe, K., Moreno, R., Lau, T. R., Wallooppillai, U., Nearing, B. D., Kocsis, B., Quattrochi, J., Hobson, J. A., and Verrier, R. L. (1999). Heart rate surges during REM sleep are associated with theta rhythm and PGO activity in cats. *American Journal of Physiology-Regulatory, Integrative and Comparative Physiology* 277.3: R843-R849.
- Rowlands, M. (2009). *Animal Rights: Moral Theory and Practice*. London: Palgrave.
- San Martín, J., and Penaranda, M.L.P. (2001). Animal life and phenomenology. In *The Reach of Reflection: Issues for Phenomenology's Second Century*, Vol. 2, Crowell, S., Embree, L., and Julia, S. J. (eds.), 342–63. Boca Raton, Florida: Florida Atlantic University, the Center for Advanced Research in Phenomenology.
- Santayana, G. (1940). *The Philosophy of George Santayana*, Volume 2, Schilpp, P. A. (ed.). New York: Tudor Publishing Company.
- Sartre, J. P. (2004). *The Imaginary: A Phenomenological Psychology of the Imagination*. Hove: Psychology Press.
- Schmitt, V., and Fischer, J. (2009). Inferential reasoning and modality dependent discrimination learning in olive baboons (*Papio hamadryas anubis*). *Journal of Comparative Psychology* 123: 316.

- Searle, J. R. (1998). How to study consciousness scientifically. *Philosophical Transactions of the Royal Society of London. Series B: Biological Sciences* 353: 1935–1942.
- Sebastián, M. Á. (2014a). Dreams: An empirical way to settle the discussion between cognitive and non-cognitive theories of consciousness. *Synthese* 2: 263–285.

———. (2014b). Not a HOT dream. In *Consciousness Inside and Out: Phenomenology, Neuroscience, and the Nature of Experience*. Brown, R. (ed.), 415–432. New York: Springer.

- Shafton, A. (1995). *Dream Reader: Contemporary Approaches to the Understanding of Dreams*. Albany: SUNY Press.
- Shepherd, Joshua. (2018). *Consciousness and Moral Status*. Oxfordshire: Taylor & Francis.
- Shurley, J. T., Serafetinides, E. A., Brooks, R. E., Elsner, R., Kenney, D. W. (1969). Sleep in Cetaceans: I. The pilot whale, *Globicephala scammony*. *Psychophysiology* 6: 230.
- Siebert, C. (2011). Orphans no more. *National Geographic* 220.3: 40–65.
- Siegel, J. M., Manger, P. R., Nienhuis, R., Fahringer, H. M., and Pettigrew, J. D. (1998). Monotremes and the evolution of rapid eye movement sleep. *Philosophical Transactions of the Royal Society of London. Series B: Biological Sciences* 353.1372: 1147–1157.
- Siegel, J. M., Manger, P. R., Nienhuis, R., Fahringer, H. M., Shalita,

T., and Pettigrew, J. D. (1999). Sleep in the platypus. *Neuroscience* 91.1: 391–400.

- Siegel, R. K. (1973). An ethologic search for self-administration of hallucinogens. *International Journal of the Addictions* 8.2: 373–393.
- Siegel, R. K., Brewster, J. M., and Jarvik, M. E. (1974). An observational study of hallucinogen-induced behavior in unrestrained *Macaca mulatta. Psychopharmacologia* 40.3: 211–223.
- Siegel, R. K., and Jarvik, M. E. (1975). Drug-induced hallucinations in animals and man. In *Hallucinations: Behavior, Experience and Theory*, Siegel R. K. and West, L. J. (eds.), 163–195. Hoboken: John Wiley & Sons.
- Siewert, C. (1994). Speaking up for consciousness. In *Current Controversies in Philosophy of Mind*, Kriegel, U. (ed.), 199–221. New York: Routledge.

———. (1998). *The Significance of Consciousness*. Princeton: Princeton University Press.

- Simondon, G. (2011). *Two Lessons on Animal and Man*. Minnesota: University of Minnesota Press.
- Singer, Peter. (1995). *Animal Liberation*. New York: Random House.
- Smith, J. D. (2009). The study of animal metacognition. *Trends in Cognitive Sciences* 13.9: 389–396.

- Smith, J. D., and Washburn, D. A. (2005). Uncertainty monitoring and metacognition by animals. *Current Directions in Psychological Science* 14: 19–24.
- Smith, J. D., Couchman, J. J., and Beran, M. J. (2012). The highs and lows of theoretical interpretation in animal-metacognition research. *Philosophical Transactions of the Royal Society B: Biological Sciences* 367: 1297–1309.
- Solms, M. (2021). *The Hidden Spring: A Journey to the Source of Consciousness*. New York: WW Norton & Company.
- Sosa, E. (2005). Dreams and philosophy. *Proceedings and Addresses of the American Philosophical Association* 79.2: 7–18.
- Sparrow, R. (2010). A not-so-new eugenics: Harris and Savulescu on human enhancement. *Asian Bioethics Review* 2.4: 288–307.
- Stahel, C. D., Megirian, D., and Nicol, S. C. (1984). Sleep and metabolic rate in the little penguin, *Eudyptula minor. Journal of Comparative Physiology B* 154.5: 487–494.
- Starr, Michelle. (2019). Watch the Mesmerising Colour Shifts of a Sleeping Octopus. Online Video. Science Alert, September 27, 2019. https://www.sciencealert.com/watch-the-mesmerising-colour-shifts-of-a-sleeping-octopus.
- Stein, E. (1989). *Zum problem der einfuhlung* [*On the problem of empathy*]. Stein, W. (trans.). Washington, DC: ICS Publications.
- Steiner, G. (1983). The Historicity of Dreams (Two questions to

Freud). *Salmagundi* 61: 6–21.

- Stephan, A. (1999). Are animals capable of concepts? *Erkenntnis* 51.1: 583–596.
- Stone, C. D. (2010). *Should Trees Have Standing?: Law, Morality, and the Environment*. Oxford: Oxford University Press.
- Strawson, G. (2009). *Mental Reality, with a New Appendix*. Cambridge: MIT Press.
- Tayler, C. K., and Saayman, G. S. (1973). Imitative behaviour by Indian Ocean bottlenose dolphins (Tursiops aduncus) in captivity. *Behaviour* 44: 286–298.
- Thomas, N. J. (2014). The multidimensional spectrum of imagination: Images, dreams, hallucinations, and active, imaginative perception. *Humanities* 3.2: 132–184.
- Thompson, E. (2007). *Mind in Life: Biology*, Phenomenology, and the Sciences of Mind. Cambridge: Harvard University Press.

———. (2015). *Waking, Dreaming, Being: Self and Consciousness in Neuroscience, Meditation, and Philosophy*. New York: Columbia University Press.

- Uller, C., and Lewis, J. (2009). Horses (*Equus caballus*) select the greater of two quantities in small numerical contrasts. *Animal Cognition* 12.5: 733–738.
- Underwood, E. (2016). Do sleeping dragons dream? *Science Magazine*. April 28, 2016. https://www .sciencemag.org/

news/2016/04/do-sleeping-dragons-dream.

- Uexküll, J. (2013). *A Foray into the Worlds of Animals and Humans: With a Theory of Meaning*. Minnesota: University of Minnesota Press.
- Valatx, J. L., Jouvet, D., and Jouvet, M. (1964). EEG evolution of the different states of sleep in the kitten. *Electroencephalography and Clinical Neurophysiology* 17.3: 218–233.
- Van Cantfort, T. E., Gardner, B. T., and Gardner, R. A. (1989). *Teaching Sign Language to Chimpanzees*. Albany: SUNY Press.
- Van der Kolk, B. (2015). *The Body Keeps the Score: Brain, Mind, and Body in the Healing of Trauma*. London: Penguin.
- Van Twyver, H., and Allison, T. (1972). A polygraphic and behavioral study of sleep in the pigeon (*Columba livia*). *Experimental Neurology* 35.1: 138–153.
- Vanderheyden, W. M., George, S. A., Urpa, L., Kehoe, M., Liberzon, I., and Poe, G. R. (2015). Sleep alterations following exposure to stress predict fear-associated memory impairments in a rodent model of PTSD. *Experimental Brain Research* 233.8: 2335–2346.
- Varela, F. J. (1999). The specious present: A neurophenomenology of time consciousness. In *Naturalizing Phenomenology*, Petitot, J., Varela, F. J., Pachoud, B., & Roy, J.-M. (eds.), 266–314. Palo Alto: Stanford University Press.
- Visanji, N. P., Gomez-Ramirez, J., Johnston, T. H., Pires, D., Voon,

V., Brotchie, J. M., and Fox, S. H. (2006). Pharmacological characterization of psychosislike behavior in the MPTP-lesioned nonhuman primate model of Parkinson's disease. *Movement Disorders: Official Journal of the Movement Disorder Society* 21.11: 1879–1891.

- Voltaire. (1824). Imagination. In *A Philosophical Dictionary*, Hunt, J., & Hunt, H. L. (eds.), 116–124. New York: Alfred A. Knopf.
- Vonk, J., and Beran, M. J. (2012). Bears "count" too: Quantity estimation and comparison in black bears, Ursus americanus. *Animal Behaviour* 84.1: 231–238.
- Voss, U. (2010). Lucid dreaming: Reflections on the role of introspection. *International Journal of Dream Research* 3.1: 52–53.
- Voss, U., and Hobson, A. (2014). What is the state-of-the-art on lucid dreaming? Recent advances and questions for future research. In *Open MIND*, Metzinger, T. &Windt, J. M. (eds.), 38(T). Frankfurt: MIND Group.
- Walker, J. M., and Berger, R. J. (1972). Sleep in the domestic pigeon (*Columba livia*). *Behavioral Biology* 7.2: 195–203.
- Walsh, R. N., and Vaughan, F. (1992). Lucid dreaming: Some transpersonal implications. *Journal of Transpersonal Psychology* 24: 19.
- Walton, K. L. (1990). *Mimesis as Make-believe: On the Foundations of the Representational Arts*. Cambridge: Harvard Univer-

sity Press.

- Warren, M. A. (1997). *Moral Status: Obligations to Persons and Other Living Things*. Cambridge: Clarendon Press.
- Watanabe, S., and Huber, L. (2006). Animal logics: Decisions in the absence of human language. *Animal Cognition* 9.4: 235–245.
- West, R. E., and Young, R. J. (2002). Do domestic dogs show any evidence of being able to count? *Animal Cognition* 5.3: 183–186.
- Willett, C. (2014). *Interspecies Ethics*. New York: Columbia University Press.
- Windt, J. M. (2010). The immersive spatiotemporal hallucination model of dreaming. *Phenomenology and the Cognitive Sciences* 9: 295–316.
- Windt, J. M. (2015). *Dreaming: A Conceptual Framework for Philosophy of Mind and Empirical Research*. Cambridge: MIT Press.
- Windt, J. M., and Metzinger, T. (2007). The philosophy of dreaming and self-consciousness: What happens to the experiential subject during the dream state. In *The New Science of Dreaming, Volume 3: Cultural and Theoretical Perspectives*, Barrett, D., and McNamara, P. (eds.), 193–247. Westport: Praeger Publishers.
- Windt, J. M., and Voss, U. (2018). Spontaneous thought, insight, and control in lucid dreams. In *The Oxford Handbook of Spon-*

taneous Thought: Mind-Wandering, Creativity, and Dreaming, Fox, K., and Christoff, K. (eds), 385–410. Oxford: Oxford University Press.

- Wittgenstein, L. (1958). *Philosophical Investigations*. Anscombe, GEM (trans.). Oxford: Oxford University Press.
- Wolfe, C. (2013). Learning from Temple Grandin, or, animal studies, disability studies, and who comes after the subject. In *Re-Imagining Nature, Environmental Humanities and Ecosemiotics*, Carey, J., Cohen, J. J., Faull, K. M., Maran, T., Moran, D., Oleksa, M., Radding, C., Reese, S., Shanley, K. W., and Wolfe, C. (eds.), 91–107. Lewisburg: Bucknell University Press.
- Yu, B., Cui, S. Y., Zhang, X. Q., Cui, X. Y., Li, S. J., Sheng, Z. F., Cao, Q., Huang, Y. L., Xu, Y. P., Lin, Z. G., and Yang, G. (2015). Different neural circuitry is involved in physiological and psychological stress-induced PTSD-like "nightmares" in rats. *Scientific Reports* 5.1: 1–14.

———. (2016). Mechanisms underlying footshock and psychological stress-induced abrupt awakening from posttraumatic "nightmares." *International Journal of Neuropsychopharmacology* 19: 1–6.

- Zahavi, D. (2014). *Self and Other: Exploring Subjectivity, Empathy, and Shame*. Oxford: Oxford University Press.
- Zepelin, H. (1994). Mammalian Sleep. In *Principles and Practice*

of Sleep Medicine, Kryger, M. H., Roth, T., and Dement, W. C. (eds.), 69–80. Philadelphia: W.B. Saunders Company.

- Zhang, Q. (2009). A computational account of dreaming: Learning and memory consolidation. *Cognitive Systems Research* 10.2: 91–101.

찾아보기

ㅊ

ㅋ

ㅌ

ㅍ

ㅎ

우리가 동물의 꿈을 볼 수 있다면

초판 1쇄 인쇄 2024년 4월 25일
초판 1쇄 발행 2024년 5월 8일

지은이 데이비드 M. 페냐구즈만
옮긴이 김지원
펴낸이 최순영

출판2 본부장 박태근
지적인 독자 팀장 송두나
편집 박은경
교정교열 김진희
디자인 함지현
표지사진 출처 unsplash.com

펴낸곳 ㈜위즈덤하우스 **출판등록** 2000년 5월 23일 제13-1071호
주소 서울특별시 마포구 양화로 19 합정오피스빌딩 17층
전화 02) 2179-5600 **홈페이지** www.wisdomhouse.co.kr

ISBN 979-11-7171-192-5 03100